論考

図書館と
レファレンスサービス

齋藤泰則
Yasunori Saitou

樹村房

まえがき

　本書はこれまで筆者がレファレンスサービスを中心として執筆してきた論文（初出一覧を参照）に加筆・修正等を行い，まとめたものである。全体を3部構成とし，Ⅰ部を「図書館と情報資源に関する論考」，Ⅱ部を「レファレンスサービスに関する論考」，Ⅲ部を「利用者教育に関する論考」とした。
　知識基盤社会といわれる現代社会では，公共図書館，大学図書館を問わず，知識資源を蓄積し提供する図書館には利用者の課題解決支援や学習支援をはじめとする多様かつ高度なサービスが求められている。そうしたサービスの中核にあるものが利用者の個別支援を担うレファレンスサービスである。個々の利用者への適切な課題解決支援や学習支援を提供するうえで重要となるのが，利用者の情報要求を的確に把握することである。図書館員による利用者の情報要求の的確な把握によってはじめて，図書館は課題解決や学習活動に必要となる適切な情報資料の提供が可能となる。この情報要求の把握のために図書館員によって実施されるのがレファレンスインタビューであり，その成否は提供される回答が利用者の情報要求を充足するかどうかに決定的な影響を及ぼすことになる。そこで利用者の情報要求を充足する適切な回答を提供するためには，利用者から情報要求に関するどのような要素について把握する必要があるのか，ということが重要となる。Ⅱ部に掲載した論考のうち，特に5章，6章，7章の3論考は，そうしたテーマについて理論と実践の両面から考察したものである。
　本書は，こうした図書館員による利用者の情報要求の把握に関する理論研究と実践研究を扱った論考を中心に，図書館の基本的特性とその社会的意義，図書館情報資源のもつ特性，さらには利用者の主体的学習を支援する利用者教育に関する理論と実践について考察した論考を掲載している。以下，各部における各章の内容について解説する。
　Ⅰ部は図書館の基本的な機能と図書館情報資源の特性を考察したものである。
　1章では，公益という側面から図書館サービスの意義とその方法について論じている。『図書館の権利宣言』や『図書館の自由に関する宣言』のなかで示

されている多様な価値観を尊重した資料の選択・収集と提供という図書館サービスの理念は，公益という概念，さらには正義の原理からみても，図書館が担うべき公益であることを示している。同時に今日の図書館に求められる情報資源と利用者との仲介的機能が，図書館の果たすべき公益であることを明らかにしている。

2章では，文化資源に関する検討を通して図書館の基本的機能について考察している。図書館の基本的機能については，J. H. シェラが文化的遺産の保存と継承にあると述べ，P. バトラーが図書館員の役割を「文化の保管者」と述べるなど，図書館が対象とする図書資料を中心とする情報資源を文化資源として捉えることがきわめて重要である。そこでE. W. ジンマーマンの資源に関する理論的考察とP. ブルデューの文化資本論の考え方をもとに，図書資料を中心とする図書館情報資源の特性を明らかにしている。さらに文化の資源化という観点から，図書館による文化資源としての図書資料の組織化・保存が，文化資源の体系化と共有化において重要な機能を発揮することを示している。

3章では，図書館情報資源のもつ信頼性について，利用者の視点から考察するとともに，情報資源の生産者である著者の視点から，信頼性と密接にかかわる認識論的権威という概念に基づいて考察している。OCLCの2010年調査によれば，情報利用者は，図書館資源の特性としてその信頼性をあげ，ウェブ資源については，その利便性と迅速性をあげるなど，対照的な情報資源への捉え方をしていることが明らかにされている。そこで，その情報資源の信頼性の評価については，権威（authority）という概念と密接に関係する「著者（author）」というものが重要な要素となることを，P. ウィルソンとJ. M. ボヘンスキーの「認識論的権威」という概念をもとに考察を加えている。

4章では，インターネット上の情報源が拡大し普及するなかで，情報探索者が選択する情報源について考察している。OCLCの2005年調査によれば，情報探索において最初に選択される情報源として探索者のほぼ7割が「サーチエンジン」をあげ，図書館の情報資源をあげているのは2割5分程度にとどまっている。その一方で，課題の重要性が高く，課題解決に取り組む時間が長いほど，図書館の情報資源に対する評価が高いことが明らかにされている。こうした情報資源の選択利用状況を踏まえ，今後のレファレンスサービスには，質問回答

にとどまらず，調査戦略の提示などを含む多面的な調査研究を支援するリサーチコンサルテーション型のサービスが求められることを示している。

Ⅱ部はレファレンスサービス，とりわけ利用者の情報要求を明らかにするために実施される図書館員による利用者へのインタビューを中心に考察したものである。

5章では，レファレンスインタビューに関して，R. S. テイラーの「情報ニーズのレベルに関する仮説」とN. J. ベルキンの「変則的な知識状態仮説」をもとに，インタビューというものが，利用者の情報ニーズに関してテイラーが示した第2レベルである意識されたニーズ，さらには第一レベルである無意識のニーズにまで遡って把握されることの重要性について理論的に考察している。また，図書館員が把握できる情報ニーズの範囲とは，利用者が自らの情報ニーズに関して認識している内容について言語で表現しえた内容であること，さらにその言語表現された内容を図書館員が認識し理解しえた内容であることを示したうえで，利用者と図書館員の認識レベルと表現レベルの推移としてレファレンスインタビューのプロセスをとらえることの必要性を明らかにしている。

6章では，図書館員がレファレンスインタビューを通して把握する利用者の情報ニーズに関する認識内容を利用者モデルとしてとらえ，R. S. テイラーのフィルター論とB. ダービンの中立質問法をもとにそのモデルの構成要素について理論的に考察している。さらに，実際のレファレンスインタビューの事例をもとに利用者モデルの構成要素に関する内容が図書館員によって把握される過程，すなわち利用者モデルの構築の過程を分析している。

7章では，図書館員が利用者との質問応答過程を通して把握する情報ニーズの要素について，実際のレファレンスインタビュー事例を取り上げ，R. S. テイラーが仮説として提示した情報ニーズのレベルと関係づけながら考察している。すなわち，第一レベルのニーズは利用者が情報ニーズを意識させる契機となった問題状況の内容に対応し，第二レベルのニーズは意識された問題に関する処理の内容や情報利用目的に，第三レベルのニーズは必要とされる情報の主題に，第四レベルのニーズは探索戦略にそれぞれ対応することを具体的なレファレンスインタビューの事例を使って分析し明らかにしている。

8章では，情報要求について，プラトンの想起説と H. ベルクソンの記憶理論をもとに考察している。想起説によれば，情報要求とは，ある課題の解決のためにどのような知識を想起すればよいか明確にできない状態を指す。ここで想起の対象となるのは人類の記憶装置である図書に記録された知識が含まれることに注意することが重要である。さらに，無意識のレベルである潜在的な情報要求と意識のレベルにある顕在化された情報要求について，利用者と図書館員のレベルの類型を示したうえで，各類型に求められる図書館サービスに関して考察を加えている。

　9章では，デジタル環境下において進展しているレファレンスサービスを取り巻く状況の変化に対応したサービスの在り方について考察している。デジタル環境下においては調査質問型のレファレンス質問の増加を背景に，4章でも取り上げたリサーチコンサルテーション型のレファレンスサービスが求められることを示している。また，従来のレファレンスデスク中心のモデルから，質問の難易度に関する類型に応じてレファレンススタッフを充てる階層化配置モデルについて取り上げている。

　10章では，レファレンスサービスを取り巻く状況の変化に伴う利用者と情報源を仲介する図書館員の果たす機能の変容について考察している。そこでは，間接サービスにあたる情報源の組織化を扱う第一段階から，問題解決全般にわたって支援を展開する第5段階の機能が存在することを示している。

　11章では，米国の公共図書館における近年の利用者サービスの動向を取り上げ，各種の利用者サービスの利用件数が増加するなか，直接サービスとしてのレファレンスサービスの件数が大幅に減少している実態とその背景について考察を加えている。

　12章では，米国の研究図書館における近年の利用者サービスの動向を取り上げ，貸出サービスの利用件数の減少傾向とレファレンス質問の処理件数の大幅な減少傾向を示すとともに，その背景について論じている。さらに，レファレンス質問の処理件数の減少の一因ともいえる情報リテラシー教育の動向を取り上げている。そこでは，情報リテラシーの枠組みが「典拠性」という概念を中心に再定式化されていることを示している。

　Ⅲ部は利用者教育に関する理論とその実践，さらには利用者教育を通して育

成される情報探索能力を考察したものである。

　13章では，米国において提示された利用者教育の理論について取り上げている。理論化の方向性として，レファレンス資料を中心とする情報源の利用に関する教育を指向するアプローチと，レファレンス資料が利用される問題解決場面を重視し，認知学習理論に依拠した問題解決プロセスの学習のなかにレファレンス資料の知識とスキルの応用を組み込む問題解決アプローチを取り上げ，それらのアプローチの相互の関係と各アプローチの特質と問題点について考察を加えている。

　14章では，大学図書館における利用者教育において育成すべき情報探索能力について，B. ブルームの「教育目標の分類体系」に依拠した体系化を取り上げている。そこでは，情報探索能力が，知識とスキルを対象にする認知領域だけでなく，熱意や意欲を扱う情意領域，さらには知識とスキルの実践場面における適用を扱う感覚・運動領域の内容から構成されることを示している。

　15章では，利用者教育の実践例を取り上げ，情報専門職の役割について考察を加えている。具体的には，利用者が獲得すべきレファレンス資料や探索戦略に関する知識やスキルを中心とするコンテンツを重視し，その獲得を支援する情報専門職の役割と，レファレンス資料の利用を必要とする問題解決プロセスの学習とその過程における情報探索に関する知識とスキルの獲得を支援する情報専門職の役割について取り上げている。

　以上，本書における3部構成と各部に収めた論考の概要について解説した。

凡例

Ⅰ．用語の表記について
 1．「情報ニーズ」と「情報要求」
　　これらの用語については，その意味範囲をそれぞれ区別する場合があるが，本書では，同一概念を示す用語として使用している。
 2．「サーチエンジン」と「検索エンジン」
　　章により，前者を使用している場合と後者を使用している場合があるが，同一概念を示す用語として使用している。
 3．「志向」と「指向」
　　章により，前者を使用している場合と後者を使用している場合があるが，同一内容を示す用語として使用している。
 4．レファレンス・ソース，レファレンス・ツール，レファレンス資料
　　章により，表記が異なるが，同一概念を示す用語として使用している。
 5．「・」の使用の有無
　　複数の単語からなる英語表記をカタカナ表記にする場合，単語ごとに「・」を入れて表記している場合と「・」を入れずに表記している場合がある。
　　例：レファレンス・インタビュー，レファレンスインタビュー

Ⅱ．引用文献中のウェブサイトの表記
　　引用文献の中にあるウェブサイトの「最終アクセス日」については，初出論文の引用文献の記載としているため，ウェブサイトのなかには，現在，リンク切れのものがある。

論考 図書館とレファレンスサービス
もくじ

まえがき……i
凡例……vi

I部　図書館と情報資源に関する論考

1章　図書館サービスの公益に関する考察 ―― 2
　1.1　はじめに……………………………………………………2
　1.2　公益（public interest）概念に関する検討………………2
　1.3　図書館サービスの公益観の類型とその展開……………10
　1.4　『図書館の権利宣言』に見る図書館サービスの公益……22
　1.5　おわりに…………………………………………………26

2章　文化資源と図書館の機能に関する考察 ―― 29
　2.1　はじめに…………………………………………………29
　2.2　文化と図書館……………………………………………29
　2.3　資源概念とその類型……………………………………37
　2.4　文化資源の概念と文化の資源化………………………43
　2.5　おわりに…………………………………………………50

3章　認識論的権威としての図書館情報資源に関する考察 ―― 53
　3.1　はじめに…………………………………………………53
　3.2　情報資源の選好と信頼性に関する認知………………53
　3.3　認識論的権威と図書館情報資源………………………63
　3.4　認識論的権威の構造と図書館…………………………71
　3.5　おわりに…………………………………………………79

4章　情報探索者が捉えたインターネット環境における情報源としての図書館および図書館員の特性 ―― 81
　4.1　はじめに…………………………………………………81

4.2　情報検索者を取り巻く情報環境：エイベルズの情報探索モデル
　　　　　　‥‥‥ *81*
　4.3　OCLC調査：情報源としての図書館への認知とその特性 ‥‥‥‥ *83*
　4.4　情報源としてのチャットによるレファレンスサービス ‥‥‥‥‥ *87*
　4.5　課題の重要性と情報源としての図書館との関係 ‥‥‥‥‥‥‥‥‥ *90*
　4.6　レファレンスサービスに求められる役割 ‥‥‥‥‥‥‥‥‥‥‥‥‥‥ *92*
　4.7　おわりに ‥‥ *94*

Ⅱ部　レファレンスサービスに関する論考

5章　レファレンス・インタビューにおける情報ニーズの認識レベルと表現レベル ——————— *98*

　5.1　はじめに ‥‥‥ *98*
　5.2　レファレンス・インタビューにおける情報ニーズのレベル
　　　　：テイラーの仮説 ‥‥‥‥‥‥‥‥‥‥‥‥‥‥‥‥‥‥‥‥‥‥‥‥‥‥‥‥‥‥‥‥‥‥‥ *99*
　5.3　変則的な知識状態と情報ニーズの明記不能性
　　　　：ベルキンの仮説を中心に ‥‥‥‥‥‥‥‥‥‥‥‥‥‥‥‥‥‥‥‥‥‥‥‥‥ *105*
　5.4　情報ニーズの認識レベルと表現レベル ‥‥‥‥‥‥‥‥‥‥‥‥‥‥‥‥‥ *111*
　5.5　おわりに ‥‥‥ *116*

6章　レファレンス・インタビューにおける利用者モデル ——————— *120*

　6.1　はじめに ‥‥‥ *120*
　6.2　レファレンス・インタビューと利用者モデル ‥‥‥‥‥‥‥‥‥‥ *120*
　6.3　利用者モデルに関する理論的検討 ‥‥‥‥‥‥‥‥‥‥‥‥‥‥‥‥‥‥‥ *124*
　6.4　事例研究 ‥‥‥ *139*
　6.5　おわりに ‥‥‥ *146*

7章　質問応答過程と情報ニーズのレベル ——————— *150*

　7.1　はじめに ‥‥‥ *150*
　7.2　質問応答とテイラーのモデル ‥‥‥‥‥‥‥‥‥‥‥‥‥‥‥‥‥‥‥‥‥‥ *150*
　7.3　情報ニーズのレベルとその内容 ‥‥‥‥‥‥‥‥‥‥‥‥‥‥‥‥‥‥‥‥ *151*
　7.4　質問応答過程の分析 ‥‥‥‥‥‥‥‥‥‥‥‥‥‥‥‥‥‥‥‥‥‥‥‥‥‥‥‥‥‥ *157*
　7.5　おわりに ‥‥‥ *161*

8章　情報要求における無意識の機制に関する理論と図書館サービスへの応用 ―― 164

- 8.1　はじめに ………………………………………………… 164
- 8.2　無意識の情報要求とプラトンの想起説 ………………… 165
- 8.3　ベルクソンの記憶理論と情報要求 ……………………… 170
- 8.4　情報要求の類型と図書館サービスとの関係 …………… 172
- 8.5　おわりに ………………………………………………… 176

9章　デジタル環境におけるレファレンスサービスモデル：大学図書館を中心に ―― 178

- 9.1　はじめに ………………………………………………… 178
- 9.2　デジタル環境と図書館 …………………………………… 178
- 9.3　デジタル環境におけるレファレンスサービスモデル …… 181
- 9.4　デジタル図書館におけるレファレンスサービスモデル …… 188
- 9.5　おわりに ………………………………………………… 191

10章　デジタル環境の進展による図書館と利用者との関係の変容：レファレンスサービスの仲介的機能の展開を中心に ―― 194

- 10.1　はじめに ………………………………………………… 194
- 10.2　レファレンスサービスを取り巻く状況 ………………… 194
- 10.3　レファレンスサービスの仲介的機能とそのレベル …… 197
- 10.4　利用者の学習支援と図書館 …………………………… 202
- 10.5　おわりに ………………………………………………… 203

11章　公共図書館におけるレファレンスサービスの動向と課題 ―― 206

- 11.1　はじめに ………………………………………………… 206
- 11.2　直接サービスをめぐる状況 …………………………… 206
- 11.3　継続的サービスの導入と間接サービスの強化 ………… 209
- 11.4　おわりに ………………………………………………… 210

12章　米国の研究図書館におけるレファレンスサービスの動向と
　　　新たな情報リテラシーの枠組み ─────────── *212*
　　12.1　はじめに……………………………………………………*212*
　　12.2　研究図書館におけるレファレンスサービスの動向………*212*
　　12.3　レファレンスサービスと情報リテラシー教育……………*215*
　　12.4　情報リテラシーと典拠性……………………………………*220*
　　12.5　おわりに……………………………………………………*223*

Ⅲ部　利用者教育に関する論考
　13章　米国の大学図書館における利用者教育の理論化の動向 ─── *226*
　　13.1　はじめに……………………………………………………*226*
　　13.2　利用者教育の理論化の背景と認知学習理論の導入………*226*
　　13.3　アプローチの類型化………………………………………*229*
　　13.4　アプローチの相互関係……………………………………*238*
　　13.5　おわりに……………………………………………………*242*

　14章　大学図書館における利用者教育と情報探索能力 ─────── *248*
　　14.1　はじめに……………………………………………………*248*
　　14.2　利用者教育のアプローチ…………………………………*249*
　　14.3　情報探索能力の体系化……………………………………*251*
　　14.4　利用者の視点に立った利用者教育目標の体系化…………*257*
　　14.5　おわりに……………………………………………………*263*

　15章　利用者支援モデルと情報専門職の役割 ──────────── *266*
　　15.1　はじめに……………………………………………………*266*
　　15.2　知の典拠としての情報源と情報専門職……………………*266*
　　15.3　情報専門職による利用者支援モデル………………………*269*
　　15.4　おわりに……………………………………………………*277*

あとがき……*279*
索引……*281*
初出一覧……*284*

Ⅰ 部
図書館と情報資源に関する論考

1章
図書館サービスの公益に関する考察

1.1 はじめに

　公共図書館が提供する貸出やレファレンスサービス，および利用者別の図書館サービス等の各種のサービスは，地域社会の公益（public interest）を実現するために提供される図書館サービスである。本稿では，こうした公共図書館のサービスが担う公益について理論的に考察する。

　次節では，公益概念について取り上げ，図書館サービスの公益を検討する枠組みを設定する。それを受けて，3節では図書館サービスの公益について理論的に検討する。さらに4節では，図書館の基本理念を示した米国図書館協会が制定している『図書館の権利宣言（Library Bill of Rights）』を通して，図書館サービスの公益について考察する。

1.2　公益（public interest）概念に関する検討

　本節では，図書館サービスの公益について考察するにあたり，まず，公益とはどのように規定されるのかを示し，図書館サービスの公益に関する考察のための理論的枠組みを検討する。

1.2.1　公益概念の整理

　『世界大百科事典』（平凡社）によれば，「公益とは，公共の利益を縮約した言葉。ある社会を構成する個人や集団の私的利益に対して，その社会の全構成員にかかわる共通の利益を指す。［中略］ある人々は，あらゆる私益から独立した客観的な公益の存在を主張するが，それを経験的に確認することは不可能

であり，結局各個人の主観的価値が公益の具体的内容に投影されることは避け難い」[1]と定義されている。この定義において重要なことは，社会の全構成員にかかわる共通の利益をどのように捉えるか，すなわち，個人の主観的価値と社会的価値との間にはどのような関係があるのか，ということである。

　公益概念の解釈については，社会的価値を主観的価値とは切り離して位置づける解釈と個人の主観的価値を重視する解釈とに分けられる。前者の解釈によれば，社会的価値の実現を公益とみなす立場は，個々の社会構成員の価値観とは無関係に，社会にとって正しいと推論される価値，すなわち道徳的断言命令としての社会的諸価値＝公共善の実現を公益と考えるものである[2]。たとえば，ある特定の政治理念や社会理念がその社会において支配的なものであるとき，その理念の実現こそが公益に資するものと見なされるのである。換言すれば，価値の多元性は重視されず，多くの人びとによって支持されているような価値の実現が公益に資するのであって，少数者が支持するような価値の実現は公益とはならない，ということになる。

　それに対して，後者の社会的価値の実現を公益とはみなさず，主観的価値を重視する解釈において公益とは，個々人の利益の総和としての社会全体の利益の最大化，すなわち全体効用の最大化を公益とみなすもので，ベンサムの「最大多数の最大幸福」に象徴される功利主義を基礎においた公益観といえるものである[3]。この解釈では，ある社会において特定の価値が支配的であっても，その実現をもって公益とするのではなく，社会を構成する個々人が支持する多様な価値の実現を可能限り実現することが公益となる。

　前者の公益観と後者の公益観は次のように説明することができる。今，社会を構成する人びとのうち，6割が価値Aを支持し，3割が価値Bを支持するとき，過半数の人びとが支持する価値Aを社会的価値としてその実現が公益に資するとするのが前者の公益観である。それに対して，価値Aのみならず，価値Bの実現をも図ろうとするのが後者の公益観といえる。換言すれば，前者の公益観は複数の価値に優劣をつけ，優勢な価値を尊重する態度に基づくのに対して，後者の公益観は複数の価値に優劣をつけることなく価値の多様性を尊重する態度に基づくものといえる。3節で詳しく取り上げるように，今日の公共図書館が依拠する理念は後者の公益観に立つものである。すなわち，異なる複数

の価値に優劣をつけることなく，個々の価値を尊重した資料の選択と提供にあたることを図書館の公益とする考え方に立つものといえる。

さて，公益という概念は，「利益」と「公共」という二つの概念からなるが，「利益」という概念は次に見ていくように，「願望」という概念と密接に関わるものである。足立幸男は「ある行為や政策Xがある人Aの利益になる」(X is A's interest) は次のような特徴を有すると指摘している[4]。すなわち，第一にXがAの利益かどうかに道徳的考慮は含まれていないこと。第二にAはXを望むという願望表現ではないこと。第三にXはAにとって願望となりうる対象であり，それが実現されればAの利益になるということ。第四にXがAの願望を満たしてくれるというような願望実現を意味するわけではないこと。

まず，第一の特徴だが，利益を意味する"interest"自体に道徳的考慮は含まれていないとは，利益はあくまでも個人に属するものであって，どのような行為がある特定個人にとって利益となるかはその個人の主体的判断による，ということである。換言すれば，Xという行為がある個人にとって利益となる場合でも，別の個人にとって不道徳なものとして捉えられるということは十分にあり得る。こうした利益に関する判断の個人依存性，価値中立性がこの第一の特徴といえる。

しかし，"public"という単語が"interest"に冠されるとき，そこには道徳的考慮を踏まえた社会的価値が含意される解釈が生み出されることになる。すなわち，先述のとおり，利益の個人依存性と価値中立性を原則として社会を構成するすべての人びとにまで拡張する公益観とは異なり，道徳的な考慮を伴う社会的価値を重視する公益観が形成されることになる。後に詳しく取り上げる図書館の公益観は価値中立性に基づく前者の公益観に立つものである。

図書館の公益観を考えるうえで，第二以下の願望に関わる特徴は重要である。第二と第三の特徴は，ある行為や政策が利用者にとって利益になるものが，利用者の具体的な願望に基づいて生み出されるわけではない，ということを意味している。すなわち，利用者にとって利益となる図書館サービスは利用者から具体的に願望され要求されたうえで，提供されるものばかりではない，ということである。換言すれば，利用者から具体的な願望や要求の提示を待つことなく，利用者の利益となるサービスを図書館が能動的に提供するという発信型

のサービスが，図書館の公益を実現するには重要となる，ということである。

　第四の特徴は，利用者にとって利益となるものとして，利用者から願望され要求された図書館サービスであっても，図書館からそのサービスが提供され，願望が実現されることを保障するものではない，ということを意味する。すなわち，利用者にとって利益となるサービスとして図書館が認識していても，図書館の人的資源や財源等により，提供できない場合があるということである。また，利用者側で願望されているサービスであっても，そのことが具体的に図書館に提示されないがゆえに，図書館によって提供されない場合もある。というのも，願望はあくまでも個人の意識レベルのものであるのに対して，要求は他者に願望の内容が伝達，表明されなければならないからである。

　次に，publicの概念について見ていきたい。足立は，publicに付与されている種々の規定のうち，公益（public interest）の理解にとって重要となるpublicの意味を「コミュニティのすべての構成員に開かれたところの，一定の条件を備えたすべての人（名詞としてのpublic＝公衆）によって享受されたり，共有されたりするところの，公衆の，公開の」と規定している[5]。この規定から，公益とは，「公衆によって享受されたり，共有されたりする利益」ということになる。

　それでは，この規定にある「公衆（public）」とは何であろうか。『世界大百科事典』によれば，公衆とは「メディアを用いたコミュニケーションで結ばれている人間集団」[6]としている。ここでメディアとは新聞や雑誌などのマスメディアである。また，『日本大百科全書』では「公的に表明されるいかなる意見に対しても，ただちに効果的に反応できる機会を保障する公的コミュニケーションが存在すること」を公衆社会の特徴としてあげている[7]。

　公衆に関するこれらの規定から，公共図書館と公益の関係に関する興味深い構造が導かれる。すなわち，公共図書館という社会的機関が，情報資料の提供サービスを通してコミュニティにおけるマスメディアを用いたコミュニケーションを促進し，公衆を形成させる場として機能している，ということである。ここで，情報資料の提供は公衆が等しく享受する図書館サービスの公益である。このように，図書館においては，公衆の形成と公益の実現が同時に進行しているという図書館のもつ公益性に関する特異な構造を指摘できるのである。

この公益の実現と公衆の形成との相互依存構造が，図書館サービスの公益の特徴といえる。

　さて，行政が担うべき政策のなかで，障害者や経済的弱者に対する優遇措置などは，一見すると，社会の構成員の効用の総和を最大化するという公益観や優勢な社会的価値の実現を公益とする考え方から，排除される可能性がある。そのような優遇措置に関する政策の意義は，公益とは別の原理，すなわち，正義や平等という観点からの説明が必要と考えられている[8]。このことを公共図書館にあてはめるならば，無料制の規定により，利用者の経済能力にかかわりなく，等しく同様のサービスを提供し，障害をもつ利用者には特別のサービスを準備し無償で提供することは，公益の観点からは説明ができない，ということになる。しかしながら，次項において示すように，正義や平等という原理に基づく政策は，社会的価値の実現を公益とする考え方とも，また社会の構成員の利益や効用の最大化を図る公益の考え方とも矛盾しないどころか，この正義や平等という原理は公益の実現に不可欠な役割を果たすことになる。

1.2.2　公益とロールズの正義論

　本項では，行政が担う政策の選択において，正義や平等という原理は公益の実現において不可欠な要素となることを見ていきたい。

　正義や平等は，一般に利益（interest）や願望とは無関係な倫理的次元に属する市民社会を支える理念として捉えられている。しかしながら，正義と平等の原理は，人びとが社会において自らの個人的利益を追求しようとするならば，依拠せざるを得ない基本的な原理として成立するものである。このことを明らかにしたのが，政治哲学者 J. ロールズ（J. Rawls）である。

　ロールズはその著書『正義論』のなかで，社会において個人がむきだしの私益を重視するところに成立する正義と平等の原理を明らかにしている[9]。すなわち，公益を個人の利益から生じる効用の集合であり，社会全体の効用を最大化するものとして捉える公益観と矛盾することなく，行政の政策原理となる正義，自由，平等という原理が導かれることを示したのである。土屋恵一郎も，ロールズの正義論について"市民的自由と平等という近代の政治思想を，市民社会のイデオロギーではなく，人びとの合理的選択が到達せざるをえない，社

会システム"[10]として,その意義を高く評価している。

では,何ゆえ人びとは個人的利益を追及しようとして合理的選択を行うとき,平等という正義の原理を採用し,それが公益の達成につながるのであろうか。ロールズは,正義の原理を選択するときの条件として「原初状態」と称する次のような状態を設定している。すなわち,ある人間は社会の一般的事実についてすべて知っていて,しかも他人の利害に無関心で,自分の有利な条件を追及するような状態である[11]。ここでいう社会の一般的事実とは,人間社会における差別,不平等,貧困などである。原初状態では,これらの社会的事実を知るなかで,自分の利益を最大化する人間が想定されている。さらに「無知のベール」という重要な条件が加わる。すなわち,自分のアイデンティティについてはわからない状態である。具体的には,自分がどのような能力をもち,どんな階級に属し,どの程度の経済力をもちえるのか,わからない状態であり,また,どのような思想・信条を支持し,いかなる宗教を信仰するのかも,わからない状態である。

このような「原初状態」と「無知のベール」という条件設定のもとでは,人びとは合理的選択をするとき,平等という正義の原理に依拠する,といのがロールズの正義論の要諦である。人間の合理的選択行動が平等という正義の原理に従うメカニズムについて,土屋は次のような日常的な出来事を通して見事に説明している。

> ある有名なケーキ屋で買ってきたイチゴのショートケーキがテーブルにあったとする。これを5人で分けて食べようとするが,全員,大好物なので,人より大きいところを食べたいと思っている。ケーキにナイフを入れる人が最後に残ったところを食べることにした。このとき,ケーキを切る人は,均等に切るだろう。なぜなら,均等に切らないと,大きい部分を先にとられ,一番最後に,小さい部分が残り,それを食べるしかないからである。[12]

この事例は,平等という原理に基づいて行動することが自己の利益を最大化することを意味している。この原理は社会的な事象一般における選択行動原理

にまで拡張可能なものである。自分がいつ何時不幸な状態，悲惨な境遇に陥るかもしれないとするならば，そのときに被る不利益を最小限にするための政策を選択することが，個人にとって合理的な選択となるからである。

　無知のベールを仮定するとき，社会は経済的不平等を是正する政策，多種多様な価値観の存在を認めることが必要となる。なぜなら，われわれは自分の置かれている現在の状態，今後の状態についてすべてを知りえているわけではない。そうであるとするならば，現在は経済的に恵まれており，また，ある思想・信条を支持していても，将来にわたって，その状態が継続するという保障はない。そうであるならば，経済的に困窮した状態に置かれた場合に救済される社会制度があることが望まれる。また，今とは異なる思想・信条を信奉することになっても，そうした思想・信条への信奉が認められている社会であることが好ましい状態といえよう。このように，無知のベールのもとでは，多種多様な意見や考え方が認められ，不平等を是正するような社会が，長期的に見て私益（自己の利益）を追求する個人にとって最も望ましい社会となるのである。

　こうして，ロールズの次のような正義の原理が導かれることになる。

　　　第一原理　基本的自由に関しては全員に平等な分配を命じる。
　　　第二原理　社会的・経済的不平等を，①公正な機会均等等，および②最も不遇な人々の利益の最大化を図る（格差原理），という二つの条件にあわせて調整する。[13]

　ロールズの正義論からみるとき，自己の利益と公益（public interest）としての社会全体の利益は決して矛盾するものではない。自己の利益を最大化しようとするとき，社会的公正という正義の原理を選択せざるをえないのである。このロールズの正義論は，自由主義社会の基本的原理として機能するばかりでなく，行政が取り組むべき政策課題を決定するうえで重要な原理として位置づけられよう。このことを教育についてあてはめて考えるならば，J. S. ミル（J. S. Mill）の教育と国家の関係について次のような考え方が導かれる。すなわち，教育への国家の関与の範囲を，教育を受けるために必要な経済力のない家庭や子どもたちへの支援にとどめるというものである[14]。この考え方は，ロールズ

の正義論から説明することができる。すなわち，基本的自由の平等な配分を規定した正義の第一原理によれば，思想信条の「自由」は尊重されなければならず，教育内容への国家の関与は否定されなければならない。さらに，最も不遇な人びとの利益の最大化を規定した正義の第二原理（格差原理）からは，経済的に恵まれていない子どもや家庭への支援の必要性が導かれる。図書館サービスの無料制は，知識や情報へのアクセスにおいて経済的能力の影響を排除するという点で，正義の第二原理である格差原理からも高く評価されるものであり，経済的に恵まれない子どもの主体的な学習機会を提供する方針といえる。

　ロールズの正義論において特に重要な点は，繰り返しになるが，自己のアイデンティティを確定できないという「無知のベール」であり，それゆえ多様な価値観が並存する状況が保障されていなければならない，ということである。多様な価値観が並存し，自らがどの価値観に依拠するかがわからない状態では，常に多様な価値観に接する公正な機会を人びとに保障することが重要となる。ロールズの正義論は，多様な価値観へのアクセス機会を保障する仕組みが確立していることこそが社会全体の公益につながることを示唆しているのである。そして，この多様な価値観へのアクセス機会を保障するために社会に要請される存在が図書館なのである。3節で詳しく取り上げる『図書館の権利宣言』の中で図書館の理念として示されている多様な価値観を尊重した資料の選択・収集と提供は，正義の第一原理である基本的自由の平等な配分の原理からも重要なサービス方針といえる。そして，こうした正義の原理に依拠することが，図書館サービスの公益の実現に資することにつながるのである。

1.2.3　図書館サービスの公益

　公共図書館の目的はサービス対象である個々の市民と市民が構成する社会の公益を実現することにあり，そのために図書館は特定の価値観に依拠した資料選択方針は採らず，多様な価値観を尊重した情報資料の選択・収集と提供を進めている。こうした図書館の理念は，社会の構成員の享受する効用の最大化を図る公益に合致するものである。それゆえ，図書館の公益は図書館利用者の求める情報・資料を提供することにより利用者が個々の利益から得る効用の総和として捉えることができる。

ここで注意すべきことは，図書館サービスの目的は，あくまでも個々の利用者の要求を充足することであって，利用者全体の利益と効用の総和を最大化することではない。利用者全体の利益と効用の総和を最大化することを重視するあまり，ある特定の利用者の利益と効用が無視された状態にあれば，その総和は何の意味もない。たとえば，視覚障害者へのサービスの提供には，点字資料の作成，朗読サービスなど，図書館には多くの時間と労力が必要となる。利益の総和という観点からいえば，視覚障害者へのサービスに要した時間と労力を一般利用者に振り向けたならば，利益の総和は大きくなるだろう。そこで，図書館は視覚障害者へのサービスを提供しない，という選択をしたならば，図書館の社会的存在意義はない。このような選択は，ロールズの提示した正義の第二原理である格差原理である「最も不遇な人々の利益の最大化を図る」という点からも否定されなければならない。さらには，今現在，障害を持たない利用者でも，今後，障害をもつ可能性を完全に否定することができない以上，障害をもつ境遇になった時点においても，図書館サービスを通して利益を享受できる図書館サービス方針が保障されていることが，コミュニティを形成する利用者全体の公益につながることに留意しなければならない。

1.3 図書館サービスの公益観の類型とその展開

ここでは公益の観点から図書館サービスはどのように捉えることができのるかについて，J. Z. ニテッキ（J. Z. Nitecki）の論考[15]をもとに考察する。まず，ニテッキが図書館サービスの公益を考察する際に使用した公益の定義について，前節で取り上げた公益に関する二つの解釈との関係をふまえながら見ておきたい。

1.3.1 手続き主義・概念主義・文脈主義による公益観

ニテッキは，表1-1に示したように，図書館サービスに関わる公益について，手続き主義，概念主義，文脈主義の3種類に定義している[16]。

まず，手続き主義だが，これは，公益を手段として，すなわち社会の全体的な目標を実現する方法を定めた「規範」として公益を定義するものである。こ

表1-1　公益に関する定義

		解釈		
		手続き	概念	文脈
公益	"公共（public）"	伝統的	持続性	総和
	"利益（interest）"	法的	集合性	個別
	定義	規範	形式	態度

出典：Nitecki, J. Z. "Public Interest and Theory of Librarianship," *College & Research Libraries*, vol. 25, 1964, p. 276.

の定義では，「公共（public）」は歴史的展開のなかで確立された価値の積極的な表明として考えられており，伝統的な枠組みのなかで捉えられている。

しかし，手続き主義による公益の定義では，価値自体の探究には関与しない。歴史的展開のなかで確立された価値は，社会のなかの集団の利益の共存を規定した「法律」のなかに示されていると見るからである。それゆえ，法律に従った集団の利益は伝統的に確立された価値の発展に寄与することにより「公共的なもの」となる。こうして，公益に関する手続き主義的定義を支持する図書館の役割は，歴史的に確立された価値を獲得する最適な手段を提供することにより，そうした価値の実現を支援することにある。

この手続き主義的な公益の定義は，共同体における社会的価値を重視する点で，公益に関する第一の解釈，すなわち社会的価値の実現を公益とみる考え方に相当するものといえる。そこには，個人のアイデンティティの複数性や，複数の物語を生きる人間，世界の複数性を横断的に生きる個人，無縁の公共性は認められていない。ここで，無縁の公共性とは，"家族，身分，階級，といった，人間の出生にかかわる自然の共同体から離れ，無縁の者たちによって作られた人工の共同性"[17]が作りだす公共性である。こうした共同体論においては，人間は一つの物語を生きるものであり，その基盤に家族，都市，国家をおくがゆえに，公益の手続き主義的定義には，個人のもつ複数性，価値の多元化への視点を欠くものとなる。

次に概念主義的な公益の定義であるが，これは社会が熱望するモデルや形式となるような公益の理想的，持続的な概念の受容に基づいている。この定義で

は，社会全体の利益を重視し，ある特定の集団の利益を優先的に取り扱うことを拒絶する。複数の集団が相対立する利益を相互に主張する場合，公益の概念的定義に依拠する図書館は，社会の究極的な利益に向かって集団の利益をその方向に変え，再解釈するという「教育的な機能」を発揮し，社会の統一化を図ろうとする。こうした公益観は，共同体の価値を前面に出し，その価値に照らして特定集団の価値を評価しようとするものといえる。

公益の手続き主義的定義と概念主義的定義は，いずれも社会の究極的な価値の存在を前提にしている点で共通しており，前者が法律を通してその価値の獲得を保障する手続きの側面に，後者はその価値へと集団を導く教育的機能にそれぞれ焦点をあてている点に違いがある。

公益の文脈的定義は，実際に対立する状況において生じる特定の集団の利益の解消を支援しつつも，公益を個々の集団の利益の総和として考える立場である。この公益観は，前節で示した社会の構成員の全体効用の最大化を公益とみなす第二の解釈に属するものといえる。公益の文脈的解釈においては，公益は数多くの利益の「共存」を決定するような態度を志向し，そのために個々の集団による利益の表明を促すことが重視される。この公益観は，多様な価値観の共存と人間の複数性，無縁の公共性の意義を重視する点で，共同体論の考え方とは大きく異なる。

次項では，ニテッキの図書館サービスの公益論を取り上げるが，図書館サービスがこれらの三つの公益の定義に対応した公益を発揮してきたことを示す。

1.3.2 要求の3類型と図書館サービスの公益

利用者が自らの要求を満たす情報・資料を得るために，図書館に提示する要求は，一般に次の2種類に分けられる。第一に，特定の資料を要求することである。ここで特定の資料とは，著者や書名など，書誌的事項の一部がわかっているような資料である。第二に，特定の主題に関する資料を要求することである。すなわち，その主題の理解や学習にあたって，どのような資料を利用すればよいかわからない場合に生じるような要求である。このように図書館に提示される要求は，一般に前者のような既知文献探索を求めるものと，後者のような主題探索を求めるものとに分けられる。

ニテッキは，これら二つの要求に加えて，第三の類型の要求の存在を指摘する。すなわち，特定の主題に関して多種多様な意見や理論が提示されているようなテーマについて，それぞれの意見や理論を扱った資料が要求されるような場合である[18]。こうした第三の類型の要求は，複数の主義・主張・考え方があるようなテーマについて，利用者が自らの考え方を選択し決定するために図書館に支援を求めてきたもの，と見ることができる。

　この第三類型の要求は，今日の図書館の存在意義に直接関わる極めて重要なものである。こうした第三類型の要求に対する図書館への適切な対応こそが自由主義社会において図書館に期待される基本的な機能といえる。次節で取り上げる米国の『図書館の権利宣言』はこの第三類型の要求に対応する図書館の基本的な姿勢を表明した宣言として捉えることができる。第三類型の要求は，人間の複数性を保障する社会，すなわち複数の共同体に生き，それらの共同体を自由に横断する権利を認める社会において，図書館に寄せられる要求といえる。

　さて，第三類型が扱うことになるであろう論争のあるテーマについて相対立する意見や理論に人間が接することの重要性について，ミルは『自由論』の第二章「思想および言論の自由について」のなかで，次のように述べている。

　　　意見の発表を沈黙させることに特有の害悪は，それが人類の利益を奪い取るということなのである。すなわち，それは，現代の人々の利益を奪うと共に，後代の人々の利益をも奪うものであり，また，その意見を懐抱している人々の利益を奪うことはもとより，その意見に反対の人々の利益をさらに一層多く奪うものである，ということである。もしもその意見が正しいものであるならば，人類は誤謬を棄てて真理をとる機会を奪われる。また，たとえその意見が誤っているとしても，彼らは，これとほとんど同様に重大なる利益—即ち，真理と誤謬との対決によって生じるところの，真理の一層明白に認識し一層鮮やかな印象をうけるという利益—を，失うのである。[19]

　ミルは，このようにある意見の表明を阻むことは，人類の利益を奪うと指摘し，さらに，その意見に反対する人びとの利益をより一層奪うことになると喝

破している。ミルの指摘する意見の表明を阻むことの危険性と不利益とは，そうした意見へのアクセス機会を奪われる場合にも等しくあてはまる。ある意見の表明はなんらかのメディアを通して行われる必要があり，出版はそうした意見表明の主要な手段である。そこで，出版の自由が保障されるだけでなく，出版物へのアクセスの自由が同時に保障されなければ，人間は表明されたさまざまな意見を知る機会を失うことになる。それゆえ，出版物へのアクセス機会が保障されていないということは，社会においてその意見の表明が保障されていないことに等しい。その結果，そうした意見を知ることができない同時代の人びとの利益は勿論，後代の人びとの利益をも奪うことになる。

　ミルが指摘する後代の人びとの利益を保障するには，表明された意見が出版物を通して公表されることに加えて，時間を超えて伝達する社会的システムの存在が必要となる。ここに，図書館の社会的役割がある。図書館は，同時代の人びとが出版物を通してさまざまな意見に触れる機会を提供することにより，広く社会の構成員が利益を得ることを支援するだけではない。出版物を蓄積・保存することにより，未来の人びとに対しても過去に表明されたさまざまな意見を知る機会を提供し，その結果，将来にわたって社会の構成員に利益を与える役割をも果たすことになる。こうして図書館の公益は同時代のみならず将来の社会の構成員にも及ぶのである。

　さて，ニテッキは，図書館に寄せられる要求を利用者集団が利益を求めて図書館に与える「圧力」として捉えている。すなわち，第一類型の特定の資料への要求を「サービス」を求める圧力とし，第二類型の特定の主題に関する資料への要求を「教育」を求める圧力として捉えている。そして，第三類型の論争のある主題に関する資料への要求を「仲介・仲裁（arbitration）」を求める圧力と規定している[20]。このニテッキの論点で重要なことは，図書館に寄せられる要求を図書館に利益を求めて利用者集団が図書館に及ぼす「圧力」として捉え，その要求に対して提供される情報・資料を通して利用者が得る共通の利益を図書館の「公益」として捉えている点にある。

　図書館が社会的要請によって成立し，存続するには，社会を構成する集団に公益をもたらす機関として存在しなければならない。そこで，図書館が社会的機関として果たす公益は何かといえば，図1-1に示したように，三つの類型

1章 図書館サービスの公益に関する考察

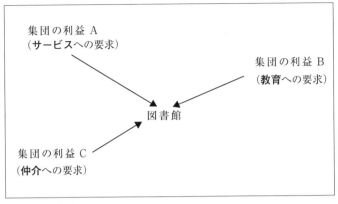

図1-1 図書館への要求の類型
出典：Nitecki, J. Z. "Public interest and theory of librarianship," *College & Research Libraries*, vol. 25, 1964, p. 270.

の要求，すなわち，「サービス」「教育」「仲介」への要求を満たすことによって利用者に与える共通の利益ということになる。

　ニテッキが第二類型にあたる特定主題に関する資料への要求を「教育への要求」として捉えている点は，図書館の教育的機能を示唆するものとして注目される。ある特定主題に関する資料を求める利用者は，その資料の利用（読書）を通じてその主題について学習し，その主題に関する知識を得ようとしているとみることができる。したがって，図書館からその主題に関してどのような内容の資料の提供を受けるかにより，その利用者の当該主題に関する知識形成は大きく左右されることになる。図書館員は要求された主題に関する資料の提供を通じて，利用者の知識獲得を支援しているという点において，教育的機能を発揮しているのである。

　ニテッキが特定主題に関する資料の提供を「教育への要求」に応じるものとして捉えた理由は上述のとおりであるが，こうした特定主題に関する資料への要求を直接扱うサービスがレファレンスサービスである。同時に，資料の選択と収集を扱うテクニカルサービスも深く関与していることに注意すべきである。資料選択方針が図書館においてまずもって提供可能な資料の範囲を決定するからである。図書館における利用者の資料探索行動は，利用者が直接，書架

15

に行き，求める主題の資料を選び，利用する行動である。書架には，選書の結果，収集された資料が組織され排架されている。利用者は選書された資料の範囲で求める資料を選び，利用することにより，当該主題に関する知識を形成することになる。それゆえ，図書館の資料選択方針は図書館の教育的機能に関わる重要な図書館サービスといえる。

　1939年版の米国の『図書館の権利宣言』（以下，『権利宣言』）の第3条において，図書館が民主的生活の「教育の場」[21]として位置づけられており，その第1条と第2条が図書選択の指針[22]として成立していることは，以上の論点と無関係ではない。第1条では，"選択される図書およびその他の読書資料は，地域社会の人にとっての価値と利益（傍点は引用者）のために選ばれるべきである" [23]としている。ここでいう「地域社会の人にとっての価値と利益」については，共同体論とリベラリズムの両面からの解釈が可能であるが，次節で示すように『権利宣言』における解釈は明らかにリベラリズムに依拠している。詳しくは後に論じることとし，ここでは，『権利宣言』において，図書館が教育の場と規定されている点について取り上げる。

　第3条の「教育の場」という表現は，社会的に有益で，文化的な活動と時事問題の討論のために，図書館を集会の場として使用すること，という文脈のなかで登場する。川崎良孝によれば，図書館の「知的自由」に関する歴史をみるとき，1920年代までは教育主義による排除派が多数を占め，図書の検閲に使命感をいだく図書館員も多かったという[24]。それが，1939年の『権利宣言』を期に，教育主義から知的自由に転換したという。そして，「知的自由」は1980年版の『権利宣言』においてより一層，重要視されることになる。

　1939年の宣言では，上記のような文脈ではあれ，教育という図書館の内在的な機能が明示されているが，1980年版の『権利宣言』では「教育」という語句はどこにも登場しない。しかし，ニテッキが喝破したように，特定主題に関する資料への要求に応じて資料を提供する行為そのものが既にして教育的機能を意味し，内在していることを図書館は十分に認識しておく必要がある。この点に関しては，第一の要求類型である書誌的事項がわかっているような特定の資料を求めるケースとは明確に区別しておかなければならない。特定の資料を求める場合，その資料の選択は利用者自身が既に選択したものであり，そこに図

書館側の資料選択の判断は基本的に反映されていない。つまり，どのような内容をもつ資料を通して知識を形成し，あるいは教養の糧とするかは，その利用者自身によって意思決定されているのである。この第一の類型の要求に対して図書館がなすべきことは，求められた特定の資料を速やかに提供することである。ニテッキが，求められた特定資料の提供機能を「サービス」への要求に対応するものとして捉えたのも，そこに図書館側からの資料の価値判断は一切含まれず，あくまでも求められた資料を迅速かつ正確に提供することが図書館の役割であると考えているからである。

　それに対して，特定主題に関する資料への要求に対して提供される資料は，先述したように，その利用を通じて利用者の知識形成を左右し，利用者の知識状態に影響与えることになる。ここで重要なことは，利用者の新たな知識状態の形成の鍵を握っているのが図書館側にあるという点である。たとえば，ある主題について，AとBという二つの相対立する意見がある場合，Aという意見を扱った資料のみを提供することは，利用者にAという意見に基づく知識形成を促し，それによって構築された新たな知識状態に依拠した行動へと利用者を導くことにつながる。Aとは異なる意見を扱ったBの利用機会を失うことにより，利用者は，AとBの意見の比較を通して，新たな知識を形成する機会も奪われることになる。

　そこで重要となるのが，第3の類型の要求，すなわち論争のある主題についてそれぞれの意見を反映した資料を求める「仲介」への要求である。これには2とおりのケースがある。一つは，利用者が関心をもっている主題について，あらかじめ複数の異なる意見や考え方のあることを利用者自身が知っている場合である。利用者が複数の意見や考え方の存在を知っている場合には，どちらの立場に自分が依拠したほうがよいのかを判断する，あるいは異なる意見の比較対照を通して自らの意見を形成するために，その主題に関する複数の意見や考え方を扱った資料を求めることになろう。他方，利用者が異なる意見や考え方の存在を知らない場合には，図書館側が提供した資料に基づいて当該主題に関する知識を形成することになる。図書館側がどちらか一方の意見（たとえば上記の場合のA）を扱った資料を提供したかが，利用者の知識形成に影響を与えることになる。よって，後者の場合には，図書館員の教育的役割はより一層

大きくなる。

　さて，これまでの議論は，利用者が図書館に提示する要求の種類，図書館から得ようとする利益，そしてそれを獲得するために図書館に及ぼす「圧力」としての要求の側面に焦点をあてたものである。その種類とは「サービス」「教育」「仲介」であったが，これらは図書館の使命をも規定することになる。ニテッキが重視するのは，こうした使命から生み出される図書館員の姿勢や志向である。

　図書館員が，図書館の教育的機能を重視するあまり，自らを教育者として位置づけるならば，特定主題に関する資料を選択する際に，当該主題に関する自らの価値観に基づき，より適切なものと図書館員が判断した資料を提示することにより要求に応えようとするだろう。この場合，第一の類型である特定資料への要求，すなわち「サービス」を要求している利用者に対しても，その資料が扱っている主題に関して，図書館員がより適切と考える異なる資料を案内するような対応をとることもあろう。しかしながら，前項で指摘したように図書館員が自らの価値観に依拠して資料を選択し提供する行為は，人間の複数性，価値の多元性，複数の物語の世界を横断する人間の自由の侵害につながりかねず，特定の価値観に利用者の知識状態を誘導する行為となる。

　ところで，このような第一の要求類型である特定資料の要求に対して提供された資料の利用を通して，第三の要求類型である仲介への要求を利用者に引き起こす可能性も考慮しておく必要がある。その際，利用者が当該主題に関して異なる見解を有する資料を求めるような第三の類型を実際に提示するかどうかは重要ではない。特定資料への要求に対して提供された資料の読解を通じて異なる意見の存在を知り，あるいはその資料の参考文献のなかに示された異なる見解を表す具体的な資料の存在を知ることにより，利用者は新たに特定の資料を求める「サービス」への要求として図書館に提示する場合もあるからである。重要なことは，利用者はある特定資料の読解を通じて，新たに異なる見解の資料への要求をもつことが十分にあり得るという点である。

　このように，教育への要求や特定サービスへの要求は，それらに対して提供された資料の利用を通じて，異なる意見や見解，新たな視点を備えた資料の提供を求める「仲介への要求」に発展するということを，図書館は常に想定して

おかなければなない。その意味において，図書館は「仲介への要求」を満たすことを究極の目標として種々のサービス方針を策定することが，図書館に期待される公益の実現のために必要といえる。

1.3.3 公益に基づく図書館サービスの解釈

公益については，前項において手続き主義，概念主義，文脈主義による定義があることを見てきた。ここでは，これら3種類の公益の定義と図書館サービスとの関係について見ていきたい。

手続き主義的定義では，社会において歴史的に確立された価値としての伝統が重視され，集団の利益，すなわち公益とはこうした確立された伝統的価値を獲得する最適な手段の提供にあるとした。図書館は記録資料の保存を通じて発揮する社会の文化遺産を未来に継承するという重要な責務を有するが，その責務は手続き主義的公益に寄与するものとみなすことができる[25]。しかし，ここで注意すべきことは，今日の図書館がこの手続き主義的公益に関わる部分は，あくまでも伝統価値をその一部に含むような過去の文化的所産としての資料を保存し，それを利用する手段を提供する点であって，伝統的価値を記録した資料は保存の対象の一部にすぎないという点である。

次に，概念主義的公益であるが，これは社会が理想とするモデルを設定し，そのモデルの実現によって得られるような社会全体の利益に向けて個々の集団の利益を再解釈することであった。この概念主義的公益を支持する図書館の機能は，教育への要求に対して適切な資料を提供することによって果たされる。すなわち，社会全体に利益をもたらすような価値のある資料を選択し，利用者に提供することである。これは，価値に基づく資料の選択を前提としており，資料の価値は社会の理想的なモデルに照らして判断されることになる[26]。

米国の図書館界における1920年代末までの教育主義による排除派が依拠する公益がこの種の概念主義的公益といえよう。ここで重要な点は，資料の価値を個々の人間，利用者の判断に委ねるのではなく，社会全体の規範的価値に依拠している点にある。図書館員が利用者のある特定主題に関する資料への要求を受けて，提供する資料の選択基準を，社会における規範的価値におくのである。しかし，知的自由を重視する今日の図書館においても，図書館が常に特定主題

19

表1-2　図書館の目標の進展

	17-18世紀	18-19世紀	19-20世紀
究極の目標	読書	教育	仲介
方針	図書の利用可能性	図書の有効性	多岐にわたる目的のための図書の利用可能性と有効性
達成の領域	蓄積	図書館の内部組織	図書館間の協力
公衆の反応	図書館への寛容	図書館の受容	図書館の活動への参加
図書館のイメージ	装飾	有用性（utility）	ツール

出典：Nitecki, J. Z. "Public interest and theory of librarianship," *College & Research Libraries*, vol. 25, 1964, p. 275.

に関する資料の提供を通じて利用者の知識形成に関与するという点では教育的機能を発揮しているという事実を，この概念主義的公益は示唆していることに注意しておきたい。

　最後の文脈主義的公益は，個々の集団の利益の共存を決定するような態度や姿勢を公益とみなす点にその特徴があった。この公益観は，図書館における仲介への要求に対する資料提供の姿勢に反映されているとみることができよう。すなわち，論争のある主題の場合において，特定の価値判断に依拠した資料を選び，提供するのではなく，それぞれの観点，価値に依拠した資料を提示することにより，相反する考え方の存在を利用者に知らせるという図書館の姿勢に反映される。その際，相反する考え方のいずれを採用するか，あるいはそれらの対立を解消する新たな視点を模索するかどうかは，あくまでも利用者に委ねることになる。当該主題に関する多様な視点，価値観に基づいた資料を提供する図書館の存在が，多様な価値観の存在を相互に承認する態度を市民のなかに醸成することが期待されるのである[27]。

　ニテッキは，過去4世紀における米国の図書館の目標の展開を，図書館がコミュニティの出来事に関わる程度という視点から表1-2のように整理している[28]。第1期（17～18世紀）は，読書自体の価値が強調された時代であり，コミュニティの成員の自己改善という人文学的概念が重視された時代である。この

期の図書館の究極的な目標は読書環境の提供におかれる。そこでの図書館の方針は図書の利用可能性を高めることであり，そのためには図書の蓄積が重視されることになる。図書館に対する公衆の反応は，図書館への寛容的態度であり，図書館には装飾としてのイメージが付与された時代である。

　第 2 期（18〜19世紀）は図書館技術の改善における進歩による図書館組織の改善によって特徴づけられる時代である。19世紀後半の M. デューイ（M. Dewey）による十進分類法（DDC）の提案，ライブラリースクールの登場，ALA の設立など，図書館専門職の基礎が築かれた時代でもあり，その発展は次の第 3 期に引き継がれることになる。この第 2 期は，読書を社会悪の治療として普及させようと努力した時代であり，図書館の教育的機能が重視され，図書の教育上の有効性が強調された時代である。事実，米国において19世紀中頃に成立したボストン公共図書館の設立の趣旨は公教育制度を完成させるものであった[29]。

　こうして，公共図書館は自己教育機関として市民に受容される時代が始まる。この期の図書館に付与されるイメージは有用性（utility）であるが，それは，公共図書館に社会秩序の保持機能および自己教育機関としての機能を発揮する図書館の有用性が期待されたことを意味する。

　第 3 期（19〜20世紀）における図書館の目標は仲介的機能におかれ，対立の最小化への寄与が目指される時代である。功利主義的公益観が示すように，最大多数の最大幸福という社会全体の公益が重視される時代でもある。ここで注意すべきことは，公益を，社会を構成する人びとが受ける利益の総和として計量的に捉えている点である。この利益の総和という考え方は，個人が享受する利益の質の差異は無視され，少数者や不遇な人たちの利益を犠牲にするように受け取られる。しかし，先述のとおり，ロールズの正義論が示したように，少数者や不遇な人たちの利益を保障することが社会全体の公益に資することになる。

　こうした功利主義的公益観から図書館の機能を見るとき，次節で詳しく取り上げる『図書館の権利宣言』が表明する，論争のあるテーマに関する多様な意見・見解を区別なく提供するという図書館の機能は，相対立する意見・見解の「調停・仲裁」を間接的ながら支援する機能として捉えることができる。それ

は，論争のあるテーマについて決して一つの意見・見解に統一することを目指すものではなく，互いの立場・考え方を知り，その相違点を理解したうえで，他者と共存していくという態度形成に寄与するものといえる。意見・見解の相違を相互に認めあう人びとの態度・姿勢が，他者の利益を侵害することなく自己の利益を追求し，あるいは，どうしても互いの利益が衝突する場合には，利益の相互調整を図り，社会全体の利益の総和を大きくするような環境の醸成に貢献するのである。

　論争のあるテーマにおける調整・仲裁による対立の最小化は，決して一つの意見への集約を意味するのではなく，論争のある社会的テーマに個人として参加する機会の最大化を意味する[30]。このように市民による社会参加がこの第3期の特徴といえる。こうした市民の社会参加の姿勢は，市民は図書館サービスを享受するだけの存在ではなく，図書館のさまざまな活動に参加し，図書館を支援する主体となって行動することにもつながることになる。

1.4　『図書館の権利宣言』に見る図書館サービスの公益

　図書館の知的自由の歴史的構図を見るとき，仲介への要求の充足を図書館の目標とする時期は，1939年の『図書館の権利宣言』（以下，『権利宣言』）を期に始まったといえる。それ以前は，教育主義による排除派が主流を占めていた時期であったことは先述のとおりである。この仲介への要求の充足という図書館の目標は，以後の『権利宣言』において端的に示されることになる。すなわち，1948年版の『権利宣言』では，その第一条において，以下のとおり利用者にとって資料から得られる効用に基づく資料選択の基準が規定されている。

> 第1条：　図書館サービスの責任において，選択される図書およびその他の図書館資料は，コミュニティのすべての人々の関心，情報，啓蒙に役立つかどうかという価値によって選ばれるべきである。[31]

　ここで規定されている「すべての人びとの関心に役立つ資料」の提供のためには，多種多様な意見のあるテーマについては，それぞれの意見を反映した資

料を選択する必要がある。なぜなら，「すべての人びと」を構成する個々の人に目を向けるならば，多種多様な意見のあるテーマについては，各意見に関してそれを求める個人が必ずや存在するからである。それゆえ，この条文は直接的な表現こそとってはいないが，仲介への要求を充足するための資料選択の重要性を示唆したものとして捉えることができる。

さらに，第1条においては，先ほどの条文に続いて，ロールズがその『正義論』のなかで「原初状態」として仮定した社会に見られるさまざまな不平等・差別をもたらす要因をあげたうえで，それら理由とする資料の排除を禁止する次の条文がくる。

　　第1条：　いかなる場合にも，著者の人種，国籍，あるいは政治的，宗教的な見解を理由として，資料が排除されてはならない[32]

1961年版の『権利宣言』においては，以下のとおり，その第5条において，不平等・差別の問題と図書館利用の権利との関係を扱い，個人の属性や思想信条による図書館利用制限を禁じた規定が加えられている。

　　第5条：　図書館の利用に関する個人の権利は，その人の人種，宗教，出生国，あるいは政治的な見解ゆえに，拒否されたり制限されることがあってはならない[33]

1980年版の『権利宣言』の第1条では，以下のとおり，それまでの版の『権利宣言』の第1条において使用されていた資料選択の用語はなくなり，代わって資料提供という用語が登場し，図書館側から利用者に視点を移した規定となっている。

　　第1条：　図書およびその他の図書館資源は，図書館が奉仕するコミュニティのすべての人びとの関心，情報，啓蒙に役立つように提供されるべきである[34]

1980年版ではもう一つ重要な改訂が行われている。それは，1939年版『権利宣言』以来用いられていた図書館に対する"民主的な生き方を教育する一つの機関"[35]という表現がなくなり，前文において図書館を"情報や思想のひろば"[36]と規定している点である。図書館が多様な意見や見解，価値観を表した資料の利用が可能な環境として位置づけられることになる。このように，前文においても，仲介への要求に応えるような多種多様な資料へのアクセスを保障することこそが図書館の公益であると明言されたのである。しかしながら，前節で指摘したように，図書館は，利用者からの特定主題に関する資料への要求を扱うとき，提供する資料を通じて利用者の知識形成に深く関与するという点において，教育的機能を内在していることを常に認識しておく必要がある。資料選択が偏向していれば，提供される資料利用を通じて形成される利用者の知識状態も偏向したものとなる恐れがあるのである。

　社会的不平等や政治的見解による差別を禁止する1961年版の『権利宣言』第5条の条文の趣旨は，1980年版の『権利宣言』の第5条において取り入れられているものの，不平等・差別の要因について，"その人の生まれ，年齢，経歴，あるいはものの考え方"[37]というやや具体性に欠ける表現に置き換えられている。

　ところで，人びとの間にある情報格差の是正のための「情報資源再配分機能」は公共図書館のもつ極めて重要な機能である。その意味で，1980年版の宣言の解説文として1993年にアメリカ図書館協会評議会において採択された『情報アクセスと経済的障壁』[38]のもつ意義は極めて大きい。この解説文では，次の二つの原理が示されている。第一は，『図書館の権利宣言』の第1条と第5条を根拠とした「有料制に関する指導原理」である。第二は，『図書館の権利宣言』の第2条，第3条，第4条を根拠とする「財政措置に関する指導原理」である。「有料制に関する指導原理」は，公費で賄われている図書館は，資料の形態，用いる技術，資料や情報伝達方式にかかわらず，あらゆる図書館サービスや情報サービスを無料で提供すべきだとするものである。そして，有料制は図書館サービスや情報サービスについて経済力による差別を強めると非難している。「財政措置に関する指導原理」では，公的資金の拠出に関して，図書館資料の内容に基づく制約を課したり，情報アクセスを制限することに反対している。

そこでは，表現を受け取る権利が表現された内容に基づく恣意的な制限を受けるならば，それは表現の自由を保障する合衆国憲法修正第1条に違反するとしている。

次に，第3類型の要求である図書館への「仲介の要求」に直接関係する『図書館の権利宣言』の条文を取り上げたい。

1980年版『権利宣言』の第2条では，次のように規定されている。

　第2条：　図書館は，今日および歴史上の問題に関して，どのような観点に立つ資料あるいは情報であっても，それらを提供すべきである[39]

仲介への要求に対して図書館が行う資料提供が，利用者集団によって構成される社会にとって公益となるためには，この1980年版の『権利宣言』の第2条において規定されているように，論争のあるテーマについて多様な観点からの資料を備え，提供することが不可欠となる。その意味で，この第2条は仲介への要求に図書館が対応するための原理を与えているものといえる。さらに，この仲介への要求に対して図書館から等しく利用者が利益を得るためには，無料で資料が提供されなければならない。有料制が導入されたならば，利用者の経済的格差により，情報アクセスに差別が生まれることになるからである。

ロールズがその正義論において仮定した「無知のベール」が示すように，論争のあるテーマについて，人間は常に一貫した見解をもち続けるとは限らない。ある時期はAという見解を支持したものの，自分がおかれた環境の変化等により，異なる見解Bに依拠することもあろう。あるいは，ある人間にとって，現在は経済的に恵まれた環境にあるため，特定の情報にアクセスするために一定の負担を厭わないとしよう。しかし，その人間が今後とも経済的に安定した状態が保持される保障はなく，経済的に困窮するような状況におかれ，必要な情報へのアクセスに要する経済的負担に耐えられない境遇に置かれるかもしれない。このように，自分自身のアイデンティティに無知な人間は最も不遇な状況に自らが置かれることを想定せざるをえないのである。そのとき，人間は経済的格差による情報資料へのアクセスに差別が生じない社会的システムの構築とその維持を求めることになろう。また，自分自身の考え方に変化が生じ，新

たな観点の意見を知る必要があるとき，いつでも多様な観点の資料にアクセスできる環境が社会的に保障されていることを期待することになろう。

　ロールズの正義論が明らかにしたことは，情報アクセスが保障されている状態というものが情報を必要とする人間への差別のないアクセスという高邁な「平等」の理念から提起されるものではなく，現実的に行動する利己的な人間が望ましい状態として選択する状態なのである。すなわち，他者よりも多くの利益を得ようとする利己的な人間は，情報アクセス環境についても自分により有利な条件を求めることになろう。しかしながら，その人間は，利己的であればあるほど，経済力維持への不安，社会的地位の不安定性など，自分にとって最悪な状態の到来にも敏感であり，そのような時にも，損をしないような社会が最も有利だと考えることになろう。そうであれば，結局，自分を含むすべての人間にとって，情報へのアクセスが等しく保障されている状態こそが，自分にとって最も有利な状態である，との考え方に達することになる。ゆえに，情報アクセスを公的に保障する図書館サービスは，自己の利益を追求し，その最大化を図ろうとする利己的人間を想定した市場原理主義に依拠した社会においても，必要不可欠な公共サービスとして機能するのである。

1.5　おわりに

　本章では，公共図書館の公益について，公益概念をまず検討し，そのうえで，ニテッキの考察をもとに図書館の公益の特徴について考察した。さらに，図書館の基本理念を示した『図書館の権利宣言』を通して図書館の公益について見てきた。公共図書館の公益は，特定の社会的価値の実現を目指すことではなく，社会の構成員である利用者の効用の最大化を図ることである。効用の最大化は，利用者の多様な要求を充足するために，多様な価値観を尊重した資料の選択・収集と提供を図ることによって，実現されることを明らかにした。

注・引用文献

1：世界大百科事典．第9巻．改訂新版，平凡社，2007，p. 255.
2：足立幸男．政策評価における公益（Public Interest）概念の意義と役割．年報政治学．1983，vol. 34，p. 59.
3：前掲2，p. 59.
4：前掲2，p. 62.
5：前掲2，p. 62-63.
6：前掲1，p. 417.
7：日本大百科全書　8巻．2版，小学館，1994，p. 722-723.
8：前掲2，p. 65.
9：Rawls, J. A. *Theory of justice.* Harvard University Press, 1971, 607p.（ロールズ，ジョン．正義論．矢島鈞次監訳．紀伊国屋書店，1979，482p.）
10：土屋恵一郎．正義論／自由論．岩波書店，2002，p. 37.
11：前掲9．
12：前掲10，p. 35-36.
13：前掲9．
14：ミル，J. S. 自由論．塩尻公明，木村健康訳．岩波書店，1971，p. 211-212.
15：Nitecki, J. Z. Public interest and theory of librarianship. *College & Research Libraries.* 1964, vol. 25, p. 269-278, 325. この論文は，J. H. Shera や P. Butler らの論文とともに次の論集に採録されている。
McCrimmon, Barbara ed. *American library philosophy : an anthology.* The Shoe String Press, 1975, p. 172-190.
16：前掲15，p. 276.
17：前掲10，p. 21-22.
18：前掲15，p. 269-271.
19：前掲14，p. 36-37.
20：前掲15，p. 269-271.
21："図書館の権利宣言"．図書館の原則：図書館における知的自由マニュアル（第6版）．アメリカ図書館協会知的自由部編．川崎良孝ほか訳．改訂版．日本図書館協会，2003，p. 61-62.
22：前掲21，p. 61-62.
23：前掲21，p. 61-62.
24：川崎良孝．図書館の歴史：アメリカ編．増訂第2版，日本図書館協会，2003，p. 207.
25：前掲15，p. 277.

26：前掲15, p. 277.
27：前掲15, p. 277-278.
28：前掲15, p. 274-275.
29：前掲21, p. 112-114.
30：前掲15, p. 274-275.
31：前掲21, p. 64.
32：前掲21, p. 64.
33：前掲21, p. 65-66.
34：前掲21, p. 58.
35：図書館を"民主的な生き方を教育する一つの機関"とする規定は，1939年版の『権利宣言』では第3条に，1948年版では第4条に，1961年版では第6条に，1967年版では第6条にそれぞれ示されている。
36：前掲21, p. 58.
37：前掲21, p. 58.
38："情報へのアクセスと経済的障壁"．図書館の原則：図書館における知的自由マニュアル（第6版）．アメリカ図書館協会知的自由部編．川崎良孝ほか訳．改訂版．日本図書館協会，2003, p. 130-132.
　なお，この解説文に関する解釈とその意義については次の文献を参考にした。
　川崎良孝．図書館の自由とは何か：アメリカの事例と実践．教育史料出版会，1996, p. 183-187.
39：前掲21, p. 58.

2章
文化資源と図書館の機能に関する考察

2.1 はじめに

近年，文化を資源という側面からとらえた新たな研究分野を形成する動きが展開されている[1]。ここでいう文化の資源化とは文化的活動の所産を記録・保存し，体系的に組織化・蓄積することを指している。

図書館は伝統的に出版物という文化的活動の所産を選択・収集・組織・蓄積・保存し，提供するという重要な役割を担ってきた。文化資源という概念の導入により，図書館が担ってきたこの役割がどのように再定式化できるのかを考察する。

そこで，まず文化と図書館との関係に関する基本的な考え方を確認する。次に資源という広い枠組みのなかで文化資源というものがどのように位置づけられるのかを見ていく。そのうえで，文化資源の特性について検討し，文化の資源化における図書館の位置づけと機能について考察する。

2.2 文化と図書館

文化とは次の定義に見られるように，人間による経験や思想・行動・感情など，人間のさまざまな活動のかなで学習と伝達の対象となるものといえる。

> 動物の行動はもっぱら遺伝と本能によって支えられているが，人間は，遺伝と本能に加えて，経験と模倣，および言語を通して，集団の一員としての思考，感情，行動を仲間から学習（習得）し，獲得したものを同世代，後世代の人々に伝達する。こうして集団の一員として学習，伝達されるも

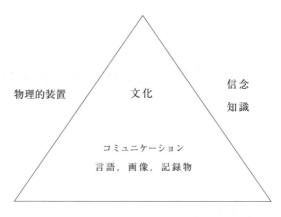

図2-1　図書館と文化との関係
出典：Shera, J. H. *Introduction to library science: basic elements of library service*. Libraries Unlimited, 1976, p. 44.

のが，一つのセットとして統合性をもつ総体を文化と定義できる。[2]

　図書館は学習と伝達の対象となる知識が記録されている図書を中心とした資源の提供を通して人間の学習と伝達に寄与する存在である。J. H. シェラ（J. H. Shera）は，図書館の基本的機能を文化的遺産（cultural heritage）の保存と伝達と定義[3]したうえで，図書館と文化との関係については，文化に三層の区分を設け，図2-1のように三角形の概念を用いて説明している[4]。
　第一の辺は「信念」や「知識」であり，伝達と保存の対象となるものである。すなわち，社会が産みだした理論的な構成要素の総体であり，社会の経験から派生し，哲学的体系，理論体系，さらには人間と他者や自然との均衡ある知的・精神的関係を形成するものである。
　第二の辺は文化を支える物理的装置であり，信念や知識という文化を保存し伝達するための物理的装置である。古代では粘土板やパピルス，木簡等の書写メディアによって文化が記録，保存され，現在ではコンピュータという電子機器が文化の保存と伝達のために不可欠な道具であるように，技術の発展と社会の要請に応じて物理的装置としての道具は変化，進歩することになる。いうま

でもなく，物理的装置としての道具は文化資源の保存と伝達に多大な影響を与える。デジタル技術は資源化できる対象を飛躍的に拡大し，文化資源の範囲を，たとえばDNAの塩基配列に関するデータバンクという微視的なレベルから宇宙科学分野の天体に関するデータなどの巨視的なレベルにまで拡張させている。

　そして，三角形の底辺が「社会組織」，あるいは「社会機構」である。信念や知識などの文化資源が物理的装置としての道具によって保存されるには，個人的な営みを超えて社会的な営みとして制度化されなければならない。こうした社会的組織の典型が図書館である。社会的組織として図書館が機能することにより，文化資源が体系的に収集・組織・蓄積され，必要とする人びとに提供・伝達されるのである[5]。

　シェラは，文化が存続し継承されるには，「知識」や「信念」，「物理的装置」「社会的組織」が一定の調和を保ちながら，思考の伝達のためのメディアが存在しなければならないとして，メディアの重要性に着目している[6]。先述したとおり，文化とは学習し，伝達される人間の活動の総体である。学習・伝達のためには，学習・伝達の対象となるものが言語や画像によって記録されていなければならない。図の三角形の内部にコミュニケーションのもとに言語，画像，記録物というメディアが配置されているのはそのためである。言語・映像という表現手段によって学習・伝達の対象が記録されたメディアが存在し，それを利用することにより，文化の伝達というコミュニケーションが可能となるのである。

　また，シェラは図書館と教育の関係を取り上げ，図書館が文化的遺産の保存と伝達という役割を担うことにより，学校，大学，新しいメディア，その他の知識産業とともに，教育という制度（institution）がその影響力を行使する際の手段（agencies）の一つになるとして，教育における図書館の意義についても指摘している[7]。

　教育と図書館との関係については，P. バトラー（P. Butler）も注目し，近代科学による知識の増大という現代社会における図書館の教育的機能の重要性について，次のように指摘している。

　　蓄積された知識は学問的な学校教科の枠をはるかにこえている。両者が釣

り合うといった時期があったのは昔の話である。今日教育の視野は相当に広げられて，社会の各員が知的蓄積の共有財産にたよれるようなプロセスを全部抱えこまねばならないことになっている。この点で図書館は新しい意義を受持っているのであり，学校についで重要なものとなっている。[8]

　文化とは学習し伝達される人間活動の総体であり，その総体とはシェラの指摘の通り，信念や知識であるとするならば，学校教育を通して学習し伝達される信念や知識はもはや社会が有している知識全体から見ればごく一部の基礎的な部分に過ぎない。
　バトラーは，"図書とは人類の記憶を保存する一種の社会的メカニズム"[9]と述べているが，こうした図書を収集・蓄積・保存している図書館を通して，学校教育で扱われなかった知識あるいは学校教育後に新たに生産された知識が人々の間で学習され伝達される点に注目したのである。
　バトラーは，また"図書は総体としては社会的記憶の中枢神経になぞらえうる実質体である"[10]とし，図書を保存し伝達する図書館を運営する図書館員の役割を次のように指摘している。少し長くなるが，文化資源と図書館とのかかわりを考えるうえで重要な内容を含んでいるので取り上げる。

　　図書館員の第一の務めは，読者に科学のいうところが正しいと証明することではないし，新しく事実を発見させるよう手助けをすることでもない。何よりもまず<u>文化の保管者</u>として尽くすのであって，読者が何を要求しようと，それが記録にのせられている限りは探し出す手助けをしなければならない。［中略］こうした事はしかし彼［引用者注：図書館員］の本来の任務ではない。その主要な仕事とは，地域社会のため，社会の福祉に真に必要な記録類を収集し，この目的にそうよう図書館の適正な組織と運営を図ってゆくことになる。[11]（下線は引用者による）

　このようにバトラーは図書館員の役割を「文化の保管者」とし，記録類すなわち図書の収集と組織化のための図書館運営を，利用者の情報資料要求を満たすための利用者支援に優先する役割として規定している。同時に，地域社会へ

の貢献，社会の福祉という視点から文化の保管機関としての図書館の役割を捉えている点にも注意したい。さらに注目すべき点は，バトラーの図書館員の役割に関する考え方は利用者支援の考え方に見られる。すなわち，図書館員が利用者に提供すべきサービスは探索支援であって，利用者から提示された情報資料要求を表した質問に情報源を使って直接回答する質問回答型のサービスではないとしている点である。

　図書館の役割を，記録類という文化資源の保管によってもたらされる地域社会への貢献と福祉にあるとするバトラーの考え方の基底には，以下の指摘に見られるように記録というもののもつ社会的重要性への深い認識がある。

　　何百万人という人たちが，何世紀にもわたって無数の記録に書き残した記述の形で，社会は社会自体の知恵のほぼ完全な集大成をもっている。社会は，このようなぼう大な量の本のなかに，何世代もの人間をこえて生き残る記憶の実質的な保存措置を造っておいたわけである。[12]

　さてバトラーは，"図書館は図書を生きている個人の意識に還元する社会的装置"[13]としたうえで，いま生きている人間にとって社会に図書館が存在する意義については次のように述べている。

　　知識が社会的に蓄積されて存在するということは，社会とその一人一人の構成員を結ぶ関係の上で大きな意義をもっている。集団の立場からすれば，全体から正当に選択された知識は公共の福祉の点からも個人に伝達されねばならない。個人の立場からいうと，この関係はどの人間でも自由に公共の蓄積から知識を取りだしてこられるという含みをもつ。[14]

　上記の指摘で重要な点は，図書館が社会に蓄積された知識の公平な分配に寄与するという点である。近代図書館が無料制を採用する主な理由は，この知識への公平なアクセスの保障にあるといってよく，無料制は公共の福祉の観点からも堅持されなければならない原則といえる。

　さて，社会における記憶装置としての図書の重要性につては，暗黙知の理論

で有名な M. ポランニー（M. Polanyi）が次のように指摘している。

> この二，三千年で，人類は，暗黙知の能力に言語と書物の文化機構を装備させて，理解＝包括の範囲を桁外れに拡げてきた。こうした文化的環境に浸りながら，いま私たちは，その範囲が著しく拡張した「潜在的思考」に反応しているのだ。[15]

暗黙知とは言語化できない知恵や技能を指し，われわれの意思決定に重要な働きをするわけだが，一方，図書とはまさに言語化された知識や信念が記述されているメディアである。ポランニーは図書というかたちをとって言語化された知識や信念が暗黙知とあいまって理解の範囲を限りなく拡張した点に注目しているのである。

ポランニーの指摘で注意すべき点は言語と書物を文化機構としてとらえている点である。すなわち，文化というものは，言語化され，書物という物理的実体をもったものに付与される概念である，ということである。書物というものが文化の産物であることについてバトラーは次のように指摘している。

> 図書は文明社会においてのみ造り出された加工物品である。この明白な事実には多くの歴史的側面が含まれている。著者が書く以前に言語が，そして記述する表現システムがなければならない。この二つは文化というものが思い通りに作りだしたにすぎない。[16]

図書が文化の産物であるとは，すなわちある対象を文化資源化するとは，その対象を言語で記述し，メディア化することを意味するといえよう。ここでいう言語とはいうまでもなく文字言語のみならず，音声言語をも指すが，資源化にあたってはさらに映像による対象表現を含めて考えてよい。

暗黙知とは異なる概念であるが，ある特定個人の意識にのぼらない知識，あるいはある特定個人が有していない知識であるが，社会に分配されている知識というものがある。すなわち，社会の記憶装置としての図書には記録されているが，ある特定個人の知識には含まれていない知識である。このことに関連し

て経済学者 F. A. ハイエク（F. A. Hayek）はこの社会に存在するが特定個人には所有されていない知識の重要性に着目し次のように指摘している。

> 問題は，資源の利用の範囲を誰かひとりの人の管理能力の範囲を超えて，いかに拡大するかであること。［中略］この問題は，けっして経済だけに固有なのではなく，ほとんどすべての真に社会的な現象，言語およびわれわれの大部分の文化的遺産に関しても生じるのであって，まさしくすべての社会科学の中心的理論問題を構成する。［中略］われわれは，自分たちが何をしているのかを考えることなしに成しとげることができる重要な作業を殖やすことによって文明は前進するのである。これは社会の領域において深い意味がある。自分では意味のわからない公式，記号，規則を絶えず利用し，それらの使用を通して，<u>われわれ各自が所有しているのではない知識を利用する。</u>[17]（下線は引用者による）

われわれは，ある行動を選択する場合，その行動に必要となる知識を常に明確に意識しているわけではない。たとえ意識している場合であっても，その知識を完全に理解しているわけでなく，また完全な理解が必要とされているわけでもない。たとえばコンピュータを使用する場合，演算処理装置の仕組みや記憶装置の動作を理解している必要はない。高度に科学が発達した現代社会においては，われわれ個人が所有しうる知識はごく一部に過ぎず，きわめて限られており，ハイエクのいう知識の分業体制のもとで社会が成立しているのである。

そうした社会において，記憶装置としての図書はわれわれ個人の限られた知識を補完する役割を担っているのである。それゆえ，図書が有する知識を生きている個人の意識に還元するための社会装置である図書館とその運営にあたる図書館員の機能に関する次のシェラの指摘は卓見である。

> 社会が何を知っているかをいかにして知るのか，また知識は社会環境全体にいかに影響を与えるか，これらの問いに答えることこそが図書館員が社会において演じる役割の核心であり，社会的手段としての図書館の果たす役割である。[18]

社会が知っていることとは，社会の記憶装置としてこれまでに出版された図書に記録された知識の総体である。出版された図書が知識の総体として機能し，ポランニーがいう文化機構となり，社会の知となるためには，図書を収集・組織・蓄積し，保存する社会的組織を必要とする。その社会的組織こそが図書館である。それゆえ，バトラーが指摘するように，図書館員は文化の保管者であり，保管された知識の総体から個人が必要とする知識の探索の手助けをする役割を演じるのである。

　われわれは，ハイエクの言うように，多くの活動において，その活動に必要な知識を明示的に意識することなく遂行可能であるが，それは，その活動を成立させるために知識が必要でないことを意味するのではない。必要な知識は社会に偏在していながら，当の活動に従事している個人がその知識を所有し，記憶，理解していることを常に必要とはしていないということである。図書を生きている個人の意識に還元する社会的装置として図書館が機能していることは，明示的に意識されていなかった知識をひとたび必要とし，確認しようとするならば，その確認のための仕組みが社会に用意されている，ということである。図書と図書館とはこのように何かを知る際の拠り所となるものである。

　この何かを知る際の拠り所としての図書および図書館の機能を P. ウィルソン（P. Wilson）は "cognitive authority" と称したが[19]，これこそが図書館に求められる重要な機能であり，この機能を発揮するための制度や仕組みを探究する研究領域が図書館学といえる。

　この節を締め括るにあたり，バトラーの図書館学の研究領域に関する指摘を紹介する。

> 図書館学は図書館の仕事，すなわち，社会の蓄積経験を図書という媒体を通じて社会の個々の人々に伝達する，この理論面だけを扱ってよい。[20]

　簡潔ではあるが，図書館学は文化の保管と同時にその伝達を考究することに学問分野としての特徴があると端的に述べられている。

2.3 資源概念とその類型

2.3.1 資源概念

ここでは，資源における文化資源の位置づけについて考察する。

そこでまず，事典での定義を確認しておきたい。『日本大百科全書』では，科学技術庁の報告書『将来の資源問題—人間尊重の豊かな時代へ』[21]を援用しながら，資源を次のように定義している。

> 科学技術庁資源調査会は，「資源とは，人間が社会生活を維持向上させる源泉として，働きかける対象となりうる事物である。」と定義し，さらに「資源は物質あるいは有形なものに限らない。まして，天然資源のみが資源なのではない。それは，潜在的な可能性をもち，働きかけの方法によって増大するし，減少もする流動的な内容をもっている。欲望や目的によっても変化するものである」としている。
>
> この最広義の定義に即して，次のような分類がなされている。
> [1]潜在資源 (1)気候的条件，(2)地理的条件，(3)人間的条件
> [2]顕在資源 (1)天然資源，(2)文化的資源，(3)人的資源（人間資源）[22]

この定義では，資源を潜在的なものと顕在的なものに分け，顕在資源のなかに文化的資源[23]を位置づけている。この定義で注意すべき点は，資源とは社会生活を向上させる有用性をもっていること，また，物質や有形なものに限られないということ，および，欲望や目的により資源の在り方が決まること，である。

資源の特徴を説明するにあたり，この欲望と目的の重要性に着目しているのが，資源に関する古典を著しているE. W. ジンマーマン（E. W. Zimmermann）の以下の定義である。

> 「資源」という言葉は，事物または物質に当てはまるのではなく，事物ま

たは物質の果たしうる機能，あるいはそれが貢献しうる働きに当てはまる。すなわち，欲求（wants）の充足のような所与の目的を達成するための機能，または働きをいうのである。[24]

　この定義にあるように，資源が欲求（欲望）と目的の達成に寄与するものとするならば，資源とは人間に利用されるものであり，それが役に立つものであることが重要となる。さらには，資源という概念は欲求と資源を利用する能力との関係から捉えることができる概念といえる。ところで，この欲求と利用能力との関係は，①主観的，②相対的，③機能的に分けられる[25]。
　第一に，主観的関係とは，環境のなかのあるものが人間にとって役立つもの，すなわち資源とみなされるかどうかは人間の欲求と利用能力という人間の側の評価によって決定される，ということである。つまり，人間の欲求の対象となりうるものが資源となる。個人の欲求は主観的なものであるから，何を資源として利用するから，個人ごとに変わりうることになる。たとえば，人間がある図書を資源とみなすかどうかは，まずその図書に記録されている知識への欲求が存在していなければならない。ある個人にとって，その知識への欲求がなければ，その図書は資源とはならない。それに対して，別の個人にとってその知識の有用性が高く欲求が生じれば，その個人にとってその図書は資源の候補となる。ここで資源の候補としたのは，欲求の存在に加えて，利用能力が伴っていることが資源とするもう一つの条件になるからである。確かに，その図書に含まれている知識はその個人にとって有用性があり，役に立つものであっても，その知識を理解する知的能力，語彙力がなければその図書を利用することはできない。その個人にとっては，同じテーマについてより平易に記述されている図書でなければ資源とはなりえないのである。
　ジンマーマンは，資源の候補となる環境と人間の欲求との相互関係を図2-2のように位置付けている[26]。ジンマーマンによれば，この図は原始人と自然との関係を示すものとしているが，現代社会における人間と環境との関係のなかで資源を位置付ける枠組みとして有効な図式といえる。この図では，人間のもつ欲求の充足のために，環境から有用な事象・事物を認知し，利用可能なものに開発されたものが「資源」となり，その資源によって当初の欲求が充足さ

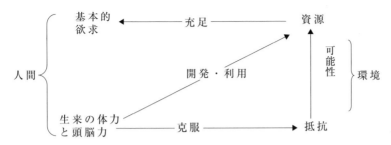

図2-2 人間の欲求と資源との相互関係
出典：ジンマーマン，E. W.『資源サイエンス：人間・自然・文化の複合』ハンカー編，石光亨訳．三嶺書房，1985, p. 25.

れるという関係性を表している。

　図2-2示された抵抗とは，環境から欲求充足につながる部分を有用性のある事象・事物として資源化する際に生じる障害である。先ほどの例でいえば，求める知識が記録されている図書を利用し，欲求を充足したいものの，その知識を理解するために十分な知的能力がなく利用できない状況の場合，知的能力の不足がその図書の資源化を阻む抵抗といえる。ゆえに，「克服」とはその知識の理解に必要な語彙力やその理解に不可欠な基礎的知識の獲得ということになる。

　さて，ジンマーマンは図2-2で示されている基本的な人間と環境・資源との関係を踏まえたうえで，文明が高度に進歩した環境下にある人間と資源との関係を図2-3のように示している[27]。

　この図は，"槍の穂先として文化を表現した概念は，人間が文化を自然界にぐっと深く突き刺し，「中立的事物」をますます多く資源に転換させている"[28]ということを示している。ここで中立的事物とは資源化されていないものをいう。この図の左端が示すように高度文明社会では，科学・技術の能力を駆使して欲求を充足する資源を獲得することになる。たとえば，鉱物資源や海洋資源といわれるものは，科学・技術力を駆使することによってはじめて資源として獲得可能なものである。こうした自然資源だけでなく，環境から自然資源を獲得するための科学・技術もまた知識資源として機能する。こうした知識と資源との関係についてジンマーマンは次のように指摘している。

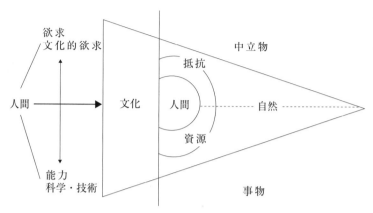

図2-3 人間・文化・資源の相互関係
出典:ジンマーマン,E. W.『資源サイエンス:人間・自然・文化の複合』ハンカー編,石光亨訳.三嶺書房,1985,p. 25.

人間資源のうち比べものにならないほど大切なのは,知識である。[中略]知識はまた他のあらゆる資源の母体である。[中略]人類がより高い文化水準へ向上する限り,文化は資源をつくりだす動的な力としてますます重要になるはずである。[29]

　資源の類型については次項で取り上げるが,知識という資源は文化資源の一つであり,ジンマーマンが指摘するように,知識資源と自然資源とは前者が後者を創出するという関係にある。よって,図2-3の中の文化は中立の事物を資源化するための資源として捉えられる。ところで,文化によって資源化されるものは,なにも自然だけではない。社会科学の新しい理論が人間社会の新たな側面を描きだし,新たな知識として資源化することがある。たとえばマルクスの書いた『資本論』という文化資源が資本主義社会を一変させる新たな社会観という知識資源を創出した例は,文化資源による新たな知識資源の創造を示したものである。
　社会や思想に関する知識資源は自然環境のなかで資源化する対象を変化させる場合がある。たとえば,エコロジーを重視した思想という知識資源が優勢になった社会では,石炭や石油という天然資源は中立資源となり,代わってこれ

2章 文化資源と図書館の機能に関する考察

まで資源化の対象として重視されてこなかった風力や太陽エネルギーというものを重要な自然資源として位置付けるようになるような事例があげられる。

次に欲求と利用能力との第二の関係である相対的関係を取り上げる。これは人間の欲求と能力のあり方は,社会によってあるいは歴史的な変化によって異なり,社会との相対的な関係のうえに成立する,ということを表している[30]。いうまでもなく,人間の欲求は社会とは独立に生じるものではない。その個人が歴史上どのような時代に生き,いかなる社会の成員であるかによって,資源化できるものの範囲も必要となる資源も変化する。現代社会に生き,高度情報化社会に身をおく人間は,インターネット上の多様な情報を文化資源として活用することが求められ,それにともない社会にはネットワーク情報源の資源化が要請されることになる。

最後に機能的関係を取り上げる。この関係とは,資源は人間の欲求を満足させるように働くという点で機能的な特性をもち,欲求と能力は資源がその一部をなす環境によって影響,制限を受けるという意味で資源のあり方と人間の欲求は相互に関数的(機能的)である,ということを表している[31]。すなわち,ある明確な欲求があり,それが中立的事物を資源化する場合と,資源となりうる事物を含む環境に身を置くことにより,潜在化していた欲求が刺激され,環境の一部を資源化し利用するという,二通りの場合があるということである。

2.3.2 資源の類型と相互関係

資源とは,前項で見てきたように,人間の欲求と目的によって生み出されるものである。人間の欲求や目的のないところに,資源という概念は成立しない。換言すれば人間社会を抜きに資源というものは考えられない。

人間社会にとって必要となる資源は言語を使って生産される象徴系資源と社会を取り巻く環境といえる生態系資源に分けられる。人間社会はこの象徴系と生態系からなる資源基盤上に成立しているのである[32]。

この象徴系資源と生態系資源との関係は基本的に前者が後者を規定するという関係にある。すなわち,象徴系資源によって生態系資源となる範囲が決定される,ということである。この関係はジンマーマンが示した図2-3の人間・文化・資源の相互関係からも明らかである。

41

I部　図書館と情報資源に関する論考

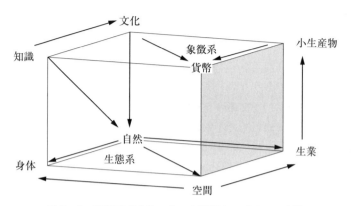

図2-4　資源の直方体：八つの資源カテゴリーの連関
出典：内堀基光「序　資源をめぐる問題群の構成」『資源と人間』内堀基光編，弘文堂，2007，p. 26.

　内堀はこうした象徴系資源と生態系資源との関係を資源の直方体として図2-4のように分析している。上の面が象徴系であり，下の面が生態系である[33]。
　この資源の二大領域の関係は，生態系からは資源材料が供給され，象徴系からはその生態資源への意味が付与されるという関係である。矢印は始点にある資源による終点にある資源への意味付与作用，または始点にある資源が終点にある資源を内包するという包摂関係を表現している。
　この資源の直方体の各頂点には以下の八つの資源カテゴリーが配置されている。象徴系資源領域である上の面には，文化資源，知識資源，小商品あるいは小生産物資源，貨幣資源が配置され，底面の生態系資源領域には，加工される自然資源，生業資源，空間資源，身体資源が置かれている。
　いうまでもなく象徴系資源は言語を中心として生成される資源であり，なかでも知識を記録した図書は象徴資源の中核的存在である。知識資源から文化資源への矢印は知識が文化を意味づけること，すなわち文化の理解はその文化に関係する知識の獲得を前提とすることを表している。また，文化資源から貨幣資源への矢印は，貨幣の交換による経済活動はその経済活動が営まれる社会が有する文化資源を基盤に成立することを表している。
　象徴系資源領域にある文化資源からは生態系資源領域の自然資源に矢印が向かっているが，象徴系資源領域と生態系資源領域を関係づける資源こそがこの

文化資源と知識資源である。ジンマーマンによる人間・文化・資源の相互関係（図2-3）が示しているように，自然のなかの中立的事物から何を資源化するのかを決めるのは人間の欲求であること，資源化するためには科学・技術という知識資源の利用が不可欠であること，これらの関係性を知識資源から自然資源に向かう矢印は示している。

　生態系資源領域では，自然資源が始点となって他の3資源に向かって矢印が出ている。身体資源，空間資源は自然資源の一部であり，包摂関係にあることはいうまでもない。生業資源は自然資源と空間資源を始点とする矢印の終点に置かれ，生産物に向かう矢印の始点となっている。この関係は，たとえば農耕地を生業資源として農作物という生産物を生産するという関係を表している。

　以上，資源の八つのカテゴリーとその相互関係を見てきた。象徴系資源の中心にある文化資源が生態系資源を意味づけていることから，文化資源が八つの資源カテゴリーの中心にあって，八つの資源が成立していることがわかる。なお，その文化資源を意味づけているのが知識資源であり，図書はその知識資源の中核的存在として機能する重要な資源であることを改めて指摘しおきたい。次節ではその文化資源の特性と文化の資源化における図書館の機能について考察する。

2.4　文化資源の概念と文化の資源化

2.4.1　文化資源と文化資本

　文化資源の概念を検討するにあたり，文化資源と密接な関係にある文化資本についてまず取り上げる。文化資本という概念については，経済学の分野において次のように定義されている。

> 経済学的意味での文化資本概念を用いれば，私たちは有形・無形の文化的現象を，価値を長期保存するための貯蔵庫や，諸個人および諸集団のための便益の提供者として明確化することができるようになる。[34]

この指摘のなかでいう価値とは経済的価値とともに文化的価値を指している。ゆえに文化資本とは，"経済的価値に加えて文化的価値を具体化し，蓄積し，供給する資産"[35]という定義が導かれる。
　このような文化資本には二つの形態が存在する。第一のものは「有形」で，建物やさまざまな規模・単位の土地，絵画や彫刻のような芸術作品，工芸品などの形態で存在することなる。第二のものは，「無形」な文化資本であり，これには集団によって共有されている観念や慣習，信念や価値といった形式をとる知的資本として成立するものが含まれる[36]。
　この文化資本はその文化的価値ゆえに経済的価値を生み出す。絵画という有形な文化資本は物質（画材）自体に経済的価値をもたないが，その文化的価値が大きな経済的価値をもたらすことになる[37]。
　一方，音楽や文学それ自体は無形の文化資本であることから，絵画のようなモノの取引の対象となることはなく，代わりに，その利用すなわち文化資本をサービスとして提供することを通じて経済的価値を生み出すことになる[38]。
　ところでD. スロズビー（D. Throsby）は自然資本と文化資本との相似性に着目し，次のように指摘している。

　　過去から継承されてきた文化資本は，一種の授かりものとして私たちにもたらされるようなものである自然資源と共通点を持っている。自然資源は自然の恩恵に由来するものであり，文化資本は人間の創造活動から生まれるものである。そして両者は現在の世代に管理の義務を課してくるのであり，［中略］それは持続可能性問題の本質といえる。さらに，類似点は「自然のバランス」を支え維持する自然の環境システムの機能と，人間文明の文化的な生活と活力を支え維持する「文化的環境システム」として言及できるようなものの機能とのあいだにも見受けられる。[39]

　詳しくは次項で取り上げるが，資本と資源では，前者が構造志向的であるのに対して，後者は行為志向的であるという違いがある[40]。しかしながら，スロズビーのいう管理義務は，資本であれ資源であれ，その違いに関わりなく必要なものである。文化資源についていえば，保存と管理が伴ってはじめて資源と

して持続可能となり，文化の継承という機能を発揮することができるのである。より厳密にいえば，保存と管理なくして文化資源とはなりえない，といってもよい。一例をあげよう。絵画は有形な文化資本であり文化資源であるが，厳密には，絵画は描かれただけでは資本にも資源になりえない。その絵画が美術館あるいは画商によって，一定の保存・管理が行われ，利用可能な状態あるいは取引可能なものになることによってはじめて文化資源あるいは文化資本となりえるのである。

　図書についても同様である。たとえば文学作品は書かれただけでは文化資源あるいは文化資本となりえない。その作品が書店や図書館という組織によって保存・管理されてはじめて流通し利用されることになる。さらにその文学作品が長期的に持続可能な資源として利用されるには，図書館という社会的機関の管理下におかれる必要がある。シェラが図書館を文化的遺産の保存と伝達という役割を担う社会的機関と規定したのは，この文化資源の管理機能を指しているのである。

　次に文化資本論の提唱者として有名なP. ブルデュー（P. Bourdieu）の考え方を取り上げる。ブルデューは，文化は富のように蓄積され，世代を超えて継承・再生産される資本形態として捉え，次の三つに区分している[41]。

　第一に身体化された文化資本である。具体的には知識，教養，趣味，感性，技能，性向などである。これはハビトゥスといわれるもので人びとの日常経験において蓄積されていくが，個人にそれと自覚されない知覚・思考・行為を生み出す性向であり，身体化され，特定集団において再生産されるものである。

　第二に客体化された文化資本である。これは有形物（絵画，書籍，道具，機械など）を指し，例として芸術市場において価値が付与された美術作品，文学作品に代表されるものがあげられる。

　第三に制度化された文化資本である。これは証書，免状などにより社会的に認められた肩書き，資格を指し，大学や美術館など文化資本の蓄積と資格を社会的に保証する制度と深く関わるものである[42]。

　この3類型の文化資本のうち，図書館が対象とするものは，いうまでもなく第二の客体化された文化資本であるが，それらを保存・管理・提供する社会的制度であり社会的機関である博物館や図書館は制度化された文化資本に深く関

わるものとして位置づけられる。

　最後に資本概念と資源概念規定の違いについて触れておきたい。山下はブルデューの文化資本論を論ずるなかで，その違いを次のように指摘している。

　　資源としての文化が人が生きていくための手段として利用され，活用されるのに対して，資本としての文化は蓄積され，再生産される。［中略］文化をある歴史的再生産の時間においてみるとき，資源としての文化は制度を介して資本としての文化に転化しうるのである[43]。

　この山下の指摘によれば，資源概念が利用と活用に，資本は蓄積と再生産にそれぞれ関連づけられている。そこには文化が資源化するために必要となる手続やプロセスが考慮されていない。ある文化的事象・事物が資源となるためには，その文化的事象・事物がまずもって認知され，さらに保存・管理・蓄積の対象として選択され，実際に保存・管理・蓄積がほどこされなければならない。スロズビーの指摘する保存と蓄積という管理は，文化資本のみならず，文化の資源化と文化資源の持続性に不可欠な手続きといえる。

　一方，森山は文化資本と文化資源の違いについて，先述のとおり前者が構造志向であり，後者が行為志向的であるとして次のように指摘している。

　　「文化資本」の概念は，階級分化と階級の再生産という社会の構造にかかわる事象を，何らかの時間的幅において補足する概念装置といえる。したがってそれは，構造志向的である。その構造志向性との対比において，「文化資源」という概念は行為志向的なものとして用いることができるのではないか，［中略］ある特定の行為者がある特定の行為によってある特定のものを「資源」として活用する，その行為の具体性，およびその行為が紡がれる場の具体性を可視化するものとして，「文化資源」という概念を用いることができるのではないだろうか。[44]

　この森山の説明も，資源化とは実は蓄積を前提とした営為であることに目を向けていないものの，資源と活用を結びつけている点で図書館と資源との関係

を考えるうえで示唆的な視点を提示している。

さて，ブルデューの文化資本論で重要なことは，個人が獲得する文化資本（身体化された文化資本），あるいは個人の学習に利用される文化資本（客体化された文化資本）はその個人が属する集団や階級に蓄積された文化資本に依存する，という点である。このようにブルデューの想定する社会構造と個人が属する社会階級は固定的であり静的である。個人がどのような社会に生まれ，どのような家族のなかで育ったかによって利用可能な文化資本が異なり，それによって蓄積される身体化された文化資本も決定しているとする社会観である[45]。

このブルデューの社会観には学習によって獲得された知識によって可能となるような社会移動が考慮されていない。人びとは，学習に深く関わる客体化された文化資本である図書を通して知識を獲得することが可能である。図書館が図書に記録されている知識への公平なアクセスを保障するならば，人びとは学習を通して，他者との間にある身体化された文化資本の差異を解消し，社会移動を実現することが可能となろう。

2.4.2 文化の資源化

ここでは，文化がどのようにして資源化されるのかを取り上げる。山下は文化の資源化について，日常の実践の場での資源化，国家による資源化，さらに市場による資源化の三つの社会的次元に区分している[46]。

第一に日常的な文化実践の場，すなわち家庭，職場，学校，地域社会などにおいて，言語から宗教までのさまざまなレベルの文化に対して無意識のうちに行われる資源化である。ここでの資源化された文化はブルデューの文化資本のうち身体化された文化資本に対応するのといえる。

第二に国家による文化の資源化であるが，この資源化はさらに三つの資源化に分けられる。第一に国家を正当化するための資源として編纂された歴史書（『古事記』や『日本書記』）があげられる。第二に学校教育を通して資源化される文化として，具体的には教科書や，隠れたカリキュラムといわれる言語化されえない学校文化や学校教育を通して伝達される国民文化の資源化があげられる。第三に，国家による文化政策として実施される国立の図書館，博物館，文書館による資源化があげられる。

第三の資源化は市場によるものである。この市場による文化の資源化は，文化的価値を有するものに経済的価値を認めて商品化された資源といえる。山下は"インターネットは現代における巨大な文化の資源化の例である"[47]と指摘しているが，グーグルやヤフーというサーチエンジンによるネットワーク情報資源の組織化に基づく情報サービスなくして，ネットワーク情報源を資源として活用することはできないことも事実である。

2.4.3　文化の資源化における図書館の機能

　最後に文化の資源化における図書館の機能について考察する。文化の資源化の過程について次の図2-5のように表すことができる。

　この図に示したように，文化の資源化については3段階あることに注意する必要がある。まず，われわれを取り巻く環境を構成する事象・事物のなかから，特定の事象あるいは事物に着目し，意味付与あるいは価値付けを行い，研究調査の成果として文化的事象・事物として資源化するという段階（第一次資源化）である。考古学の発掘調査の例でいえば，遺跡の発掘が第一次資源化であり，発掘された遺跡は第一次資源化による文化資源1となる。

　史料の作成や公文書等の作成も，対象となる事象を記録するという第一次資源化の営みといえる。公文書としての記録作成を怠るならば，行政活動という事象を資源化することができず，過去の行政活動の成果の検証や活用を阻むことにもなる。公文書という文化資源1が作成された場合でも，それらを体系化し，社会において共有化するための第二次資源化の作業が行われなければ，文化資源1としての公文書自体の存在が確認できず，行政活動の検証につなげることができない。その意味では，第二次資源化の怠りは，第一次資源化の怠り

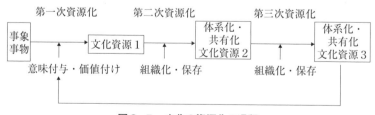

図2-5　文化の資源化の過程

と同じ結果をもたらすことになる。

　天文学の分野でいえば，宇宙という対象から観測によってデータを得るという資源化が第一次資源化に相当し，観測データ自体は文化資源1となる。

　ところで，考古学を含む人文社会科学が研究の対象とする事象・事物は人間や社会であり，その対象自体は文化的事象・事物であるが，それらの事象・事物から抽出された事象・事物への意味付けが行われてはじめて，その事象・事物は文化資源となることに注意する必要がある。

　一方，天文学を含む自然科学が対象とする自然はそれ自体は文化的事象・事物ではないが，自然科学の知識を使って自然から発見・抽出されたデータは文化資源として位置づけられる。つまり，科学的知識を自然に適用した結果，明らかにされ意味づけされることにより，自然界の事象・事物は文化資源となるのである。

　さて，第一次資源化の結果，生み出された文化資源は，社会はもとより当該研究領域においてさえも共有された文化資源とはなりえない。考古学の例でいえば，発掘された遺跡自体は文化資源ではあるが，それが博物館等の施設や研究機関においにて管理され，体系化されなければ，社会はもとより考古学分野においてすら文化資源としての存在が失われることになる。そこで，第一次資源化の結果得られた文化資源1が博物館や研究機関による管理を経て，体系化され共有化される作業が第二次資源化である。こうして文化資源1が体系化され共有化されたものが文化資源2となる。

　自然科学も同様であり，たとえば遺伝子に関するデータや物理学のデータは第一次資源化によって得られた文化資源1であるが，それらが研究機関等において管理されなければ，文化資源としての科学データは，社会はもとより当該研究分野においてさえ共有された文化資源とはなりえない。

　では，文化の資源化における図書館の機能はどこにあるのであろうか。それは，第二次資源化によって体系化され共有化された文化資源2をもとに行われた研究の結果，生産された論文や図書という文化資源を体系化・共有化するための第三次資源化の機能である。生産された論文や図書に記録された知識は，この第三次資源化の営みを通して，将来にわたって社会や当該分野における共有知として機能し続けることになる。そして，これらの共有知によって，いま

だ資源化されていない事象・事物への意味付与・価値付けが行われるという，新たな文化の資源化のサイクルに入ることになる。

2.5 おわりに

　図書館と文化との関係性については，シェラやバトラーの指摘のとおり，伝統的に文化の保存と伝達という側面から理解されてきたが，文化資源という概念の導入により，文化活動のなかで図書館の果たす機能をより明確に把握することが可能となる。具体的には，文化の資源化には三つの段階があり，図書館はその最終段階を担うとともに，次なる第一段階の資源化への基盤を提供する，ということである。

　近年，MLA連携として博物館，図書館，文書館との関係が注目されているが，その関係性とは文化の資源化を担う機能として共通であるが，資源化のレベルは異なる点を最後に指摘しおきたい。

注・引用文献

1：東京大学大学院人文社会系研究科文化資源学研究室．"講義・演習"．東京大学大学院人文社会系研究科文化資源学研究専攻．http://www.l.u-tokyo.ac.jp/CR/overview.html，（参照 2012-02-05）．
国立民族学博物館．国立民族学博物館 文化資源研究センター．http://www.minpaku.ac.jp/research/rccr/，（参照 2012-02-05）．
2：日本大百科全書 20．2版．小学館，1994，p. 795.
3：Shera, J. H. *Introduction to library science : basic elements of library service*. Libraries Unlimited, 1976, p. 49.
4：前掲 3，p. 42-49.
5：前掲 3，p. 44.
6：前掲 3，p. 46.
7：前掲 3，p. 45.
8：バトラー，ピアス．図書館学序説．藤野幸雄訳．日本図書館協会，1978，p. 66.
9：前掲 8，p. 23.

10：前掲 8，p. 75.
11：前掲 8，p. 109.
12：前掲 8，p. 66.
13：前掲 8，p. 23.
14：前掲 8，p. 60.
15：ポランニー，マイケル．暗黙知の次元．高橋勇夫訳．筑摩書房，2003，p. 149.
16：前掲 8，p. 99.
17：ハイエク，F. A. "社会における知識の利用"．市場・知識・自由：自由主義の経済思想．田中真晴，田中秀夫編訳．ミネルヴァ書房，1986，p. 69-70.
18：前掲 3，p. 50.
19：Wilson, P. *Second-hand knowledge : an inquiry into cognitive authority*. Greenwood Press, 1983, 210p.
20：前掲 8，p. 55.
21：科学技術庁調査会．将来の資源問題：人間尊重の豊かな時代へ 上．科学技術庁調査会，1971，p. 55-57，（科学技術庁資源調査会報告；第60号）．
22：日本大百科全書 10．2版，小学館，1994，p. 678.
　　潜在資源のなかの気候の条件には降水・光・温度・風・潮流が，地理的条件に地質・地勢・位置・陸水・海水が，人間的条件には人口の分布と構成・活力・再生産力が，それぞれあげられている．
　　一方，顕在資源のなかの天然資源には生物資源と無生物資源が，文化的資源には資本・技術・制度・組織が，人的資源には労働力・志気がそれぞれあげられている．
23：『日本大百科全書』で取り上げている科学技術庁調査会（前掲書）の文献では「文化的資源」と記述されているので，ここでも「文化資源」とはせず「文化的資源」として記述している．
24：ジンマーマン，E. W. 資源サイエンス：人間・自然・文化の複合．ハンカー編．石光亨訳．三嶺書房，1985，p. 33.
　　なお，ジンマーマンは原書において"wants"という用語を使用している．通常，欲望には"desire"という用語があてられるので，ここでは"wants"に対しては「欲求」という用語あてることにする．
25：内堀基光．"序　資源をめぐる問題群の構成"．資源と人間．内堀基光編．弘文堂，2007，p. 20-21，（資源人類学；1）．
26：前掲24，p. 25.
27：前掲24，p. 25.
28：前掲24，p. 25-26.
29：前掲24，p. 19, 23.
30：前掲25，p. 20.
31：前掲25，p. 20-21.

32：前掲25, p. 26-27.
33：前掲25, p. 26.
34：スロスビー, デイヴィッド. 文化経済学入門：創造性の探究から都市再生まで. 中谷武雄, 後藤和子監訳. 日本経済新聞社, 2002, p. 78.
35：前掲34, p. 81.
36：前掲34, p. 81-82.
37：前掲34, p. 83.
38：前掲34, p. 83-84.
39：前掲34, p. 89-90.
40：森山工. "文化資源使用法：植民地マダガスカルにおける「文化」の「資源化」". 資源化する文化. 山下晋司編. 弘文堂, 2007, p. 65, (資源人類学；2).
41：Bourdieu, P. "The Forms of capital". *Handbook of theory and research for sociology of education*. In : J. Richardson (ed). Greenwood, 1986, p. 241-258.
42：山下晋司. "文化という資源". 資源と人間. 内堀基光編. 弘文堂, 2007, p. 54, (資源人類学；1).
43：前掲42, p. 55.
44：前掲40, p. 65.
45：ブルデュー, ピエール. ディスタンクシオン：社会的判断力批判1. 石井洋二郎訳. 藤原書房, 1990, 501p.
46：山下晋司. "序　資源化する文化". 資源化する文化. 山下晋司編. 弘文堂, 2007, p. 15-17, (資源人類学；2).
47：前掲46, p. 17.

3章
認識論的権威としての図書館情報資源に関する考察

3.1 はじめに

 ウェブ情報資源の拡大は，人びとの情報利用の利便性を飛躍的に向上させているが，同時に信頼性のある情報資源の選択という新たな問題をもたらしている。専門図書や逐次刊行物（雑誌記事・学術論文）等の図書館情報資源は原則として当該分野の専門家によって著されているという点で，一定の信頼性が保証されている情報資源といえる。その信頼性が十分には保証されているとは言い難いウェブ情報資源が増大する今日の情報環境において，図書館情報資源のもつ有用性と価値はより重要性を増しつつある。
 そこで，本章では，次節において米国で実施された情報資源に関する選好調査を取り上げ，人びとの情報選択行動と信頼性評価との関係について考察する。次いで，図書館情報資源の特性に関して P. ウィルソン（P. Wilson）の「認識論的権威」の概念に基づき考察し，人びとの情報選択行動における図書館情報資源のもつ意義と重要性について論じる。さらに，図書館情報資源のもつ認識論的権威の構造について明らかにするとともに，認識論的権威の権威としての図書館員の役割について考察する。

3.2 情報資源の選好と信頼性に関する認知

3.2.1 情報資源の選好調査

 われわれが抱える重要な課題について，その解決を図り，意思決定を行う際の拠り所とする情報資源については，何よりも，その情報資源の信頼性を評価

表3-1 情報資源の特徴に関する認知

図書館情報資源（オンライン，場としての図書館）：
より信頼性（trustworthy）がある

より信頼性がある	図書館 65%	ウェブ情報源 35%
より正確である	図書館 58%	ウェブ情報源 48%

サーチエンジンで利用可能なウェブ情報資源：より速い

より速い	ウェブ情報資源 91%	図書館 9%
より便利	ウェブ情報資源 90%	図書館 10%
より利用しやすい	ウェブ情報資源 83%	図書館 17%
より依存できる	ウェブ情報資源 72%	図書館 28%

出典：*Perceptions of libraries and information resources, 2010.* OCLC, 2011, p. 40-41.

することが求められる。こうした情報資源の信頼性について，OCLCにより興味深い調査が実施され，その結果が発表されている[1]。このOCLCの調査は，人びとの図書館情報資源や図書館の認知と印象，および情報を探索するツールの利用に関する人びとの選好を明らかにすることを目的とし，2010年1月にカナダ，英国，米国の14歳以上の在住者2,219名を対象に実施されたものである。

　その調査項目の一つに図書館情報資源とサーチエンジンによって利用可能なウェブ情報資源の特徴を問うものがある。表3-1はその結果をまとめたものであるが，図書館情報資源とウェブ情報資源の特徴に関する認知について，きわめて対照的な結果が明らかにされている。

　すなわち，図書館情報資源については，その信頼性（trustworthy）や正確さを特徴としてあげた回答者が6割前後であり，ウェブ情報資源の特徴については，情報入手の速さや利便性をあげた回答者が9割近くにのぼっている。OCLCでは，この結果をもとに，図書館情報資源については，より信頼性が高い情報資源として，ウェブ情報源については，より迅速な情報入手が可能な情報資源として，それぞれの情報資源の特性を総括している。なお，この調査では，図書館の情報資源の特徴としてあげられた信頼性には"trustworthy"という用語が充てられている。一方，ウェブ情報源の特徴として第4位に登場す

3章　認識論的権威としての図書館情報資源に関する考察

表3-2　情報資源をどのように選択しているのか

選択基準	回答率
価値のある情報	68%
信頼できる情報	65%
無料の情報	65%
利用しやすさ	55%
速い情報	48%
薦められた情報	20%

出典：*Perceptions of libraries and information resources, 2010.* OCLC, 2011, p. 40-41.

る「依存できる」には"reliable"という用語が充てられている。この二つの用語の使い分けについては特に説明がないが，"trustworthy"は情報内容の正確さや価値に基づく情報資源の信頼性を指示する用語として，"reliable"は情報利用の利便性による情報資源への依存度を指示する用語としてそれぞれ使用しているものと考えられる。

ところで，上述の結果は，図書館情報資源とウェブ情報資源を比較した場合，人びとはそれぞれの情報資源の特徴をどのように捉えているかを示したものであり，人びとが"trustworthy"という意味での信頼性のある情報資源を実際に求める場合，図書館情報資源を直ちに選択することを意味するものではない。以下に示した一連の調査結果（特に表3-4）から，信頼できる情報資源を選択する場合であっても，より多くの人びとがサーチエンジンで検索可能なウェブ情報資源を選択していることがわかる。

情報資源の選択基準に関する問いに対する回答を示したのが表3-2である。この結果によれば，回答者の7割弱が，情報資源の選択にあたっては価値があり，信頼できる情報資源であることをあげている。

次に「情報資源の信頼性をどのように判断しているのか？」という問いへの回答を示したのが表3-3である。この結果によれば，回答者の8割弱が個人の知識や常識に委ねており，信頼できる情報資源からの推薦をあげている回答者は5割に満たない。

表3-3　情報資源の信頼性の判定基準

信頼性の判定基準	回答率
個人的な知識／常識	77％
他のサイト・情報源の比較参照	69％
団体・機関の評判	67％
信頼できる情報源からの推薦	48％
著者・制作者	28％
サイトの見栄え	13％

出典：*Perceptions of libraries and information resources, 2010*. OCLC, 2011, p. 40-41.

表3-4　信頼できる情報資源は何か。

信頼できる情報資源	回答率
ウェブ情報資源	22％
関心のある分野の専門家	16％
同様の情報を扱う他のサイト	13％
友人	10％
図書館資料	6％
ウィキペディア	3％
図書館員	1％

出典：*Perceptions of libraries and information resources, 2010*. OCLC, 2011, p. 40-41.

　次に「その信頼できる情報資源とは何か？」という問いに対する回答を示したのが表3-4である。この結果によれば，回答者の22％がサーチエンジンで検索可能なウェブ情報資源をあげ，図書館資料をあげた回答者は6％に過ぎないことがわかる。また，図書館員をあげた回答者は1％という結果である。これは，図書館員に対する信頼性が低いということよりも，図書館員が信頼性のある情報や資料を提供する担い手であると認識している回答者がきわめて少ない，ということを意味していると考えられる。

3章　認識論的権威としての図書館情報資源に関する考察

表3-5　図書館の情報資源は信頼できるか

信頼度	2005	2010
あまり信頼できない	9%	5%
より信頼できる	21%	26%
他の情報資源と変わりない	70%	69%

出典：*Perceptions of libraries and information resources, 2010.* OCLC, 2011, p. 40.

　それに対して，信頼できる情報資源の第2位に，16%と低い値ではあるが，「専門家」があげられていることが注目される。図書館が所蔵し提供する図書や雑誌記事・学術論文等を中心とする情報資源，あるいはレファレンスサービスを通して提供される情報資源は，当該分野の専門家によって著された情報資源である。なお，図書や雑誌記事等を中心とする図書館情報資源の信頼性，さらにはそうした情報資源を紹介し提供する図書館員への信頼性はこの専門家への信頼性に依拠していることに注意する必要がある。この点について3節で改めて取り上げる。

　以上の結果から，図書館情報資源の特徴として回答者があげた信頼性は，あくまでもウェブ情報資源と対比したときに認知された属性であることがわかる。すなわち，実際の情報資源の選択行動において，信頼性の高い情報資源を求める場合であっても，人びとは必ずしも図書館情報資源を選択するのではなく，利便性が優位なウェブ情報資源の選択を優先しているのである。

　このことは，「図書館から得られる情報は信頼できるか？」という問いへの回答（表3-5）からも指摘できる。それによれば，図書館情報資源が信頼できると回答した者の割合は2005年の調査から5ポイント上昇し26%となっているが，他の情報資源と変わりないと回答した者の割合は69%であり，図書館情報資源の信頼性が必ずしも広く認知されているわけではないことがわかる。

　ところで，図書館および図書館員を利用したことがある者は，その成果を高く評価していることが明らかにされている。すなわち，回答者の83%が図書館員は探索過程に価値を付与してくれると回答しており，この値は2005年の同調査の76%を上回っている[2]。こうした探索過程への価値付与や提供された情報

の質など，図書館員を利用した経験全体に対する満足は2005年の調査結果に対して今回の2010年の調査結果は25％増となっている[3]。この結果を受けて，OCLCでは，情報利用者は図書館と図書館員を利用した経験に対する高い満足度を継続していると総括している[4]。一方，サーチエンジンで検索可能なウェブ情報資源の利用経験全体に対する満足度は，入手できる情報の質が低下していると感じているなど，2005年の調査結果に対して2010年の調査結果は34％減となっている[5]。

3.2.2 問題状況と情報資源の選択

前項で取り上げたOCLC調査では，情報資源の選好について，問題状況や特定の課題を設定することなく，人びとの情報資源の選択に関する一般的な傾向を明らかにしたものである。しかしながら，情報資源の選択と評価は，抱えている問題状況や課題に大きく依存するものと考えられる。このことを示す調査結果が米国のワシントン大学情報学部から発表されている。

ワシントン大学情報学部では，"Project Information Literacy"と題する大学生の情報リテラシーに関する調査を実施し，その結果を公表している[6]。この調査は，2010年春に全米25大学に在籍する学部学生8,353名に対して実施され，アンケート調査とその後のフォローアップインタビューから情報資源の選択と評価について分析したものである。

調査では，日常生活上の課題の解決のために利用する情報資源の評価基準について取り上げ，図書館情報資源とウェブ情報資源に関する評価基準に関する設問を提示している。その結果を示したのが表3-6である。

この結果で注目すべき点は，図書館情報資源の評価基準として重視されている要素がウェブ情報資源においてより重視されているということである。すなわち，図書館情報資源については，当該分野の専門家が著者として執筆された文献であることを信頼性評価のための基準として，回答者の4割があげている。それに対して，ウェブ情報資源の著者（作成者）については，およそ7割の回答者が信頼性評価基準としてあげている。これは，ウェブ情報資源については，図書や学術論文等の図書館情報資源において前提とされている著者が専門家であるという要件が成り立たないがゆえに，その著者（作成者）が専門家

表3-6　図書館情報資源とウェブ情報資源の評価基準

評価基準	図書館情報資源	ウェブ情報資源
最新性（作成・出版年）	67%	77%
多様な視点が認められる	50%	59%
参考文献が含まれている	45%	54%
著者（作成者）の信頼性	40%	73%
情報資源の出版者（制作者）	22%	72%
図書館員による案内	18%	25%

出典：Head, Alison J. and Eisenberg, Michael B. "Truth be told : How college students evaluate and use information in the digital age : Project information literacy progress report, Nov. 1, 2010". The Information School, University of Washington.

かどうかの評価が必要との判断を下しているものと考えられる。

　同様のことが「情報資源の製作者（出版者）」に関する回答にもいえる。すなわち，図書や学術論文等の図書館情報資源の出版者は，その多くが当該分野の専門資料の刊行実績を有する商用出版社，あるいは学協会であることが前提とされている。そのため，出版者を評価基準として改めてあげている回答者は2割程度と少なかったと考えられる。それに対して，ウェブ情報資源については，そうした前提が成り立たないため，当該ウェブ情報資源を制作した機関や個人についても評価対象としていると考えられる。ここで，ウェブ情報資源の制作者と当該コンテンツの著者（作成者）との関係は，ある研究機関が運営するウェブサイトを考えればよい。すなわち，その研究機関が制作者に該当し，そのサイトのもとにあるウェブページのコンテンツを実際に記述した研究者が著者（作成者）に相当すると考えればよい。

　さらに，「図書館員による案内」を評価基準としてあげた回答者が，図書館情報資源よりも，ウェブ情報資源のほうで高いこともまた注目される。このことは，先述のとおり，図書館情報資源が信頼性への一定の保証が前提とされているのに対して，ウェブ情報資源については，そうした前提を置くことはできないがゆえに，情報資源の信頼性評価において図書館員への支援を求める割合が高まっていると考えられる。

また,「参考文献が含まれている」という評価基準についてもウェブ情報資源に関する率が図書館情報資源の率を上回っている。これは,参考文献の掲載は,図書館情報資源の中心となる図書や雑誌記事の多くに見られるものであり,特に学術論文については必須であることから,改めて評価基準としてあげる必要がないとの判断によるものと考えられる。それに対して,ウェブ情報資源については,そうした前提は成り立たないことから,コンテンツの内容について,その出典を明記し,参考文献を掲載しているかどうかが重要な評価基準となる。半数を超える回答者が評価基準としてあげているのはそのためである。

ウェブ情報資源の評価基準として表3-6にあげられている要素のうち,回答者の7割以上が評価基準としてあげている最新性,著者の信頼性および情報資源の出版者(制作者)の3要素は,ALAが無料のウェブ情報資源の選択基準として示した要素に含まれているものでもある。ALAの選択基準の要素では,①コンテンツの最新性,②コンテンツの質の高さ・詳細さ・有用性,③制作者の権威(authority)という表現が使用されている[7]。要素②と要素③の関係は,前者が情報資源の内容に関わるものであるのに対して,後者はその情報資源の内容の信頼性を保証するものといえる。

さて,これまで情報資源を図書館情報資源とウェブ情報資源に大別して考察してきた。以下では問題状況において必要とされる情報を入手するために選択される具体的な情報資源の種類について,ワシントン大学情報学部の調査結果をもとに考察する。

ワシントン大学情報学部では上述の調査の一環として,問題状況として日常生活と大学教育を設定し,それぞれにおいて問題解決に必要な情報を入手するために利用する情報資源の種類に関する調査を実施している[8]。図3-1は,日常生活における調査等において選択・利用される情報資源に関する問いへの回答を示したものである。

情報資源の種類ごとに,2009年と2010年の調査結果が示されている。それによれば,利用する情報資源としてサーチエンジンを回答した割合は2009年で99%,2010年では95%にのぼっている。次いでウィキペディアが2009年で91%,2010年では84%となり,若干ではあるが低下している。

ソーシャルネットワークの利用は2009年の60%に対して,2010年では70%に

3章　認識論的権威としての図書館情報資源に関する考察

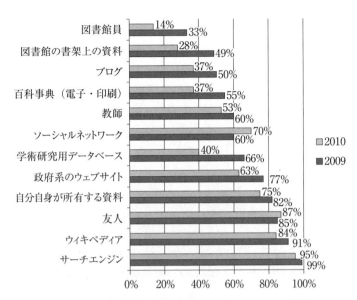

図3-1　日常生活における調査において利用される情報資源
出典：Head, Alison J. and Eisenberg, Michael B. "Truth be told : How college students evaluate and use information in the digital age : Project information literacy progress report, Nov. 1, 2010." The Information School, University of Washington.

上昇しており，今後，ますますFacebookやTwitterなどのSNSを通した情報入手が選好される傾向が指摘できる。

　ソーシャルネットワークと友人以外のすべての情報資源の利用については，2009年の値に対して2010年の時点の値が低下しているが，なかでも学術研究用データベース，百科事典，図書館の書架上の資料，図書館員などの図書館情報資源に関する低下が著しい。特に来館を必要とする図書館の書架上の資料を利用する割合の低下が顕著である。この結果は問題状況の特性が反映しているものと考えられる。すなわち，日常生活における調査に有用な情報資源として，その利用に多くの時間と労力を要する図書や逐次刊行物等の図書館情報資源よりも，利便性が高く迅速な情報入手が可能となるサーチエンジンで検索可能なウェブ情報資源が優先的に選択されたものといえる。

　しかしながら，ウェブ情報資源の利便性が向上し，利用可能な情報量が増大

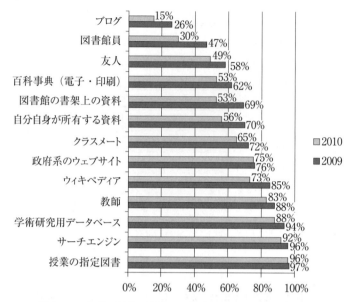

図3-2　大学の授業に関連した調査に利用される情報資源
出典：Head, Alison J. and Eisenberg, Michael B. "Truth be told : How college students evaluate and use information in the digital age : Project information literacy progress report, Nov. 1, 2010." The Information School, University of Washington.

するなか，日常生活で抱える問題解決のために，2010年の時点においても，回答者の4割程度が学術研究用データベースや百科事典などの図書館情報資源を選択・利用し，さらには印刷メディアである図書館の書架上の資料についても3割弱が選択・利用している事実は注目される。このことは，日常生活で生じる問題によっては，図書や雑誌記事等の図書館情報資源から得られる情報がウェブ情報資源によって容易には代替できないことを示唆しているものといえる。

次に，大学での授業に関連した調査に必要な情報入手のために選択・利用される情報資源に関する問いへの回答を示したのが図3-2である。

授業の指定図書が最優先に選択・利用されること（2009年：97%，2010年：96%）は当然のこととはいえ，それとほぼ同率でサーチエンジンがあげられていること（2009年：92%，2010年：96%）は注目される。雑誌や図書などの図書館情報

資源は電子書籍や電子ジャーナルとしてウェブ上での利用が可能になりつつある。特に雑誌や紀要等の逐次刊行物については、急速に電子ジャーナルや機関リポジトリでの提供が進展している。しかし、これらの情報資源は、通常Google等のサーチエンジンで検索可能なウェブ情報資源ではなく、図3-2の情報資源の種類でいえば学術研究用データベースとして分類されるものである。したがって、情報内容の信頼性に関する評価が求められるサーチエンジンで検索可能なウェブ情報資源を、回答者の9割が大学での授業に関連した調査研究のために、選択・利用している事実のもつ意味は大きい。先に取りあげたウェブ情報資源の評価基準（表3-6）であげられていた著者（作成者）の信頼性等の基準を採用して評価している割合が7割程度であることを考え合わせると、選択・利用する情報資源としてサーチエンジンで検索可能なウェブ情報資源をあげた回答者（学生）のすべてが信頼性への評価を行って利用しているわけではないことがうかがえる。こうした結果は、ウェブ情報資源の信頼性評価が大学における情報リテラシー教育の重要な課題であることを示唆するものといえる。

3.3 認識論的権威と図書館情報資源

　前節で取り上げた調査結果からも明らかなように、日常生活の文脈にせよ、学校教育という文脈にせよ、人びとの問題解決のために必要な情報資源の選択行動において、サーチエンジンで検索可能なウェブ情報資源への依存度がきわめて高い。同時に、ウェブ情報資源の選択においては、その内容の信頼性の評価が重要視され、その評価にあたってはコンテンツの作成者や当該サイトの制作者という、図書や記事・論文などの図書館情報資源の著者や出版者に相当する要素が重視されていることも明らかとなった。

　本節では、こうした信頼性評価に依拠した情報資源の選択行動を解明する鍵となるP. ウィルソン（P. Wilson）の「認識論的権威（cognitive authority）」の概念に依拠して図書館情報資源の特性について考察する。

3.3.1 個人の知と社会の知

　ここでは，人びとが何かを知ろうとするとき，図書館情報資源をはじめとする外部情報資源に依拠する原理について考察する。
　J. H. シェラ（J. H. Shera）は，個人が記憶し所有している知識（個人の知）と社会が共有する知識（社会の知）との関係に着目し，図書館の社会的機能について次のように指摘している。

> 社会は，個人よりも多くのことを知っていることもあれば，そうでないこともある。このことは図書館員の業務にとって基本的なことである。社会は，これまで書かれたすべての百科事典の内容を「知っている」が，日没の美しさや優れた詩が感情に及ぼす影響を「知る」ことはできない。社会が何を知っているかを，社会はいかにして知るのか，そして，そうした知識が社会環境全体にどのような影響を及ぼすのか。こうした問いこそが，図書館員が社会において果たす役割および図書館が社会的手段として果たす役割の中心にある問いなのである。[9]

　上述のシェラの指摘のように，個人が記憶している知識は社会全体が有している知識の一部を構成していることになるが，一方で個人が抱く感情はその個人に固有のものである。そうした感情だけでなく，個人が記憶している知識についても，図書や雑誌等を中心とする出版物として公表されるか，あるいはウェブ情報資源を通じて発信されることがなければ，個人のもつ知識はその個人の記憶にとどまり，個人の集合としての社会全体が共有する知識とはなりえない。個人の知識が広く利用可能な情報資源に記述されない限り，個人の知識は，日没の美しさを見た感動や文学作品を通じて覚えた感情と同様，社会で共有されることにはならない。
　ところで，個人の知識が社会で共有されるためには，情報資源に記録されることに加えて，情報資源を制御する仕組みと組織が必要である。すなわち，情報資源の収集・組織・蓄積・提供を担う社会的機構としての図書館の存在が必要である。こうした社会的機構としての図書館が十全に機能することにより，

情報資源に記録された個人の知識は社会全体で共有可能な情報資源となるのである。

さて,ある領域において,個人にとっては未知の事柄であっても,すでにその事柄について知っている他者,あるいはその事柄に関する知識が記録されている情報資源は存在すると一般に考えるのが妥当である。ここでいう他者とは主としてその領域に関する専門家であり,情報資源とは専門家がその専門知識をもとに著した図書・雑誌記事さらにはウェブ情報資源を指す。社会が知っていることとは,こうした専門家の知識や文献等の情報資源に記録された専門家の知識の総体ということができる。そして,先述のとおり,こうした文献等の情報資源に記録された知識の総体を社会全体で共有可能なものとする仕組みこそが図書館ということになる。P. バトラー(P. Butler)が図書と図書館の機能として指摘した,"図書とは人類の記憶装置であり,図書館はその図書を生きている個人の意識に還元する社会的機構"[10]とは,まさにこのような図書を中心とする図書館情報資源と図書館の機能を指摘したものに他ならない。ゆえに,図書館とは,社会において既知である事柄について,未だそれを知らない個人に効率的に伝達する社会的機構といえる。

3.3.2 認識論的権威

ある人にとって,未知な事柄について,情報資源の利用を通して知っている,と言えるようになる条件とはなんであろうか。

哲学の一領域である認識論によれば,ある人(ここではAさんとする)がしかじかということを知っている,と言えるのは次の三つの条件を満たすときである。

(1) Aさんはしかじかと強く思っている(Aさんはしかじかと信じている)
(2) 実際にしかじかである(Aさんの信念は真である)
(3) Aさんにはしかじかと思うに足る理由がある(Aさんの信念は正当化されている)[11]

「ある人が何かを知っていること」に関する上述の説明は，知識の古典的定義として知られているものである．この定義で重要なことは，ある事柄についてAさんが信じていることが正当化されてはじめて，Aさんは知っているという状態が成立する，という点にある．では，この正当化はどのようにして行われるのであろうか．

　個人は，自身にとって未知の事柄について，社会の知，すなわち図書・雑誌等の図書館情報資源，さらにはウェブ情報資源に記録されている膨大な知識のなかから信頼性に依拠しつつ選択した情報資源を利用して知識を得ることになる．ウィルソンは，ある個人が知識を必要とするとき，その個人が信頼性に依拠して重要と判断した情報資源を「認識論的権威（cognitive authority）」として概念化している[12]．ここでいう情報資源には，図書や雑誌記事等の図書館情報資源やウェブ情報資源だけでなく，そうした情報資源を著した（作成した）人間も含まれる．

　この認識論的権威は，ある個人が何かを知ろうとするとき，その情報資源が重要な「典拠（authority）」となることを意味するものである．身近な例をあげれば，ある個人が，ある専門用語の意味がわからず，その意味を知るために情報資源を選択しようとしているとしよう．そのとき，その個人は，編集者や執筆者，出版者から判断してある専門事典を信頼できる情報資源として選択し，当該用語の項目を参照し，その意味を知ることができた，と判断したとするならば，その専門事典はその個人にとって認識論的権威として機能した，ということになる．

　ウィルソンは，この認識論的権威について，次のような説明を与えている．

　　Aという人間がBという人間にとって認識論的権威となるのは，次のような場合である．
　　Bの関心領域Sに属する質問についてAが語ったことがBにとって重要となる程度に応じて，認識論的権威かどうかが決まる．すなわち，Aが政治学に関する質問について述べた事柄が，私にとってどの程度重要かに応じて，Aは政治学の事象について，私にとって認識論的権威となる．その重要度が高ければ，AはBにとって認識論的権威となり，なんら重要でな

ければ認識論的権威とはならない。[13]

　ここでBにとって重要度が高いと判断されたAは，専門家と置き換え，さらに専門家のAが執筆した著作を含めて考えることができる。
　ただし，ウィルソンは権威を有することと専門家であることとは異なると指摘している[14]。なぜなら，この権威という特性は二者関係においてはじめて成立し，ある人物が権威かどうか判定するのは他者だからである。すなわち，だれもその人物を専門家であるとは認めなくても，その人物が専門家ではありえるが，その人物が権威であるかどうかは，その人物自身が決めることではないからである。
　ウィルソンが着目する認識論的権威と専門家の違いは，ある専門家が他者によって一様にその信頼性が評価され，重要視されるわけではないことを意味している。たとえば，金融問題に関する専門家Aの言説がBにとっては重要度が高いと判断されても，人物Cにとってなんら参考にならず，重要とは認められない場合には，金融問題に関して，専門家AはBにとっては認識論的権威となるが，Cにとっては認識論的権威とはならない，ということである。このことは，専門家Aが金融問題に関して執筆した文献にも等しくあてはまる。すなわち，その専門家が執筆した図書は，Bにとって大いに参考となり，重要であるとされても，Cにとっては全く参考とはならず，なんら重要でないならば，その図書はBにとっては認識論的権威となるが，Cにとっては認識論的権威とはならない。
　このように，ウィルソンが認識論的権威において注目すべき点は，認識論的権威というものが程度の問題に関わるという点である[15]。すなわち，重要度の程度が低いものから高いものまであり，専門家AがBにとってきわめて重要であるが，Cにとってはわずかに重要でしかない，ということがありえるということである。これは権威の有無は他者によって決定されるという上述の認識論的権威の特性から導かれるものといえる。このことは，ある領域について専門家が執筆した図書が，その分野に関心がある利用者に一様に同程度に認識論的権威として位置づけられるのではなく，利用者によって，その重要性の程度は異なる，ということを意味する。

認識論的権威のもう一つの特徴としてウィルソンがあげているのが，認識論的権威は関心領域に相対的である，という点である[16]。すなわち，ある質問について権威を有する者として語る人が，他の種類の質問については，何ら権威を有して語ることができない，ということである。たとえば，私にとって，人物Aが政治について語る内容は大いに重要なものであるが，その人物Aが宗教について語る内容についてはなんら重要ではなく，宗教について知るうえでは参考とはならない，ということである。

ウィルソンは，ある主題に関する権威というときには，だれもが認識論的権威として認める人物か，あるいは，われわれが権威として認める人物であり同時にいかなる他者も権威として認めるべき人物のいずれかであるとしている[17]。そのうえで，当該主題の認識論的権威として認められる人物を見出すことと，ある人物がその主題に関する認識論的権威として認められるべきか否かを決定することとは，まったく別のことであると，指摘している[18]。ウィルソンは，後者のある人物を認識論的権威として認めるべきか否かについては，情熱の喚起が関わる問題であるとしているが，理性を欠いた一時の情熱やある時代の思潮によって，ある人物とその言説を当該主題において認識論的権威として認めるべきか否かを決定することには慎重でなければならない。この点にかかわって，J. S. ミル（J. S. Mill）が『自由論』のなかで述べている次の一節は重要である。

　　権威によって抑圧せられようとこころみられている意見は，あるいは真理であるかも知れない。それを抑圧しようとしている人々は，いうまでもなく，それが真理であることを否定する。しかし，彼らは不可謬ではない。彼らは，その問題を全人類のために決定し，他のあらゆる人々が判断する手段を排除する権威はなんらもってはいない。それの誤っていることを彼らが確信しているという理由で，ある意見に耳をかすのを拒むことは，彼らの確信をもって絶対的確実性と同一視することである。すべて議論を抑圧することは，自己の無謬性を仮定することである。[19]

上述のなかで指摘されている，ある人物の言説や意見，それを著した著作を

権威によって抑圧するというときの権威とは，その言説や意見とは異なる著作やその著者を認識論的権威と認める，ということを意味している。よって，その認識論的権威によって人物Aの言説や意見は否定され，抑圧されるということになる。ミルはこうした抑圧的な認識論的権威に警鐘を鳴らしているのである。その理由は人間の判断に避けがたい誤謬と不確実性があるからである。すなわち，ある言説や意見が真理であるか否かを最終決定する能力を人間はもちえず，ある時代の人びとによって真理とされた言説が後代の人びとによって否定され，誤りであると判断された事例が多々あることは，人類の歴史を見れば明らかであると，ミルは指摘している[20]。

しかしながら，ある時代においてある特定の文化や思想を共有する共同体の存在は必然であり，共同体が依拠する文化や思想に反する言説や意見を排除する行動に出ることは避けがたいのもまた事実である。個人においても，特定の意見や思想を自己の行動の基盤にすえ，一貫性のある生を全うしようとする態度もまた必然であり，それに反する意見や思想を否定あるいは無視する性向も十分に理解できるものである。つまり，個人であれ共同体であれ，特定の言説や意見をその個人あるいは共同体が依拠する認識論的権威として尊重し，それに反駁するような言説や意見を認識論的権威から排除する態度は避けがたいのである。この点に関連してミルは優れた考え方を提示している。すなわち，特定の認識論的権威に依拠して個人が自らの生を営み，共同体が一体性を保持し，その存続を図るためには，依拠している特定の認識論的権威のみならず，それに反する認識論的権威を擁護し，尊重することが重要であるという。この点に関するミルの指摘は次のとおりである。

　　意見の発表を沈黙させることに特有の害悪は，それが人類の利益を奪い取るということなのである。すなわち，それは，現代の人々の利益を奪うと共に，後代の人々の利益をも奪うものであり，また，その意見を懐抱している人々の利益を奪うことはもとより，その意見に反対の人々の利益をさらに一層多く奪うものである，ということである。もしもその意見が正しいものであるならば，人類は誤謬を棄てて真理をとる機会を奪われる。また，たとえその意見が誤っているとしても，彼らは，これとほとんど同

様に重大なる利益—即ち，真理と誤謬との対決によって生じるところの，真理の一層明白に認識し一層鮮やかな印象をうけとるという利益—を，失うのである。[21]

以上のミルの指摘のとおり，ある主題に関して特定の著者とその著作を認識論的権威として位置づけ，それとは相反する言説をもつ著者とその著作を排除することは避けなければならない。1章で取りあげた『図書館の権利宣言』や『図書館の自由に関する宣言』で示された理念もその考え方に沿うものである。逆説的ではあるが，依拠している認識論的権威の意義や重要性を保持し続けるためには，むしろ相反する言説こそより一層尊重し，その違いを明確に意識し続けることが重要である，とするミルの見解は卓見である。

3.3.3 著者と権威との関係

これまで見てきたように，ある主題領域における認識論的権威は基本的にその領域における専門家とその専門家が著者として執筆した著作が担うことになる。

この著者（author）という概念は権威（authority）という概念と密接に関係している。T. ホッブス（T. Hobbes）は，この著者と権威との関係について，『リヴァイアサン』のなかで次のように述べている。

> 人格 person とは，「かれのことばまたは行為が，かれ自身のものとみなされるか，あるいはそれらのことばまたは行為が帰せられる他人またはなにか他のもののことばまたは行為を，真実にまたは擬制的に代表するものとみなされる」人のことである。
>
> それらがかれのものとみされるならば，そのばあいにはかれは，自然的人格とよばれる。そして，それらがある他人のことばと行為を代表するものとみなされるならば，そのばあいには，かれらは仮想のまたは人為的な人格である。［中略］
>
> 人為的人格のうちのあるものは，かれらのことばと行為が，かれが代表するものに帰属する。そしてそのばあい，その人格は行為者であって，か

れのことばと行為が帰属するものは，本人 AUTHOR であり，こういうば
あいに，行為者は，本人の権威によって行為するのである。[中略] なに
かの行為をする権利は，権威 AUTHORITY とよばれる。したがって，権
威とは，つねに，なにかの行為をする権利のことだと解され，そして，権
利によってなされるとは，その権利をもつものの委任または許可によって，
なされるということだと，理解される。[22]

　このホッブスの指摘は，著者およびその著作とその利用者との関係を捉える
うえで重要な視点を提供するものである。すなわち，利用者は上記の言説でい
う人為的人格である「行為者」に該当する。利用者がある図書を選択・利用し，
そこに記されている内容を参考に意思決定を行うとき，その利用者は，その図
書の著者 = AUTHOR の有する権威 = AUTHORITY に基づいて，そうした意
思決定の行為者となったことを意味する。身近な例をあげるならば，ある言葉
の意味わからず，その意味を知ろうとする際，われわれは，国語辞書（たとえ
ば，『広辞苑』）を参照し，その言葉の意味を知ることができた，と考える。こ
のことは，われわれは，その国語辞書の著者の有する権威に依拠して国語辞書
に記された説明が正しいと判断し，その言葉の意味を理解した，ということが
できる。したがって，著者 = AUTHOR という概念は，あることを知ろうとし
て，その著者の著作物を信頼し権威あるものとして利用する人びとの存在が前
提となる概念である，ということができる。換言すれば，ある著作が信頼でき
るものとして他者によって利用されることがなければ，その著作の著者は著者
としての権利を行使していない，ということである。ウィルソンが，認識論的
権威は二者関係において成立する，すなわち，専門家とその専門家を権威ある
ものとして認める他者との関係によって成立する，とした認識論的権威の特性
は，ホッブスの上記の著者と権威との関係に関する言説を意味しているといえ
る。

3.4　認識論的権威の構造と図書館

　ここでは，認識論的権威の基本構造と図書館および図書館員の役割について

図3-3 権威の基本構造
出典:ボヘンスキー『権威の構造』丸山豊樹
訳,公論社,1977,p. 22.

論じる。

J. M. ボヘンスキー（J. M. Bohenski）は，権威について次のような基本命題を提示している。

　　命題:「権威は一人の担い手と一人の主体と，そして一つの領域との間のある三項関係である」[23]

図3-3はこの命題を表したものである。

権威の担い手とは権威を所有する名辞であり，権威の主体とは，その人にとって担い手が上述の権威を有する人間である。すなわち，ある領域において権威を求める者がいた場合，その権威を求めている者が主体であり，求められている権威を所有している者が権威の担い手である。

ここで注意すべきことは，ウィルソンが権威の特性として指摘したように，この権威関係はかならずある領域において成立するのであって，領域が異なれば，主体と担い手の関係はもはや生じない，という点である。たとえば，物理学の教師は生徒にとって物理学の権威の担い手となるが，文学の領域においてはもはや教師ではなく，権威の担い手ではなくなる。さらに，権威の担い手は主体が変ればもはや権威の担い手とはなりえない，という点も重要である。すなわち，その物理学の教師は，生徒にとっては権威の担い手となるが，同僚の物理学の教師にとっては，もはや権威の担い手とはならない，ということであ

3章　認識論的権威としての図書館情報資源に関する考察

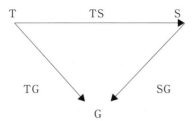

（T：担い手，Träger）（S：主体，Subjekt）（G：領域，Gebiet）

図3-4　権威の二項関係

出典：ボヘンスキー『権威の構造』丸山豊樹訳，公論社，1977，p. 23.

る。

　ところで，図3-3に示した権威の基本構造は三つの2項関係を含んでいる。すなわち，担い手と主体との関係，担い手と領域との関係，主体と領域との関係である。ボヘンスキーの用語に従い，これら三つの2項関係からなる権威の基本構造を示したのが図3-4である。ここで，T（Träger）は権威の担い手，S（Subject）は権威の主体，G（Gebiet）は領域をそれぞれ表している。TからSに，SからGに，それぞれ矢印がひかれているが，これは，これらの担い手―主体―権威―関係は"非反射的"であることを表している。すなわち，ある領域においてAが権威の担い手，Bが権威の主体であるとき，Bが権威の担い手，Aが権威の主体になることはない，ということである。同時に，Aが存在することによって，BはAを権威の担い手とすることができる，ということである。すなわち，図3-4でいえば，SからTに向けた矢印が成立することはない，ということである。一例をあげれば，経済学の領域において，AがBにとって権威の担い手であり，Bが権威の主体であるとき，それとは逆にBがAにとって権威の担い手となり，Aが権威の主体となることはなく，経済学の専門知識を有するAがいることによって，BはAを権威の担い手とすることができる，ということになる。また，SとTからそれぞれGに向けた矢印は，権威の担い手Tと権威の主体Sが存在してはじめて領域Gが設定されることを意味している。

　ボヘンスキーはこの図3-4に基づいて，認識論的権威（epistemische Autorität）[24]を次のような命題として定義している。

命題:「TがSにとって領域Gにおいて認識論的権威であるのは，Sが原理的に，Tから自分に主張を伴って伝達され，かつ領域Gに属するすべての命題を承認するときに限る」[25]

この命題が示すように，認識論的権威においては，担い手Tによって主体Sに，ある主張が伝達されるという点が重要である。ここで，権威関係において「伝達する」という言葉が用いられていることについて，ボヘンスキーは次のように述べている。

> それは，権威が何らの仕方で"伝達"を必要条件として含んでいることを意味している。誰かが私にとって権威であるとき，伝達がつねに行われなければならないということは，むろんそこからは出てこない。そこで偉大な天文学者は星，星雲およびその他の天文学的事象についての陳述の領域においては，私にとって権威であることは全く確実である。そのさい，私はもともと［中略］星雲に興味を持たないし，またそれらについて書いたこの天文学者の学問的な書物を読むつもりもないこともあるであろう。したがって彼は私に何も伝達しはしない—伝達は起こりえないのである。この場合彼は私にとって権威でないと言うべきであろうか，決してそうではないのである。何となれば，私は彼から聞いたことを，あるいは彼の書いたことを何も実際には承認はしていないけれども，"もしも"彼が私にそのようなことを何か伝達すると"すれば"，私がそれを承認するであろうことは存続し続けるからである。それで上述の伝達はいかなる権威に対しても全く本質的な要素であり，必要条件であることに変わりないのである。[26]

上記の命題の重要な点は，認識論的権威において，第一に担い手から主体への情報の伝達が必要となること，第二にその伝達された内容を主体が承認することである。さらに上記の命題で注意すべき重要な点は，権威の担い手の先在性である。すなわち，認識論的権威においては，担い手から主体に対して実際に情報が伝達される以前から，担い手は権威としての価値を有しており，主体

に先だって存在し，主体にとって権威として機能することが準備されているのである。このことは，図書館情報資源のもつ認識論的権威の特徴を考えるうえできわめて重要である。図書館情報資源の中心となる図書や雑誌記事等の文献とその著者が，利用者にとって認識論的権威として機能するのは，利用者がその文献を利用する時点であり，担い手である著者の著した文献から主体である利用者にその文献を通じて情報が伝達された時点である。

この権威関係が成立するためには，利用者が当該領域における認識論的権威を求めたならば，当該文献を通じて伝達される情報が利用者によって承認され，認識論的権威として機能することが前もって準備され，保障されていなければならない。図書館に所蔵されている文献は常にこうした利用者への将来の情報伝達可能性を前提に準備され，蓄積されているものでなければならない。たしかに，ボヘンスキーが指摘するように，その文献を利用する意思のない個人にとって，その文献は何ら情報を伝達することはない。しかしながら，将来，ある個人がある領域において認識論的権威を求めた場合，直ちに情報が伝達され，その個人にとって認識論的権威として機能するような文献を図書館は所蔵しておかなければならい。認識論的権威のもつこうした先在性は，利用者の求めに応じて認識論的権威としての文献の提供を責務とする図書館の役割を支える基本的な原理といえる。

さて，ボヘンスキーの指摘にもあるとおり，専門家が有する権威によって伝達される情報は，その専門家が執筆した文献を，主体である利用者が読むことによって伝達されることから，著者とその著作が有する認識論的権威の基本構造は図3-5のように示すことができる。

権威の担い手となるものが「著者（文献）」であり，権威の主体はその著者が著した文献から知識を得ようとする「利用者」である。そして，領域は担い手である著者の文献があつかう主題領域であり，主体である利用者がその著者が著した文献から得ようとしている知識の領域である。

3.4.1 認識論的権威と図書館員

ここでは，認識論的権威と図書館員との関係性について考察する。

図書館員とは，ある事柄を知ろうとする人びとに対して，認識論的権威とな

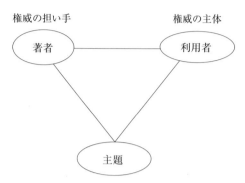

図3-5　著者の有する認識論的権威の構造

りえる図書・雑誌記事を中心とする図書館情報資源を選択・提供する役割を，認識論的権威である著者から委任された存在と見ることができる。もちろん，著者が図書館員に対して直接的な委任を依頼するわけではないが，図書館が社会的制度として成立しているということは，そうした委任が社会的に合意されていると考えることができる。

　ところで，ボヘンスキーは，認識論的権威は委任できないと指摘している[27]。その場合の委任の不可能性とは，権威の主体が求めているある領域において，権威の担い手となる資格を有しない者（その領域における専門知識を有しない者）が，その領域の知識を有している権威の担い手となりえる他者を紹介するなどして，権威の担い手の役割をその権威の担い手である他者から委任されるようなことはない，ということを意味している。こうした委任の不可能性に関する考え方は，図書館員の役割を考えるうえできわめて示唆的である。この点に関して，ボヘンスキーが提示した事例を以下に示す。

　　私は，さる昆虫について教えてもらいたいと思っているものとする。したがって私は昆虫学の領域における認識論的権威の担い手を探している。しかし私はそんな人を知らないので，我々の大学で化学を教えている教授のマイヤー博士に問い合わせた。すなわち，博士は自分の同僚のことをよく知っていて，私にほんとうの専門家の名前をあげることができるのを，私は知っているのである。さてマイヤー教授は私に言った。「あなたはミュ

ーラー教授のところへ行きなさい。教授はすぐれた昆虫学者です」と。かくしてミューラー教授の権威は，マイヤー教授のそれによって根拠づけられるのである。しかしそこからは，マイヤー教授がミューラー教授に昆虫学の領域における自己の権威を委任したということは，出てこない。なぜなら，マイヤー教授はそんな権威は有していないからである。彼は昆虫について私自身と同じくらい知っているか，あるいはそれどころかもっと少ししか知らないかであるからである。ここでは委任は話題になりえない——なぜなら，誰も自分の持たないものを委任しはしないからである。[28]

　このように，ボヘンスキーは，人物Aが人物Bに認識論的権威を委任できるため条件として，委任されるBはもちろんのこと，Aも当該領域における知識を有し認識論的権威の担い手となり得ることとしている。このような条件では，そもそも委任という行為が不要となり，無意味となる。なぜなら，人物Aが認識論的権威となりえるならば，そもそも人物Bに委任する必要性はないからである。ゆえに，ボヘンスキーは，「認識論的権威は委任できない」という命題を提示しているのである。

　しかしながら，当該領域における専門知識を有していない場合でも，当該領域に関する専門知識を有している人物，ないしはその人物の著作を，当該領域における認識論的権威として，当該領域の知識を求めている権威の主体に示すことは可能である。上記の例でいえば，実際に，マイヤー教授からミューラー教授を紹介された私は，昆虫学領域における認識論的権威としてミューラー教授から必要な知識を得ることができる。しかしながら，その際，重要なことは，認識論的権威に関する信頼性のある知識に基づいて，認識論的権威を紹介しているのか，ということである。すなわち，人物Aがある領域における認識論的権威はBであるとする判断が信頼できるものであり，妥当なものであることが保証されているのか，ということである。上記の例のマイヤー教授の場合，大学の同僚であり，その同僚の研究分野を知りうる立場にあるという事実は，認識論的権威を指示する判断の妥当性は一定程度保証されている，といえよう。しかし，ある領域における認識論的権威を指示し，紹介する機能を担える条件として，同僚であるという条件は不十分であり，社会的に認知される条件とは

I部　図書館と情報資源に関する論考

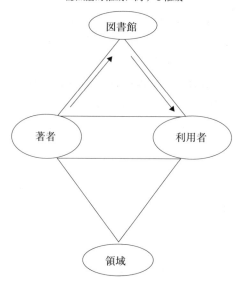

図3-6　認識論的権威の権威の構造

言えない。

　ある領域における認識論的権威を指示・紹介できるための条件は，認識論的権威に関して正確で妥当な知識を有することにより，「認識論的権威に関する権威（authority on cognitive authority）」として社会的に承認されることである。ウィルソンは，図書館員について，ある主題領域の認識論的権威となりえる著者とその著作について，その書誌的知識に基づいて，当該主題領域における知識を探し求めている人びとにとって「認識論的権威に関する権威」となりえる専門職として，その役割を指摘している[29]。

　著者―利用者―図書館員―権威―関係は，ボヘンスキーが定式化した認識論的権威の担い手としての著者と権威の主体としての利用者との二項関係から，図3-6に示すような，認識論的権威に関する権威の担い手としての図書館員が関与する三項関係として再定式化することができる。

　図書館という社会的制度・機関における専門職としての図書館員は，各主題領域における認識論的権威となりえる文献とその著者に関する書誌的知識を有

し「認識論的権威に関する権威」として社会的に承認された存在として機能することが期待されているといえる。

3.5 おわりに

ウェブ情報資源の拡大により，利用可能な情報資源が飛躍的に増大している今日，必要な情報資源の選択にあたり，情報資源の信頼性に依拠した情報選択が重要となる。しかしながら，米国の情報選好調査の結果が示しているように，人々の情報選好は信頼性の保証が十分とはいえないウェブ情報源に偏向する傾向があるだけに，認識論的権威としての図書館情報資源とその体系的かつ効率的提供機能を担う図書館と図書館員の役割はこれまで以上にその重要性が増しているといえよう。

注・引用文献

1： OCLC. *Perceptions of libraries, 2010 : context and community*. OCLC, 2011, 108p.
2： 前掲1，p. 40-41.
3： 前掲1，p. 42.
4： 前掲1，p. 42.
5： 前掲1，p. 43.
6： Head, Alison J. and Michael B. Eisenberg. "Truth Be Told : How college students evaluate and use information in the digital age : Project information literacy progress report, Nov. 1, 2010". The Information School, University of Washington.
7： "Criteria for selection of MARS best reference websites". Reference and User Services Association. http://www.ala.org/rusa/sections/mars/marspubs/marsbestrefcriteria, (access 2013-01-12).
8： 前掲6.
9： Shera, Jesse H. *Introduction to library science : basic elements of library service*. Libraries Unlimited, 1976, p. 50.
10： バトラー，ピアス. 図書館学序説. 藤野幸雄訳. 日本図書館協会, 1978, p. 23.

11：戸田山和久．知識の哲学．産業図書，2002，p. 3.
12：Wilson, Patrick. *Second-hand knowledge : an inquiry into cognitive authority*. Greenwood Press, 1983, 210p.
13：前掲12, p. 13.
14：前掲12, p. 13-14.
15：前掲12, p. 14.
16：前掲12, p. 14.
17：前掲12, p. 14.
18：前掲12, p. 14.
19：ミル，J. S. 自由論．塩尻公明，木村健康訳．岩波書店，1971, p. 39.
20：前掲19, p. 39-41.
21：前掲19, p. 36-37.
22：ホッブズ．リヴァイアサン．水田洋訳．岩波書店，1954, p. 260-261.
23：ボヘンスキー．権威の構造．丸山豊樹訳．公論社，1977, p. 23.
24：「認識論的権威」は，原書（Bochenski, J. M. *Was ist Autorität*. Herderbücherei, 1974）では"epistemische Autorität"という語句が用いられており，ボヘンスキー，前掲23の翻訳書では「知識的権威」という訳語が与えられている。
25：前掲23, p. 73.
26：前掲23, p. 25-26.
27：前掲23, p. 126.
28：前掲23, p. 126-127.
29：前掲12, p. 179-183.

4章

情報探索者が捉えたインターネット環境における情報源としての図書館および図書館員の特性

4.1 はじめに

　検索エンジンの性能向上により，インターネット上で容易に情報が入手可能となった今日，情報源としての図書館および図書館員の占める位置が今大きく変化しようとしている。最近になって，インターネット時代の情報源としての図書館および図書館員の位置づけについて情報探索者の視点から考察した研究調査がOCLCをはじめ，いくつかの研究機関によって実施されている。本章では，これらの一連の研究調査の結果をもとに，情報探索者がインターネット環境において独自の位置を占める情報源として図書館および図書館員を捉えていることを明らかにする。さらに，インターネット環境における情報源としての図書館および図書館員の独自性をより一層発揮するためのレファレンスサービスの在り方について考察する。

4.2 情報探索者を取り巻く情報環境
　　：エイベルズの情報探索モデル

　E. エイベルズ（E. Abels）は情報探索者を取り巻く情報環境について図4-1に示すモデルを提案している[1]。そのモデルでは，情報探索者にとって，情報源の中心はインターネットであり，図書館は情報源の一部にすぎないものとして位置づけられている。
　インターネットの機能について，情報源との関係から捉えるとき，二つの側面が認められる。一つは，情報源としての機能であり，もう一つはコミュニケーションツールとしての機能である。前者の情報源としての機能については，

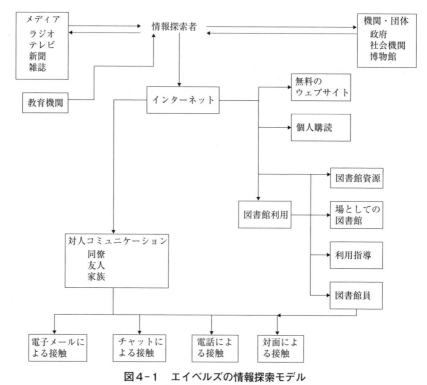

図4-1　エイベルズの情報探索モデル

出典：Abel, E. "Information seekers' perspectives of libraries and librarians." *Advances in Librarianship*, vol.28, 2004, p. 166. Fig. 1.

図4-1において無料のウェブサイト，個人購読しているサイト，さらにはWeb上で提供される図書館の情報源があげられている。

　コミュニケーションツールとしての機能については，対人コミュニケーションツールとしての電子メールやチャットがあげられている。この電子メールやチャットは，4.4で示すように，利用者から質問を受け付け，回答を提供するデジタルレファレンスのためのコミュニケーションツールとして図書館においては今や重要なサービス提供の手段となっている。

　さて，エイベルズはインターネット環境における情報探索の特徴として次の4点をあげている。

　第一に，インターネットは多くの情報探索者にとって情報探索の中心的なも

のとなりつつある。

　第二に，図書館と図書館員は情報探索にとって中心的なものではなくなっている。

　第三に，大学図書館の利用者は，図書館を場として，図書館員を教育者（instructor）として捉えている。

　第四に，利用しやすさ，アクセスのしやすさといった要因が，情報探索に影響を及ぼし続けている。[2]

　このようにエイベルズはインターネットを図書館サービスと競合するものとして捉えており，情報探索者にとって図書館の情報源としての重要度は低下しているとの見方を示している。しかしながら，この見方は必ずしも適切ではない。インターネットは図書館サービスと競合する対象ではなく，図4-1に示されているように，図書館の情報源へのアクセス手段を利用者に提供し，またデジタルレファレンスなど，図書館員による情報サービス提供の手段として重要な働きをしている。同時に，次節で示すOCLCの調査結果が示すように，情報探索者は，検索エンジンによってインターネット上で入手可能な情報源と，図書館で入手可能な情報源との質的な面での差異に着目しはじめている[3]。情報探索者はインターネットを中心的な情報源と捉えているというエイベルズの見方は，情報探索が求める情報源の質的な差異が十分に捉えられていない。その詳細は4.5で述べるが，情報探索者は自らが抱える課題によっては，インターネット上の情報源ではなく，図書館の情報源のほうをむしろ重視し，図書館員に積極的な役割を期待しているという事実も明らかにされている[4]。

4.3　OCLC調査：情報源としての図書館への認知とその特性

　OCLCでは，図書館資源の利用，図書館の認知と印象，情報発見ツールの利用に関する利用者の選好を明らかにするために大学生を含む広範囲の利用者を対象に大規模な研究調査を2005年に実施している[5]。この調査は，米国を中心に，カナダ，英国，オーストラリア，シンガポール，インドの在住者からなる3,348名を対象に行ったインタビュー調査からなっており，回答者の年齢は14

歳から65歳にまで及んでいる。以下，特に大学生への調査結果をまとめた報告書をもとに，情報探索者としての利用者による情報源の認知・選好の特徴について考察する。

4.3.1　情報源への認知度と選択される情報源

情報を入手するための種々の情報源について，その認知度を示したのが図4-2である[6]。

この図から明らかのように，情報源として最も認知度の高いものは，回答者の45％があげている検索エンジンである。次いで，図書館が約35％となっている。ここでいう図書館とは，場としての図書館であり，来館して利用する情報源としての図書館の認知度を表している。大学生にとって，大学図書館は最もよく利用されるべき情報源であるはずだが，認知度の点では，検索エンジンが大きく上回っている。しかし，大学生のうち，オンライン図書館，すなわち来館することなく利用可能な図書館サービスに対する認知度が20％であることから，場としての図書館およびオンライン図書館を合わせると55％となり，検索エンジンの値を上回る。以上から，図書館は全体として検索エンジン以上に身近な情報源として認知されていることがわかる。

このように，情報源への認知度の点においては，図書館は検索エンジンを上回るものの，図4-3に示すように，実際に情報源の利用にあたり最初に選択する情報源には大きな違いがある[7]。

それによれば，大学生の75％が検索エンジンをあげており，図書館のオンラ

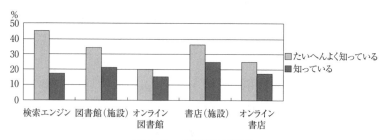

図4-2　情報源の認知度

出典：*College students' perceptions of libraries and information resources*. OCLC, 2006, p.1-5に掲載の図をもとに作成。

4章 情報探索者が捉えたインターネット環境における情報源としての図書館および図書館員の特性

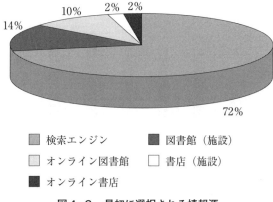

図4-3 最初に選択される情報源
出典：*College students' perceptions of libraries and information resources.* OCLC, 2006, p. 1-11に掲載の図をもとに作成。

イン利用，場としての利用を合わせても24％にとどまり，検索エンジンの選択が図書館を大きく上回る結果となっている。このOCLC調査では，今後情報が必要になったとき，どのような情報源を最初に選択するかを問うもので，具体的な課題や情報が必要な状況を設定してはおらず，課題の内容や情報探索時の状況と情報源の選択との関係については一切明らかにされていない。したがって，最初に選択する情報源を問われた個々の回答者が，その問いを受けて想定した情報要求や課題は一様ではない条件の下で，想定した情報要求や課題が情報源の選択に影響を及ぼしていると考えられる。この問題点については，4.5で改めて取り上げる。

4.3.2 情報源としての図書館の特性

次に，情報探索者が情報源としての図書館にどのような特性を見出しているのかを見ていきたい。

OCLCの調査では，情報源としての図書館と検索エンジンについて，次の七つの特性を設定し，該当すると考える属性を尋ねている。その特性とは，①信頼度，②正確さ，③依存度，④費用対効果，⑤利用しやすさ，⑥便利さ，⑦速さ，である[8]。

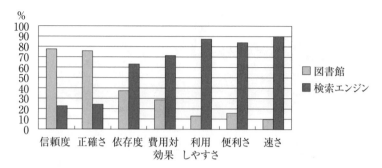

図4-4 情報探索者が捉えた図書館と検察エンジンの属性
出典：*College students' perceptions of libraries and information resources.* OCLC, 2006, p. 2-10に掲載の図をもとに作成。

調査結果[9]によれば，図4-4に示したように，情報源としての図書館と検索エンジンに対して抱いている特性について対照的な回答が示されている。

図書館（オンライン利用，施設利用）の特性として，回答者の77％があげたものが「信頼度（trustworthy）」であり，ほぼ同率（76％）で情報源としての「正確さ」があげられている。一方，検索エンジンの特性としてこの「信頼度」「正確さ」の二つをあげている回答者は2割程度にすぎない。それに対して，検索エンジンの特性として8割以上の回答者があげているのが，「速さ」「利用しやすさ」「便利さ」である。逆に，図書館についてその三つの特性をあげている回答者いずれも1割程度に過ぎない。また，「費用対効果」についても，図書館の特性としてあげている回答者が29％であるのに対して，検索エンジンの属性としてあげている回答者は71％にのぼり，大きな開きがある。

「依存度（reliable）」については，検索エンジンをあげている回答者の率が図書館を大きく上回っている点が注目される。この結果は次のように解釈できよう。すなわち，情報探索者は，図書館を利用し，検索された情報によって要求が満たされた場合には，図書館の情報源を信頼できるものとして捉えていることが考えられる。しかし，図書館における情報探索においては，レファレンス資料やデータベースなど，多様な情報源のなかから選択し，情報源に応じて探索方法を変える必要がある。そのため，情報源の的確な選択ができない場合や，探索方法が難しく十分に使いこなせないような情報源の場合，情報自体が得ら

れず，要求を満たす情報かどうかの判断すらできないという結果に終わることも考えられる。それに対して，検索エンジンでは，キーワードを入力しさえすれば，一定の Web ページが表示されることから，情報自体が得られないという事態は回避される。たとえ，適合性が低い情報であっても，きわめて簡便かつ素早く何らかの情報が得られることが，多くの回答者が検索エンジンの特性として依存度をあげた要因と考えられる。

　以上，OCLC の調査結果から，情報探索者が捉える情報源としての図書館の特性について次の点を指摘することができる。

　第一に，情報探索者にとって，身近にあり最初に利用する情報源は，検索エンジンによって入手可能なインターネット上の情報であること。

　第二に，情報探索者は図書館の情報源について，そこに含まれている情報内容の信頼度，正確さに着目して評価していること。

　このように，情報探索者は情報内容の信頼度，正確さの面で図書館の情報源を高く評価しているにもかかわらず，最初に選択する情報源として検索エンジンをあげていることがわかる。このことは，情報源の選択にあたって考慮される要素として，情報内容の信頼度や正確さ以上に，利便性がきわめて重視されることを示すものである。ゆえに，図書館の情報源については，検索エンジン並みにその検索における簡便さ，利用しやすさが向上するならば，情報探索者にとって，中心的な情報源として認知される可能性を示唆するものといえる。

4.4　情報源としてのチャットによる　　　レファレンスサービス

　ここでは，チャットによるレファレンスサービス（以下，チャットレファレンス）に対する利用者の評価を通して，情報探索者が捉える情報源としての図書館および図書館員の機能について考察する。チャットレファレンスは，図4-1のエイベルズのモデルが示すように，コミュニケーションツールとしてのインターネットの機能を利用した情報サービスとして登場したものである。電子メールによるレファレンスとは異なり，利用者と図書館員との質問応答が同期的に進められる点で，チャットレファレンスはレファレンスデスクにおける

対面状況のもとで実施される質問回答サービスに近いものといえる。加えて，レファレンスデスクにおける質問回答サービスは，来館者に対するサービスであるため，利用者には図書館を訪れるという大きな負担が伴う。それに対して，チャットレファレンスは，そのような負担がなく，相互作用が同期的に展開するという利点を備えている点で，レファレンスサービスの利用しやすさを大幅に向上させるものである。

このチャットレファレンスに関する利用者の評価を扱ったものにL. ルオ（L. Luo）とJ. ポメランツ（J. Pomerantz）の研究がある[10]。このルオらの研究は，米国ノースカロライナ州内の公共図書館，大学図書館などが参加する19図書館における協働チャットレファレンスサービスの利用者を対象に，チャットレファレンスの評価を実施したものであるが，そこでの研究課題として次の3点があげられている。

　第一に，チャットレファレンスを利用した動機。
　第二に，チャットレファレンスの満足度。
　第三に，チャットレファレンスによって提供された情報の利用状況。[11]
　調査は，2004年の2月から12月にかけて実施され，チャットセッションの終了時における利用者への出口調査，チャットセッションの2〜3週間後に電子メールと電話によるインタビュー調査がそれぞれ実施されている。
　調査結果[12]によれば，利用者が他の図書館サービスではなくチャットレファレンスを利用した理由として，第一番目にあげているのが「便利さ」であった。また，インタビュー調査の回答者のうち，これまでにレファレンスデスクでサービスを受けた経験がある利用者は48％，電話によるレファレンスサービスの利用者は33％，電子メールによるレファレンスサービスの利用者は19％にのぼっており，チャットレファレンスの利用者の多くが既に他の方法によるレファレンスサービスの利用者であることがわかっている。他の方法によるレファレンスサービスを知る利用者が，チャットレファレンスを情報入手の手段として選択した理由としてあげているのが，先述したようにその「便利さ」であり，回答者の約5割を占め，他の理由を大きく引き離している。
　次に，チャットレファレンスの利用動機について見ていきたい。その調査結果[13]によれば，図4-5に示すように，仕事や学業に関連した質問への回答を

4章 情報探索者が捉えたインターネット環境における情報源としての図書館および図書館員の特性

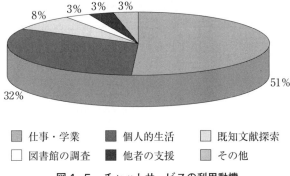

図4-5 チャットサービスの利用動機
出典：Luo, L. and Pomerantz, J. "Evaluation of a chat reference services from the user's perspective." http://www.webjunction.org/do/DisplayContent?id=12461に掲載の図より作成.

得るためと答えた者が最も多く，回答者の51％にのぼる。

次いで，個人的生活から生じた疑問への回答を得るためと答えた者が32％，既知文献の探索が8％であった。図4-5のなかの他者の支援とは，他者が情報を探すのを援助するためにチャットレファレンスを利用したというケースである。2番目に多くあげられていた個人的生活から生じた具体的な利用動機としては，特定主題に関する個人的な関心，個人的経験，個人的趣味，個人的に関与している社会的活動，仕事・学業面での成長などである。

以上の動機に関する回答結果と先のOCLCの情報源の特性認知の調査結果を総合するならば，情報探索者は，仕事や学業など，その人間にとって重要な問題や課題に取り組むとき，信頼できる正確な情報内容を含む情報源を求めて図書館を選択すると，指摘することができよう。この課題の重要性と図書館の選択との関係については，次節で改めて考察する。

次に，チャットレファレンスの満足度に関する調査結果[14]によれば，「図書館員の有用性」，すなわち，図書館員から得たサービスが有用であったかどうかについて，「たいへん満足」と答えた者の割合が81.2％，「満足」と答えた者の割合が13.1％であり，回答者の約95％が図書館員の対応に満足しているという結果が得られている。その他，チャットシステムに使用されている「ソフトウェアの利用しやすさ」に対しても8割を超える回答者が「たいへん満足」と

答えている。さらに,「図書館員による質問への回答の速さ」および「回答の完全さ」については, それぞれ7割近い回答者が「たいへん満足」と答え,「満足」と答えた者を含めると, いずれも9割を超えている。

以上の結果は, チャットレファレンスに対する利用者の満足度が, その回答内容, 利用環境, 図書館員の接遇のいずれの面においてきわめて高いことを示している。OCLC の調査では, 検索エンジンが情報源として選択される理由として, その利便性や回答入手の速さがあげられていた。チャットレファレンスは, コミュニケーションツールとしてのインターネットが有する利便性, 情報源としての図書館のもつ信頼度・正確さと図書館員による回答の完全性という, インターネットのもつ利点と図書館のもつ利点とを併せ持ったサービスとして情報探索者から捉えられていることがわかる。

最後に, チャットレファレンスを通して提供された情報の利用機会に関する調査結果[15]によれば, 提供された情報の全体またはその一部をすでに利用したと答えた利用者は75％にのぼっていた。利用者の25％はいまだ利用機会はないと答えているが, 今後利用する予定がある利用者を含めた数字であることから, チャットレファレンスは利用者にとって利用価値のある適合情報を得る手段として認識されていることを示唆するものといえよう。

4.5 課題の重要性と情報源としての図書館との関係

4.2で示したように, OCLC の調査によれば, 図書館および図書館員は, 情報源としてその信頼度と正確さの面で高い評価が与えられていた。こうした情報源としての図書館および図書館員の特性と情報探索者が抱える課題との関連に着目した研究が N. カスク (N. kaske) らによって行われている[16]。カスクらの研究関心は次の3点にある。

第一に, 大学生の情報探索行動にはいかなる特徴があり, 大学生の情報探索行動において図書館と図書館員はどのような役割を果たしているのか。

第二に, 図書館員が行う仕事に関して, 大学生はどのようなメンタルモデルを構築しているのか。

第三に, 学年によって学生の情報探索行動やメンタルモデルに差異があるの

か[17]。

　調査はインタビューによって実施され，回答者である大学生の発話を分析し，上記3点について明らかにしている。インタビューの内容は次のとおりである。
・大学の授業に関連した必要な情報を得るために，最初に探索した情報源，2回目，3回目にそれぞれ探索した情報源は何か。
・大学の授業とは関係のないことで，必要な情報を得るために，最初に探索した情報源，2回目，3回目にそれぞれ探索した情報源は何か。
・情報収集を行う際に援助が欲しいとき，誰に援助を求めるか。
・必要な情報の主題や類型により，情報探索の方法を変えるか。
・図書館員はどのような援助をしてくれたのか。図書館員が情報探索を妨げるようなことはなかったか。
・図書館員に援助を求めない場合，その理由は何か[18]。

以上のインタビュー調査結果[19]をまとめたものが表4-1である。

　それによれば，情報探索者は成績評価の程度が大きい重要な課題について必要な情報を探す場合には，課題に取り組む時間も長く，情報源としての図書館に対して好意的な印象をもっている。一方，成績評価の程度が小さくあまり重要ではない課題について必要な情報を探索する場合には，課題に取り組む時間は短く，情報源としての図書館員に対する印象はよくない。また，新入生は，利用する情報源として検索エンジンのGoogleをあげているのに対して，学年があがり，大学院生など，学術的でかつ信頼できる情報源を探さなければならないような課題を抱えるようになると，図書館を利用する傾向がある。さらに

表4-1　情報探索者のメンタルモデル

情報探索者における課題の重要度	取り組む時間	情報源としての図書館に対する印象
高い	長い	良い
低い	短い	悪い

出典：Kaske, N. et al. "Information needs and behaviors of undergraduate and graduate students : what individual and focus group interviews tell us." *Virtual Reference Desk（VRD）Conferences Conference Proceeding*, 2005, p. 30. http://www.webjunction.org/do/ に掲載された図をもとに作成。

授業に関連した課題の場合には図書館を利用し，日常の事柄については Google を利用する傾向が明らかにされている。

　以上の結果は，学生にとって成績評価を左右するような重要な課題に取り組むために必要な情報を探索する場合には，図書館および図書館員への依存度が高く，情報源としての図書館を重視し，図書館利用を促進するような「メンタルモデル」が利用者自身に構築されることを示している。逆に，学生にとって，成績評価への影響が少なく，それほど重要ではない課題の場合には，その課題解決に利用する情報源として，図書館および図書館員への依存度は小さく，図書館利用を抑制させるような「メンタルモデル」が利用者に構築されていると指摘できよう。

4.6　レファレンスサービスに求められる役割

　ここでは，以上の調査結果が示す情報探索者による情報源としての図書館および図書館員の特性認知を踏まえ，今後のレファレンスサービスに求められる役割について考察する。

　OCLC の調査が示すように，インターネットが情報環境の中核を占め，さらに情報探索における Google に代表される検索エンジン利用の一般化は，図書館に寄せられるレファレンス質問の減少となって現れつつある。図 4-6 は，米国の研究図書館協会（ARL）に加盟している大学図書館が処理したレファレンス質問件数の合計の推移である[20]。

　インターネットが登場した1990年代末から減少が始まり，2004年の件数は，10年前の件数の56％にまで落ち込んでいる。これには，さまざまな原因が考えられるが，主に次の3点が指摘できる。

　第一に，OCLC の調査結果が示すように，Google 等の検索エンジンが広く認知され，Web 上の情報源から容易に回答が得られるようになったこと。

　第二に，フリーの百科事典として注目されている Wikipedia[21]に代表されるように，既存のレファレンス資料に代わる情報源がインターネット上に形成されるようになり，また，無料の文献データベースの利用も Web 上で可能になったこと。さらには，インターネット上に種々の質問回答コミュニティサイト

4章　情報探索者が捉えたインターネット環境における情報源としての図書館および図書館員の特性

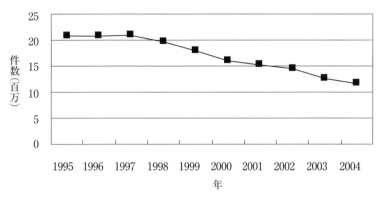

図4-6　ARL加盟大学図書館のレファレンス質問処理件数の推移
出典："ARL statistics." http://www.arl.org/stats/arlstat/ に掲載されているデータより作成。

[22]が登場し，身近なテーマを中心に，インターネット利用者の間で質問回答のやり取りが展開していること。

　第三に，従来，図書館において即答可能な質問としてクイックレファレンスで対応してきたレベルの質問への回答がインターネット上の情報源から入手が可能になったこと。

　このように，レファレンス処理件数は確かに大幅に減少しているが，このことがレファレンスサービスの有用性を否定するものではない。むしろ，図書館のレファレンスサービスには，信頼度と正確さを有する情報源をもとに，インターネットでは容易に得られないような情報の入手を利用者に保障するサービスとしての役割が期待されていると言っていいだろう。

　そこで，クイックレファレンスへの需要の低下，図書館の情報源のもつ特性および図書館の情報源を必要とする課題の特徴を考えるとき，今後，レファレンスサービスの領域で図書館員に期待される重要な機能として「リサーチコンサルテーション」をあげることができる。W. L. ホイトソン（W. L. Whitson）は，このリサーチコンサルテーションについて次のように定義しいている。

　　リサーチコンサルテーションとは，以下のような目的のために，利用者に体系的な方法でインタビューを行うことと定義できる。その目的とは，

利用者の情報ニーズや研究課題を分析し，可能性のある情報源の全体を利用者の情報ニーズや研究課題と関係づけ，調査戦略を考案・説明し，研究過程を開始するうえで最も有望なレファレンスツールやその他の情報源の提案または同定を支援することである。[23]

このように，リサーチコンサルテーションは，クイックレファレンスのように受け付けた質問に即答しその場で完結する即時的なサービスとは異なり，中・長期的な調査研究課題に取り組む利用者に対して継続的に支援を展開していくサービスといえるものである。問題解決者が取り組む問題解決過程の初期状態から目標状態に達するまでの過程の各段階に応じて，図書館員は必要なインタビューを実施し，適切な情報源の選択，検索方法等の支援を通じて目標の達成を支援することが，このリサーチコンサルテーションの重要な機能である。

インターネットが形成するデジタル環境はWeb上に膨大な情報の流通を可能にし，情報探索者にとってインターネットは身近な情報源として認知されている。同時に，情報探索者は，図書館を通して入手可能な情報および図書館員から得られる支援内容の独自性に気づきはじめており，取り組む課題の重要度に応じてインターネット上の情報源と図書館の情報源を使い分ける傾向が，上述した一連の研究調査の結果から明らかにされている。こうした情報探索者としての利用者が図書館に寄せる期待に応えるためのサービスとして，このリサーチコンサルテーションの導入はきわめて重要である。

4.7　おわりに

情報探索者を取り巻く情報環境はWeb2.0[24]と称される新たな段階に入ったとされるWebサービスの進展により，ますます複雑化し，高度化してきている。インターネットが提供する情報環境は，Wikipediaに象徴されるように利用者の集合知を利用した大規模な百科事典の出現により，今後より一層，インターネット上の情報源への依存度を高めていくことが予想される。その中にあって，図書館の情報源としての独自性をどこまで発揮できるかが，情報探索者による図書館の有用性の認知を左右するであろう。情報探索者は図書館に対し

て，インターネットに広く流通している情報にはない独自の特性を認知している。インターネットと差別化されるような情報源の独自性を基盤に，情報探索者としての利用者の問題解決支援にあたることが，インターネット時代における図書館および図書館員の役割といえよう。

注・引用文献

1 : Abels, E. Information seekers' perspective of libraries and librarians. *Advances in Librarianship*. 2004, vol.28, p. 151-170.
2 : 前掲1, p. 167.
3 : OCLC. *College students' perceptions of libraries and information resources*. OCLC. 2006, p. 2-10.
4 : Kaske, N. et al. Information needs and behaviors of undergraduate and graduate students : what individual and focus group interviews tell us. *Virtual Reference Desk (VRD) Conferences Conference Proceeding*. 2005, 37p. http://www.webjunction.org/do/DisplayContent?id=12471, (accessed 2006-10-09).
5 : 前掲3, [100p].
6 : 前掲3, p. 1-5.
7 : 前掲3, p. 1-11.
8 : 前掲3, p. 2-10.
9 : 前掲3, p. 2-10.
10 : Luo, L. and J. Pomerantz. Evaluation of a chat reference services from the user's perspective. *Virtual Reference Desk (VRD) Conferences Conference Proceeding*. 2005, 21p. http://www.webjunction.org/do/DisplayContent?id=12461, (accessed 2006-10-09).
11 : 前掲10, p. 5.
12 : 前掲10, p. 9-10.
13 : 前掲10, p. 11-12.
14 : 前掲10, p. 14.
15 : 前掲10, p. 17-18.
16 : 前掲4, 37p.
17 : 前掲4, p. 4.
18 : 前掲4, p. 8-13.
19 : 前掲4, p. 28-30.

20： "ARL statistics". Association of Research Libraries. http://www.arl.org/stats/arlstat/, (accessed 2006-10-09).
21： Wikipedia. http://ja.wikipedia.org/, (参照 2006-10-09).
ネット上で誰でもどこからでも自由に文章を書き換えられるシステム Wiki の技術を使って，共同で編集するフリーの百科事典。
22： わが国の質問回答コミュニティサイトとして次のものがあげられる。
OKWAVE. "OKWAVE". http://okwave.jp/, (参照 2006-10-09).
NTT レゾナント. "教えて！Goo". http://oshiete.goo.ne.jp/, (参照 2006-10-09).
23： Whitson, William L. Differentiated services: A new reference model. *Journal of Academic Librarianship*. 1995, vol. 21, no. 2, p107.
24： Web2.0のサービスの特徴として次の点があげられる。
・サービス提供者であること。
・データソースをコントロールすること。
・ユーザの無意識の参加を促すこと。集合知を利用すること。
・ユーザによるデータの生成・蓄積・分類・評価。
・ロングテールを理解する。
O'Reilly, T. "What is Web 2.0 : design patterns and business models for the next generation of software". http://www.oreillynet.com/pub/a/oreilly/tim/news/2005/09/30/what-is-web-20.html, (accessed 2006-10-09).

II 部
レファレンスサービスに関する論考

5 章

レファレンス・インタビューにおける情報ニーズの認識レベルと表現レベル

5.1 はじめに

　レファレンス・インタビューは，利用者の情報ニーズを満たすような回答の提供を目的として行われる利用者と図書館員との質問応答（question-negotiation）の形式で展開する。この質問応答過程と利用者の情報ニーズとの関係については，その後のレファレンス・インタビュー研究の基本的な枠組みを示したR. S. テイラー（R. S. Taylor）の仮説[1,2]がある。テイラーの仮説で重要なのは次の2点である。第1は，情報ニーズにレベルを設定し，質問応答過程をそのレベルの推移の面から解釈した点である。第2は，図書館員が情報ニーズを理解し，探索戦略を立てるうえで，明確にすることが有効な事柄として五つのフィルター[3]を示した点があげられる。
　G. B. キング（G. B. King）は，レファレンス・インタビューにおいては，情報ニーズについて利用者に語らせることが特に重要であると指摘している[4]。利用者は必要な情報がどのようなものであるとか，情報を必要とする目的や理由などをはじめとして，情報ニーズに関しさまざまな事柄を頭の中に蓄積しているものと，考えられる。いま，情報ニーズに関し利用者の頭の中に蓄積されている事柄を利用者の認識内容と呼ぶならば，その認識内容を利用者に語らせることが，利用者の情報ニーズを図書館員が理解するための出発点となる。テイラーが示した五つのフィルターは，情報ニーズを理解し，探索戦略を立て，回答を提供するために，利用者の認識内容のなかで明確にすることが有効となる事柄を示したものといえる。
　利用者の認識内容を図書館員が理解するためには，その認識内容が言葉で表現されなければならない。利用者が図書館員に援助を求めることなく，自ら探

5章 レファレンス・インタビューにおける情報ニーズの認識レベルと表現レベル

索を行なうのであれば，認識内容は利用者自身の内に止まり，表現される必要はない。しかし，自ら探索を行なう場合であっても，参考図書や図書館目録を利用する際には，自らの認識内容に基づいて情報ニーズを検索語に表現しなければならない。それに対して，レファレンス・インタビューは，利用者が情報ニーズをレファレンス質問として表現するところから始まる。特に，それが探索質問や調査質問[5]の場合には，利用者の認識内容は複雑なことが考えられる。利用者の情報ニーズを図書館員が理解できるかどうかは利用者の認識内容がいかに表現されるかに大きく依存する。

こうした情報ニーズの認識と表現の問題を扱った研究としては，テイラーの情報ニーズのレベルに関する仮説とその影響の下に提出されたN. J. ベルキン (N. J. Belkin) の仮説[6,7]があげられる。本章では，この両仮説に関する検討を通して，レファレンス・インタビューという場面における情報ニーズの認識と表現の問題について考察する。

5.2 レファレンス・インタビューにおける情報ニーズのレベル：テイラーの仮説

テイラーは，利用者が自らの情報ニーズを認識していく段階と情報ニーズの表現との関係を扱った，情報ニーズのレベルに関する仮説を提出している。ここでは，その仮説の内容について詳細に検討し，次節で取り上げるベルキンの仮説と共に，情報ニーズの認識と表現の問題を考察するための手掛りとする。

5.2.1 情報ニーズに関するテイラーの考え方

テイラーの情報ニーズのレベルに関する仮説を検討するにあたって，まず情報ニーズに関するテイラーの考え方について見ていきたい。テイラーは，情報ニーズについて，必ずしも明確にその考え方を示しているわけではない。しかし，利用者と図書館員との質問応答の特質に関する指摘を通して，テイラーの考え方を知ることができる。テイラーは利用者と図書館員との質問応答は最も複雑なコミュニケーションの一つであるとし，その原因について次のように述べている。

99

質問応答という行為のなかで，ある人間は，自分自身わかっていることではなく，わかっていないことを別の人間に言葉で表現し（describe）ようとする。[8]

　言うまでもなく，ある人間とは利用者であり，別の人間とは図書館員である。テイラーは，利用者自身，わかっていないことを，図書館員に説明しなければならないために，質問応答が複雑になると指摘する。この指摘のなかにある，「わかっていないこと」が情報ニーズに相当すると考えることができよう。このように，テイラーは，情報ニーズを，ある関心領域についてその人間がもっている知識に欠落部分があることを示すものとして，捉えていることがわかる。したがって，知識の欠落部分を埋めることが，情報ニーズを満たすことになる。そのためには，利用者は欠落部分について説明しなければならない。しかし，欠落部分は，関心領域のなかで知識をもたない，わからない部分であるために，その説明は困難になる。それ故，欠落部分を埋めるような情報はどのようなものなのかを把握するために行われる質問応答は複雑になる，というのがテイラーの指摘の意味するところである。
　レファレンス・インタビューという場面における利用者の情報ニーズの認識と表現との関係について，テイラーの考え方をまとめると次のようになる。すなわち，利用者は関心領域において知識が不十分であることを認識はしているが，不十分な知識のために情報ニーズを表現することが困難な状態にある。情報ニーズの認識と表現のこのような関係は，後に，ベルキンにより，情報ニーズの明記不能性概念として明確に提示されることになる。
　テイラーは，情報ニーズを関心領域における不十分な知識状態と結びつけていたが，その不十分な知識状態に至る状況を説明するための概念として，「準備状態（state of readiness）」という概念を導入している[9, 10]。この準備性あるいはレディネスという概念は，教育心理学の分野で使用されているものだが[11]，テイラーはそれをこれまでに受けた教育や経験，特定の主題に対する精神の程度などによって作り上げられるものとしたうえで，準備状態を一連のメッセージから選択を可能にするような「心の状態（state of mind）」と定義している[12]。質問という形で表現された，ある人間の情報ニーズはその人間の準備状

5章 レファレンス・インタビューにおける情報ニーズの認識レベルと表現レベル

態における「不十分さの表明（indication of inadequacy）」として解釈される[13]。

　テイラーはこの準備状態という概念を用いるにあたってD. M. マッケイ（D. M. Mackay）の分析[14, 15]に依っている。マッケイは質問を行う人間の心理状態を分析しているが，その際の中心概念として用いられているのが，準備状態という概念である。マッケイの分析の中で，テイラーが引用している部分は次の箇所である。

　　質問者は受け手から答えを促すような発言をすることにより，受け手に対して，自分がもっている世界像が不完全であることを示したのである。質問者は周囲の世界と，特にその受け手と，ある目的から相互作用をしようとして，その準備を行なう。不完全な世界像とは，相互作用するための「準備状態」が十分ではないことを示したものである[16]。

　準備状態について，マッケイは次のような比喩的な説明を行なっている[17]。

　　人間は頭の中に一連のスイッチをもっており，そのスイッチが何らかの形にセットされなければ，次の行動に移ることができないような場合がある。次の行動に移るための，こうした不完全な準備状態は，そのスイッチがセットされることで，完全なものとなり，次の行動に移ることが可能となる。質問は，完全にセットされていないか，誤ってセットされたスイッチボードを，受け手に示し，セットするように求めることといえる。こうして質問者は，質問という手段によって不完全な準備状態を修正するために，何らかの働きかけを受け手から引き出そうと期待するのである。[18]

　マッケイが分析の対象とした質問は，何らかの応答を求めるような発話一般である。もちろん，レファレンス・インタビューで問題となる，情報ニーズを表す利用者の質問もその中に含まれる。その場合の，マッケイのいう意味での質問の受け手は，図書館員ではなく図書館員が提供する文献あるいは情報である。図書館員は，利用者の不完全な世界像を埋め，不十分な準備状態を修正するような文献あるいは情報と利用者を仲介する役割を担うことになる。

以上，情報ニーズに関するテイラーの考え方が関心領域における知識状態と準備状態という二つの側面からなることを見てきた。準備状態の議論のなかで出てきた不完全な世界像とは，関心領域における知識の欠落部分に相当するものといえる。そして，準備状態には，何らかの目的から，ある行動を意図し，それが実現されるまでの状況が含意されている。

5.2.2 情報ニーズのレベルに関するテイラーの仮説

 利用者自身が情報ニーズを認識し，表現しうる段階として，テイラーは次のような四つのレベルをあげている。

 第1のレベルのニーズは次のような特徴をもつ[19]。すなわち，ある人間にとって，思い起すことができる経験の中に存在しないような，情報に対する意識的，あるいは無意識的でさえあるニーズである。このレベルにある人間は，その人間自身，ニーズとして認識できるとは限らず，漠然とした不満足を感じるだけの場合もある。ニーズについて，言葉で表現することができない状態にその人間は置かれていると，考えられる。このように，このレベルのニーズについての認識は不安定であることから，ニーズ自体も変化していく。たとえば，ニーズについて思考をめぐらしたり，ニーズに関連する情報が得られたり，あるいは，調べてみたりすることで，ニーズの中味や具体性などが変わっていく。

 第1レベルのニーズは，"実際にニーズはあるが，表現しえないニーズ (visceral need)"[20]として，その特徴をまとめることができる。このようなニーズの段階にある人間は情報ニーズを認識はしているものの，その認識は明確ではなく，漠然とした状態にあり，ニーズを表現することはできない。

 続く第2レベルのニーズは，不明確な領域について，"はっきり思い描けるニーズ (conscious need)"[21]である。この段階にいる人間は，ニーズがあることを明確に認識はしているが，ニーズの具体的な内容ということになると曖昧で，まとまりのない認識状態にある。この段階では，たとえば，同僚や仲間と話しをすることによって，曖昧さを解消しようとする。第1レベルのニーズに比べ，この第2レベルのニーズはニーズの存在に対する認識が明確になっている点にその特徴がある。

 続く第3レベルのニーズは "正式に述べることができるニーズ (formalized

5章 レファレンス・インタビューにおける情報ニーズの認識レベルと表現レベル

need)"[22]である。テイラーはこの段階の人間は，"質問について限定された，合理的な陳述を行なうことができ，その際，疑問のある領域について，具体的に，言葉で表現（describe）できる[23]と，その特徴をあげている。質問という表現が使われていることからわかるように，この第3レベルのニーズは，質問という形で図書館員に示される段階の情報ニーズである。この段階に至った人間は，それまでの潜在的な利用者から，図書館員と関係をもつ利用者となる。

　この第3レベルのニーズの段階にある人間は，情報ニーズの存在はもちろん，ニーズの内容についても，明確に認識しており，曖昧ではなく，明確に，しかも合理的に表現できる状態にある。テイラーの仮説では，図書館員との質問応答の時点での利用者のニーズとして，この第3レベルのニーズが想定されている点に特に注意しておきたい。

　最後の第4レベルのニーズは，図書館員が，蔵書の内容や組織のされ方などを考慮したうえで，第3レベルのニーズを基に作成した"情報システムに提示された質問（compromised need）"[24]である。第4レベルのニーズは，第3レベルのニーズを検索質問に変換する段階であることから，利用者の情報ニーズについての認識状態や表現が問題となるのは，第3レベルのニーズまでということになる。

　情報ニーズが存在することに気づいていることと，具体的にどのような情報が必要なのかという，情報ニーズの内容について認識していることとは，区別される。情報ニーズに対する認識をその二つに区別したうえで，情報ニーズの第1，第2，第3のレベルの特徴を，認識と表現の明確さの推移の側面からまとめると，表5-1のようになる。第1レベルのニーズ（visceral need）に関しては，ニーズの存在と同時に，ニーズの内容についてもその認識は，曖昧で不明確な状態にある。表現については不可能な状態である。第2レベルのニーズ（conscious need）に関しては，ニーズの内容に関する認識は，第1レベルのニーズに比べやや進むものの，依然不明確である。一方，ニーズの存在は明確に認識される。表現は可能となるが，曖昧で，まとまりのない，不明確な状態にある。第3レベルのニーズ（formalized need）に関しては，ニーズの存在，内容ともに明確に認識され，表現は，曖昧さのない，合理的で明確なものとなる。

　表5-1に示したように，第1レベルから第3レベルのニーズは，情報ニー

表5-1　テイラーの仮説にみる情報ニーズの認識と表現レベルの推移

		第1レベル	第2レベル	第3レベル
認識	ニーズの存在	不明確	明確	明確
	ニーズの内容	不明確	不明確	明確
表現		不可能	不明確	明確

ズに対する認識状態が次第に明確となり，それに伴う形で情報ニーズに対する表現も曖昧さがなくなり，最終的に合理的な陳述が可能となる段階を表している。テイラーの仮説で注意すべきことは，先にも指摘したように，第3レベルのニーズが，図書館員との質問応答という時点における利用者の情報ニーズ，あるいは，質問応答の結果として図書館員が理解し，把捉する，利用者の情報ニーズとして想定されている点である。テイラーが，質問応答時点における利用者の情報ニーズを第3レベルに置いていることは，図書館員の技能（skill）について触れた部分からもわかる。テイラーは，図書館員の技能を，利用者を第3レベルのニーズ，そして第2レベルのニーズにまでも，利用者を引き戻し，それらのニーズを有効な探索戦略，すなわち第4レベルのニーズに変換していくこととしている[25]。

　利用者の情報ニーズを第3レベルのニーズにおいているテイラーの前提は，果たして妥当なものであろうか。第3レベルのニーズは，ニーズの存在，内容に対する認識も，表現も明確な状態のニーズである。テイラーは，明確さの基準，条件について具体的に示してはおらず，利用者の認識，表現の状態が，第3レベルのニーズに沿ったものと考えられる根拠は見出せない。利用者の認識状態は，利用者ごとに異なるであろうし，質問応答の時点における認識状態が，まさに第2レベルのニーズに該当するような場合も当然考えられよう。

　前節で見たように，テイラーは，情報ニーズを関心領域における知識の欠落として捉え，よくわかっていないことを言葉で表現し（describe）ようとすることから，質問応答が複雑になると，指摘していた。よくわかっていないことを言葉で表現することと，第3レベルでいう曖昧さのない，合理的な陳述とは，どのように結びつくのであろうか。

　テイラーの仮説に見られる，このような問題点は，情報ニーズの存在に関わ

る認識とその表現との関係，および情報ニーズの内容に関わる認識とその表現との関係が区別されていない点にあると考えられる。次節で取り上げる，ベルキンの仮説は，情報ニーズの内容に関わる認識と表現との関係を扱っており，テイラーの仮説に見られる問題点を考えるうえで重要な手掛かりを与えるものである。

5.3 変則的な知識状態と情報ニーズの明記不能性
：ベルキンの仮説を中心に

5.3.1 変則的な知識状態と問題状況

　ベルキンは，レファレンス・インタビューにおける情報ニーズのレベルについてのテイラーの仮説，特に第1レベルのニーズ（visceral need）と第2レベルのニーズ（conscious need）を基礎に，情報ニーズに関連する次のような仮説を提案した[26]。

　その仮説では，情報ニーズの発生を問題状況（problematic situation）という概念[27]と結びつけ，問題状況におかれた人間に着目している。すなわち，何らかの問題状況におかれた人間は，その問題を処理しようとする。しかし，その人間は，その問題に関する自らの知識にはギャップや欠如があり，不確実で，一貫性を欠いた知識状態にあることを認識する。そこで，その人間は，問題の処理のためには，情報を得ることが適切な手段であると考え，情報ニーズをもつことになる。このような，直面している問題に関する不十分な知識状態を，ベルキンは変則的な知識状態（anomalous state of knowledge；ASK）と呼び，以上のような内容からなる仮説を提示した。

　ベルキンのASK仮説では，問題によって引き起こされた知識状態の変則性との関係から情報ニーズが位置づけられている。情報ニーズを問題と関係づけようとする考え方はテイラーの中にも見られる。テイラーは，情報ニーズの発生から質問応答に至る過程を分析しているが，その中で，"discuss his problem"[28]という表現を用いて，同僚や仲間と，自分の「問題」について語り合う段階があることを示している。そこでは，情報ニーズをもつ人間が，他

の人間に相談あるいは説明する際に，情報ニーズではなく，問題という形で行うと，テイラーが考えている点に注目したい。テイラーのなかで，問題という概念が出てくるのはこの箇所だけであり，情報ニーズとの関係をどのように捉えているのかは，定かではない。しかし，情報ニーズを問題というより広い文脈の中で位置づけたベルキンの考え方と共通するものを，テイラーの"discuss his problem"という表現から読み取ることができよう。

　ベルキンの仮説の中の主要概念である，情報ニーズを引き起こす変則的な知識状態は，テイラーの仮説の中では，知識の欠落部分，不十分な世界像，あるいは第1レベルのニーズの中で述べられている，思い起される経験の中に存在しないこと，と対応する概念である。また，ベルキンの仮説のもう一つの重要概念である，問題という概念もテイラーの議論に現れており，ベルキンの仮説がテイラーの仮説と密接に関係していることがわかる。次項では，ベルキンとテイラーの仮説の中心概念である，知識状態と情報ニーズとの関係について考察する。

5.3.2　知識状態と情報ニーズ

　ある人間が情報ニーズをもつようになる状況を考えるうえで，その人間がそれまでに蓄積してきた「手もちの知識」というものの存在が重要となる。ベルキンのいう「知識状態」，あるいはテイラーのいう「思い起こされる経験」は，手もちの知識に相当する概念である。手もちの知識とは人間がそれまでの経験や学習を通じて獲得した知識であり，頭の中に記憶されたものである。われわれは，蓄積された手もちの知識に基づいて，現在の経験を解釈し，また将来の出来事について予測を行うことになる[29]。

　われわれは，日常生活の中で多くの問題に直面し，それを処理，解決しようとする。問題の多くは，それぞれの人間がそれまでに蓄積してきた手もちの知識によって処理される種類のものであろう。しかし，手もちの知識によっては処理しえない問題に直面することがある。その場合，その人間は，ベルキンのいう変則的な知識状態におかれ，その変則性を修正し，問題の処理が可能な知識状態にするために，情報ニーズをもつことになる。以上を図式すると図5-1のようになる。

5章　レファレンス・インタビューにおける情報ニーズの認識レベルと表現レベル

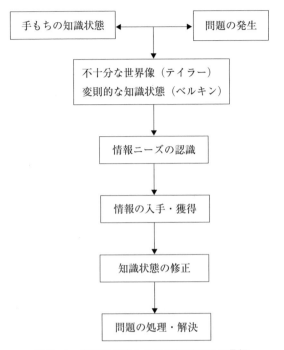

図5-1　問題の発生からその処理に至る過程

　手もちの知識は，一定ではなく，経験や学習を通じて知識が獲得されるのに伴って，その内容や構造が変化していく。ある特定の人間について見た場合，情報ニーズをもたらすような問題は，手もちの知識の変化に伴い，変わりうる。複数の人間について見れば，彼らが同じような問題に直面したとしても，彼らの情報ニーズはそれぞれの手もちの知識の違いによって多様なものとなる。このように，情報ニーズは手もちの知識に依存するのである。より厳密にいうならば，直面する問題処理にとって手もちの知識が有効である程度，すなわち知識状態の変則の程度が情報ニーズの認識に影響を及ぼすのである。次項ではこの点について詳しく考察する。

5.3.3　知識状態の変則性と情報ニーズの明記不能性

　利用者は，情報ニーズを満たすためには，図書館員に必要とする情報につい

て言葉で表現しなければならない。テイラーは，情報ニーズを関心領域における知識の欠落として捉え，その欠落部分，すなわち，よくわかっていない部分を言葉で表現しようとすることが，質問応答を複雑にする要因だと指摘した。ベルキンは，こうしたテイラーの考え方に共通する「情報ニーズの明記不能性 (non-specifiability)」という ASK 仮説を基にした概念を提示している[30]。その内容は次のとおりである。

　すなわち，人間は処理しなければならない問題や，達成しようとする目的をもつ場合がある。その人間はその問題を処理し，その目的を達成しようとするが，自分のもつ知識が不十分であり，その不十分な知識状態を修正するためには情報が必要であることを認識する。ここまでは，ASK 仮説の内容に相当する。しかし，情報の必要性は認識するものの，知識状態が不十分なために，実際にどのような情報を得ることによって問題が処理され，目的が達成されるのかが，その人間自身にもわからない。以上が，情報ニーズの明記不能性概念の内容である。この情報ニーズの明記不能性概念で重要なことは，情報ニーズに対する認識を，情報ニーズの存在と，情報ニーズの内容に区別した点と，明記不能の対象が後者の情報ニーズの内容にあることを示した点である。テイラーの仮説では，その点の区別が不明確であったのは，前節で見たとおりである。

　このように，情報ニーズの明記不能性概念には，情報ニーズの内容についての認識と表現の問題が扱われていることがわかる。ベルキンは，情報ニーズの明記不能性について，認識レベル (cognitive level) と表現レベル (linguistic level) に区別したうえで，次のような分析を行なっている[31]。図5-2は，ベルキンが用いた図に加筆をほどこして，両レベルの関係を示したものである。

　認識レベルは，必要な情報についての認識の程度を示し，その程度を0から1の範囲にとっている。利用者の認識の程度は，問題に関する知識状態の変則の程度によって0から1の範囲のなかの特定の位置に決まる。1に近い認識状態では，ある問題，トピックについての利用者の認識は十分に形成されており，利用者は特定の事実や方法を同定することが可能な状態にあり，その事実や方法を得ることにより知識は十分なものとなる[32, 33]。それに対して，0に近い認識状態では，ある問題，トピックについての利用者の知識は十分には形成されておらず，利用者はどのような知識が有効で，自分のもつ知識が最終的な目

5章 レファレンス・インタビューにおける情報ニーズの認識レベルと表現レベル

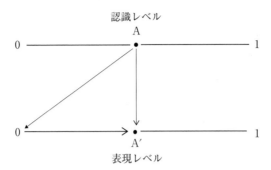

図5-2 情報ニーズの明記不能性概念における認識レベルと表現レベルとの関係

標の達成のためには，どのように修正されるべきかが明確にはわかっていない状態にある[34,35]。認識レベルが0に近づくほど，知識状態の変則の程度は大きくなる。情報ニーズの明記不能性概念で強調されていることは，利用者の情報ニーズの認識レベルは一般に0に近い状態にある，ということである。

　利用者の認識状態が0から1の範囲のどこに位置するにせよ，それが表現されてはじめてその状態の把握が可能となる。表現レベルと認識レベルとの関係で重要なことは，表現レベルは，認識レベルに依存し，認識レベルを越えることはない，ということである。図5-2でいえば，認識レベルがAの位置にある場合，表現レベルは0からA′の範囲をとりうるものの，A′を越えることはない。情報ニーズの内容についての認識状態を，基本的に認識レベルの0に近い状態にある，と考える情報ニーズの明記不能性概念は，ベルキン自身が指摘しているように，テイラーの第1のレベルのニーズ（visceral need）あるいは第2のレベルのニーズ（conscious need）の影響を受けたものであり，内容的に見ても類似していることがわかる。しかし，それらの間には，次のような根本的な相違が見られる。すなわち，問題の発生から質問応答時点までの経過のなかで，情報ニーズについての利用者の認識レベルは基本的に変化しない，と考えるのがベルキンであるに対して，テイラーは，それがより明確なレベルへと推移すると考えている。

　ベルキンの情報ニーズの明記不能性概念によれば，利用者の認識のレベルは，問題と知識状態との関係によって決まることから，その位置は，問題に直面し

109

た時点で定まることになる。認識レベルの推移は，問題に直面した後の情報探索行動を通して得られた情報によって知識状態を修正した場合である。したがって，問題発生時点での認識のレベルが0に近く，その後の情報探索行動によっても知識状態が修正されないままに，図書館員に援助を求めた場合，質問応答の時点での利用者の認識状態は同じく0に近く，不明確なままである。

　それに対して，テイラーの仮説では，第1，第2レベルのニーズは確かに認識レベルが0に近い状態を意味しているが，そのレベルは次第に推移し，質問応答の時点で利用者は，認識レベルが1に近い状態を意味する第3レベルにあると考えられている。第1，第2レベルのニーズは質問応答のなかで遡られ，質問応答時点の利用者自身の頭の中にあるもの，すなわち認識内容の一部として捉えられているのである。このように，知識状態の修正がされないままに，質問応答に至った場合，認識のレベルは依然として，問題発生時点におけるレベルに止まると考えたベルキンとテイラーの第1，第2レベルのニーズの位置づけとは相違することがわかる。

　このような相違あるいは不整合は，テイラーの仮説が情報ニーズの内容と存在という2種類の認識を同時に同じ次元で扱っている点にその原因がある。それに対してベルキンの情報ニーズの明記不能性概念が対象としているのは，先述のとおり，情報ニーズの内容に関わる認識である。そこで，テイラーの仮説が示すようなレベルの推移を，情報ニーズの内容に関わる認識にあてはめて考えるならば，次のようになるだろう。情報ニーズの内容に関わる認識のレベルは問題発生の時点で定まる性質のものだが，その後の情報探索行動を通じて得られた情報によって，知識状態の変則性の修正が進んだ場合，その認識はより明確なレベルへ推移することになる。その場合に，質問応答では，利用者が現在の認識のレベルに至った過程を明らかにするために，問題発生時点の認識レベルに遡ることとして，テイラーのいう，第1，第2，第3レベルの推移を考えることができる。

　しかし，利用者は情報の入手，獲得を目的に，図書館員に援助を求めるのであるから，質問応答過程に至る過程での知識状態の修正の程度は小さいものと考えられるため，次の解釈が妥当である。すなわち，情報探索行動によっても知識状態の変則性の修正が進まずに，質問応答に至った場合，問題発生の時点の

利用者の認識のレベルに対応した表現を図書館員は利用者から引き出す必要がある。図5-2でいえば，認識レベルがAにあるならば，それに対応する表現レベルA′にできるだけ近い表現を利用者から得ることである。この場合の，0からA′への推移は，同時に認識レベルの0からAへの推移でもある。テイラーのいう情報ニーズのレベルの推移を，この0からAへの推移として考えることができる。

テイラーのいう情報ニーズのレベルの推移を，情報ニーズの内容に関わる認識にあてはめて考えるならば，以上のようになろう。しかし，テイラーの仮説の重要な点である，問題の発生から質問応答に至る過程での認識レベルの推移がよりあてはまるのは，情報ニーズの存在に関わる認識である。次節では，その点について，詳しく検討したうえで，情報ニーズの内容に関わる認識を含めて，情報ニーズの認識と表現の関係について考察する。

5.4 情報ニーズの認識レベルと表現レベル

5.4.1 情報ニーズの存在に関わる認識内容の蓄積

情報ニーズの存在に関わる認識のなかで中心的なものは，情報探索行動に関わって形成される認識であろう。ベルキンの仮説によれば，人間は直面する問題について自らの知識が不十分であると考え，情報を得ることにより問題の処理が可能な知識状態に修正しようとする。情報ニーズをもつ人間は，その知識状態の修正のために，情報探索行動を起こし，さまざまな手段を講じるのである。図書館員に援助を求めるのも，その手段の一つである。

テイラーは，情報ニーズのレベルに関する仮説を示した論文の中で利用者が図書館員との質問応答に至るまでにとるであろう情報探索行動について分析している[36]。それによれば，情報ニーズをもった人間は，他の人間（同僚や仲間）に相談をもちかけるか，あるいは文献を探索するかを決める。他の人間には問題という形で相談すると，テイラーが考えていたことは前節で触れたとおりである。他の人間に相談した結果，答えが得られないときは文献に頼ることになる。文献探索も，自分が所有する文献について行うのか，図書館を利用するの

かを判断する必要がある。自分が所有する文献から答えが得られなければ，図書館を利用することになる。図書館では，自ら探索をする場合と，図書館員に尋ねる場合とがあろう。また，自分自身で探索した結果，答えが得られず，図書館員に尋ねることもあろう。

　図書館員と利用者との質問応答に至るまでには，以上のような過程を考えることができる。もちろん，このような過程をすべて経るとは限らない。しかし，いかなる過程を経るにせよ，問題の発生に伴う情報ニーズの認識の時点から質問応答に至るまでには，何らかの情報探索行動がとられてきたものと，考えることができる。仮に，質問応答に至るまでに，何ら具体的な情報探索行動をとらないような場合があっても，図書館員に援助を求めようという考えに達した状況などは，情報探索行動の有無にかかわらず，利用者が情報ニーズに関して認識している内容といえる。

　情報探索行動は，情報ニーズの存在を認識することによって引き起こされる行動である。このような，情報探索行動を中心として形成される認識は，情報ニーズの内容に関わる認識とは異なり，情報ニーズの存在に伴って生じる認識といえる。この認識内容が，情報ニーズに関わるもう一つの認識内容であり，必要な情報，すなわち情報ニーズの内容に直接関わる認識とは区別された，情報ニーズの存在に関わる認識内容である。情報ニーズの明記不能性概念が示すような，認識のレベルが0に近く，必要な情報について明確に表現しえない状態に利用者がいる場合，図書館員が探索戦略を立て，回答を提供するうえで重要な手がかりとなるのが，これまでにとられた情報探索行動など，情報ニーズの存在に関わる利用者の認識内容である。

　この認識内容は情報ニーズの存在自体を意識することが前提となって生まれるものである。テイラーの仮説の分析結果を示した表5-1にある，ニーズの存在に対する認識とは情報ニーズの存在自体に対する意識の状態を意味しているのである。情報ニーズの存在に関わる認識内容は，問題の発生から時間の経過と共に，蓄積されていく性質のものである。したがって，その認識にレベルを考える際の尺度として，情報ニーズの内容に関わる認識のレベルに設定される意味の明確さを基準とした尺度は適当ではない。考えられる尺度は，問題の発生から質問応答に至る時間的な経過と認識内容の蓄積とを関係づけるような

5章 レファレンス・インタビューにおける情報ニーズの認識レベルと表現レベル

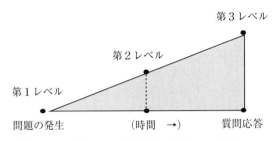

図5-3 情報ニーズの存在に関わる認識内容の蓄積

尺度である。

そこで，テイラーのいう情報ニーズのレベルの推移は，情報ニーズの存在に関わる認識内容の蓄積と時間的な経過との関係から図5-3のように示すことができる。第3レベルのニーズ（formalized need）は，質問応答時点までに蓄積された認識内容の全体である。第1レベルのニーズ（visceral need）は，問題発生の時点での認識内容であり，認識が始まろうとする段階にあたる。第2レベルのニーズ（conscious need）は，中間段階までに蓄積された認識内容である。したがって，第3レベルのニーズは第2レベルのニーズを含み，第2レベルのニーズは第1レベルのニーズを含むことになる。それゆえ，第3レベルのニーズは，第2，第1レベルのニーズへと遡ることによって明らかにされるのである。

5.4.2 情報ニーズの認識レベルと表現レベル

これまで見てきたとおり，情報ニーズについての認識内容は，情報ニーズの内容に関わるものと，情報ニーズの存在に関わるものとに分けて考えることができる。いずれの場合でも，レファレンス・インタビューの場面では，利用者の認識内容が図書館員に言葉で表現されなければならない。そこで，情報ニーズの内容に関わる認識レベルをⅠ，情報ニーズの存在に関わる認識レベルをⅡとするならば，認識レベルと表現レベルとの関係は，図5-4のように示すことができる。

認識レベルⅠは，情報ニーズの明記不能性のレベルを表すものである。そのレベル上の位置は，処理すべき問題に関する知識状態の変則の程度によって決

113

II部　レファレンスサービスに関する論考

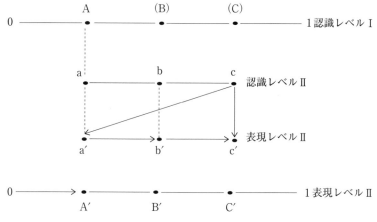

図5-4　情報ニーズの認識レベルと表現レベルとの関係

まり，問題の発生に伴う情報ニーズの認識の時点で定まる。いま，ある利用者の，その時点における認識レベルⅠが，Aの位置にあると仮定する。その認識レベルに対応する表現レベルをA′とする。そのAが決まる時点から情報ニーズの存在に関わる認識内容の蓄積が始まる。その第1レベルのニーズをa，第2レベルのニーズをb，第3レベルのニーズをcとし，それらに対応する表現レベルを，a′，b′，c′とする。質問応答時点での利用者の認識レベルは，認識レベルⅡがc，認識レベルⅠがAである。ただし，質問応答以前の情報探索行動を通して得られた情報によって，知識状態に修正が見られた場合，認識レベルⅠは(B)，(C)へと推移する。そこで，質問応答のなかでの認識レベルと表現レベルとの関係は次のように説明することができる。

　まず，認識レベルⅠについて見ていきたい。利用者の認識レベルがAにあるとき，表現レベルは0からA′の範囲をとることになる。質問応答では，認識内容について，その認識レベルのAに対応する表現レベルA′にできるだけ近い表現を利用者から得ることが期待される。認識レベルが(B)あるいは(C)にある場合，同様に(B′)，(C′)に近い表現を得ることが期待される。

　次に，認識レベルⅡについて見ていきたい。利用者の認識レベルはcにあることが想定されている。この認識レベルは質問応答時点までに情報ニーズの存在に関わって蓄積された認識内容の全体である。質問応答では，第1レベルの

114

ニーズaに対応する表現a′,第2レベルのニーズbに対応する表現b′を経て,最終的に第3レベルのニーズcに対応する表現c′を利用者から得ることが期待される。

　質問応答のなかで推移するのは,情報ニーズの内容,情報ニーズの存在のいずれの場合でも,表現レベルであって,ある位置に定まった認識レベルに対応する表現に達するまでの表現レベルの推移である点に注意したい。認識レベルの推移は,問題の発生から質問応答に至る過程のなかで生じるものであり,質問応答ではその間の認識レベルの推移が表現されるのである。

　認識レベルⅠを表現対象とする場合,認識レベルの推移は,明確さのレベルを上げることである。たとえば,認識レベルⅠ上の位置がAの場合,0から1の範囲でみれば明確さのレベルは低い。しかし,その表現が対象とする認識レベル0からAの範囲について見れば,質問応答で期待される0からA′への表現の推移は,認識レベルがより明確なレベルへと推移することを意味している。それに対して,認識レベルⅡを表現対象とする場合,認識レベルの推移が意味するのは,表現の対象となる認識内容の範囲の拡大である。認識レベルⅡについて,質問応答の時点でテイラーが想定する第3レベルのニーズは何かといえば,それは問題の発生から質問応答の時点までに蓄積された情報ニーズの存在に関わる認識内容について,断片的にある特定の部分のみが示されることなく,合理的に曖昧でなく表現されたニーズといえる。

5.4.3　情報ニーズの認識レベルと表現レベルにおける利用者と図書館員との関係

　利用者の表現レベルは,図書館員との質問応答を通して推移するものであって,利用者が一方的に情報ニーズに関する認識内容を言葉で表現するわけではない。図書館員は,利用者が表現した,ある認識レベルの内容について理解しえたこと,あるいはその理解に基づいて想像,解釈したことを,利用者に確認し,それらを踏まえて質問を行う[37,38]。図書館員は,確認や質問を通して,利用者の表現レベルの推移を促し,それに応じて利用者の認識内容はさまざまな過程を経るであろう。しかし,実際にどのような過程を経るにせよ,第3レベルのニーズは,第1,第2レベルのニーズに遡ったうえで,到達されるもの

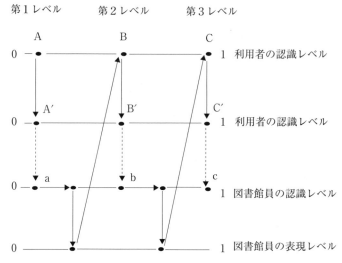

図5-5 情報ニーズの認識レベルと表現レベルにおける利用者と図書館員との関係

であることに変わりはない。したがって，情報ニーズの認識レベルと表現レベルにおける利用者が図書館員との関係は，図5-5のように一般化することが可能である。

5.5 おわりに

レファレンス・インタビューの場面で，利用者が情報ニーズを認識しているレベルと，表現するレベルとの関係を，テイラーとベルキンの仮説の検討を通して，考察してきた。利用者の認識レベルと表現レベルは，情報ニーズの内容に関わるものと，情報ニーズの存在に関わるものとに区別され，それらとテイラーの仮説との関係について分析を行った。

レファレンス・インタビューでは，利用者の認識レベルと表現レベルと同時に，図書館員の認識レベルと表現レベルが重要である。なぜなら，探索戦略の作成と回答の提供は，質問応答を通して形成された図書館員の認識内容に基づいて行われるからである。その図書館員が認識の対象とするのは，情報ニーズ

の内容と，情報ニーズの存在に関わる利用者の認識内容とに分けられる。ベルキンの仮説が示すように，情報ニーズの内容に関わる利用者の認識は本質的に不明確なものだとすれば，図書館員が認識の対象とする具体的な利用者の情報ニーズの存在に関する認識内容とは何であろうか。利用者の認識内容について，図書館員が理解し，把握することが有効となる具体的な枠組みに関しては，6章と7章で考察する。

注・引用文献

1：Taylor, R. S. The process of asking questions. *American Documentation*. 1962, vol. 13, p. 391-396.
2：Taylor, R. S. Question-negotiation and information seeking in libraries. *College & Research Libraries*. 1968, vol. 29, p. 178-194.
3：前掲2, p. 183-188.
テイラーの示した五つのフィルターは次のとおりである。
1．関心のある主題，2．目的や動機，3．個人的な特徴，4．質問と蔵書の組織法との関係，5．期待され，受け入れられる回答．
4：King, G. B. Open & closed questions：the reference interview. *RQ*. 1972, vol. 12, p. 157-160.
5：長沢雅男は参考調査質問をその難易度によって次の3種類に類別している。(長沢雅男．情報と文献の探索：参考図書の解題．丸善，1982, p. 15-18.)
1．即答質問：比較的単純に，確定的な解答が得られる種類の質問。
2．探索質問：簡単には解答が引き出せそうにない質問。この種の質問は，主題の面から文献を求めるような場合に見られる。
3．調査質問：探索に長時間の探索活動を必要とする質問。
6：Belkin, N. J. Anomalous states of knowledge as a basis for information retrieval. *Canadian Journal of Information Science*. 1980, vol. 5, p. 133-143.
7：Belkin, N. J. et al. ASK for information retrieval：part1. background and theory. *Journal of Documentation*. 1982, vol. 38, p. 61-71.
8：前掲2, p. 180.
9：前掲1, p. 394-395.
10：前掲2, p. 180.
11：レディネスとは，ある行動の習得に必要な条件が用意されている状態で，身体・神

経の成熟,知識や技能,興味や動機が備わっていることをいう(多項目教育心理学辞典. 辰野千寿[ほか]編. 教育出版. 1986, p. 402-403.)。
12: 前掲1, p. 394.
13: 前掲1, p. 394.
14: Mackay, D. M. What makes a question. *The Listener*. 1960, vol. 63, p. 789-790.
15: Mackay, D. M. "Information analysis of questions and commands". *Information Theory*. C. Cherry, editor. Butterworths. 1961, p. 469-476.
16: 前掲14, p. 789.
17: 前掲14, p. 789-790.
18: 前掲1, p. 394.
19: 前掲2, p. 182.
20: 前掲2, p 182.
21: 前掲2, p 182.
22: 前掲2, p 182.
23: 前掲2, p 182.
24: 前掲2, p 182.
25: 前掲2, p 182.
26: 前掲6, p. 136-138.
27: Wersig, G. "The problematic situation as basic concept of information science in the framework of the social sciences : a reply to N. Belkin". *New Trends in informatics and its terminology*. VINITI. 1979, p. 48-57.
28: 前掲2, p. 181.
29: Shutz, A. 現象学的社会学 [On phenomenology and social relation]. 森川真規雄, 浜日出夫訳. 紀国屋書店, 1980, p. 31.
30: 前掲6, p. 136-139.
31: 前掲6, p. 136-139.
32: 前掲6, p. 138-139.
33: 前掲7, p. 63-64.
34: 前掲6, p. 136-139.
35: 前掲7, p. 64-65.
36: 前掲2, p. 181-182.
37: Markey, K. Levels of question formulation in negotiation of information needs during the online presearch interview : a proposed model. *Information Processing and Management*. 1981, vol. 17, p. 215-225.
38: S. D. ネイル(S. D. Neill)は,探索戦略を立て,回答を提供するために,図書館員が質問応答過程のなかで3種類の記憶(semantic memory, episodic memory,

schematic memory）を使用していることを見出している。例えば，semantic memory のなかには，件名標目の仕組みに関する知識が含まれており，その知識を利用しながら，利用者に質問を行なう。また，episodic memory には，これまでのインタビュー経験の知識が含まれ，現在，インタビューを行なっている利用者の質問を理解するための基礎としてその知識が使用される（Neill, S. D. The reference process and certain types of memory : semantic, episodic, and schematic. *RQ*. 1984, vol. 23, p. 417-423.）。

6章
レファレンス・インタビューにおける利用者モデル

6.1 はじめに

　図書館員は，レファレンス・インタビューをとおして利用者が必要としている情報を把握し，回答を提供する。その際，図書館員が手がかりとしうるのは，基本的には利用者が語る内容である。その内容には，利用者が情報の必要性を感じて以来，これまで思い描いてきた事柄などが含まれる。また，利用者が明確に意識していることだけでなく，図書館員のインタビューによって，利用者がはじめて意識し，思い起こすようなことや，図書館員に問われ，その時点で，利用者が考えたことも含まれるだろう。いずれにせよ，利用者の頭のなかにある事柄が手がかりとされる。
　では，利用者の必要な情報を把握するうえで，利用者の頭のなかにある，どのような事柄が手がかりとされるのであろうか。この問いに対して，本章では，個々人が情報を必要とする状況あるいは状態についての理論的検討をとおして，解答を求めていく。そして，その解答を，レファレンス・インタビューの事例をとおして検証していきたい。

6.2 レファレンス・インタビューと利用者モデル

　R. S. テイラー（R. S. Taylor）は，レファレンス・インタビューをとおして利用者の情報ニーズを把握するうえで有効となる事柄を考察しているが，そのなかで，図書館員の次の発言に注目している。

　　利用者が自分自身のニーズを認識（understand）しているのと同様に，

6章 レファレンス・インタビューにおける利用者モデル

> われわれが利用者のニーズを認識しえないならば，われわれは利用者を援助することはできない。[1]

　この発言内容を敷衍するならば，次のようになろう。すなわち，情報ニーズを意識した人間は，自らの情報ニーズをめぐってさまざまな事柄を思い描いている。そこで，その情報ニーズをめぐる認識内容が，図書館員に限らず，自分以外の人間に語られるとしよう。そのとき，その人間自身の頭のなかにのみ存在したその認識内容は，他者にとって認識すべき対象として意識され，他者の頭のなかに取り込まれる対象となる。レファレンス・インタビューという場面における利用者と図書館員との関係が，まさにそれにあたる。レファレンス・インタビューは，情報ニーズをめぐる利用者の認識内容を部分的にせよ，図書館員が共有するために行われる利用者と図書館員との共同作業といえる。

　図書館員との間で共有される利用者の認識内容については，次の二つに分けて考える必要がある。一つは，必要としている情報自体に関する認識内容であり，図書館員が把握しようとする直接の対象である。二つめは，利用者の必要な情報を図書館員が把握するうえで，手がかりとなりうる認識内容である。利用者の情報ニーズをレファレンス・インタビューという場面のなかで考察するとき，この二つの認識内容を区別して論じることが重要である。しかしながら，それらは情報ニーズという概念のもとに，しばしば区別されることなく扱われている。たとえばレファレンス・インタビューに関するモデルとして，これまでにも多くの研究のなかで取り上げられてきたテイラーの「情報ニーズのレベルに関する仮説」[2,3]についてもそのことがあてはまる。テイラーの仮説が内包する問題はその点に起因している[4]。

　さて，利用者と図書館員との関係は，利用者がレファレンス・デスクを訪れ，質問を行うところから生じる。そのとき，図書館員はその利用者を，参考図書を調べている利用者ではなく，いま現に目の前にいる利用者として捉えることになる。すなわち，利用者の行為を不特定多数の利用者の一行為としてではなく，自分自身とのコミュニケーションを意図した行為として，図書館員は認識するのである。

　図書館員は通常，利用者に関して類型的な知識を利用することができる。類

121

型的な知識とは，個々の利用者に共通してみられる特性を集めたもので，たとえば，情報利用行動における共通の特性などである。大学図書館であれば，利用者は学部学生・大学院生，そして教員という少なくとも三つの類型のいずれかに該当する。実際に図書館員が利用者に関してどのようなその他の類型を描き，レファレンス・インタビューの場面にその知識をいかしているかは，重要な研究課題である。

　類型的な知識と同時に，個々の利用者に固有な知識も重要である。レファレンス・インタビューは，利用者と図書館員が対面する状況のなかで行われ，図書館員は利用者を個々に識別することができる。顔見知りで，よくレファレンス・デスクを訪れる利用者であれば，図書館員は類型的な知識に加えて，その利用者に関する豊富な知識をも利用することができる。一方，初めてレファレンス・デスクを訪れたような利用者であれば，図書館員にその利用者に関する固有の知識はなく，あるのは類型的な知識だけである。そこで図書館員がいま対面している利用者についてどの程度の面識があるのかという利用者の匿名性の程度を設定するならば，その程度が高くなるにしたがって，利用者に関する類型的な知識への依存度は大きくなる。

　しかしながら，図書館員が利用者に関してあらかじめもっている，このような2種類の知識は，あくまで補助的なものである。利用者が必要とする情報を把握するうえで重要なのは，冒頭に述べたように情報ニーズについて利用者が思い描いている事柄を図書館員がいかに認識しうるかにある。言い換えれば利用者の認識内容のどのような部分を，どの程度，図書館員が共有しうるか，ということである。

　図書館員は，レファレンス・インタビューを行い，利用者に自らの認識内容を語らせ，その内容を知ることで，認識内容を共有することになる。レファレンス・インタビューは，図書館員が利用者の認識内容を自らの頭のなかに作りあげる過程でもある。そこで本章では，図書館員が形成する利用者の認識内容を「利用者モデル」として定義する。利用者モデルという場合，広義には先に述べた利用者に関する類型的な知識を意味することもあるが，本章では，レファレンス・インタビューによって，個々の利用者について図書館員が知り得た内容として扱う。

6章　レファレンス・インタビューにおける利用者モデル

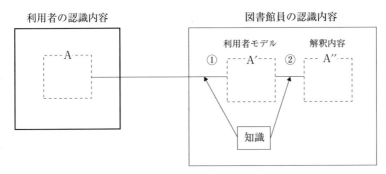

図6-1　利用者モデルの位置づけ

　図書館員は利用者について知り得た内容，すなわち利用者モデルについて，自らの知識を利用しながら解釈を加えることになる。その図書館員の知識とは，2次資料の知識やインタビューの経験から得た知識，さらには探索戦略に関する知識などが含まれよう。最終的に回答を提供するうえで基礎となるのは，そうした知識を使って利用者モデルを解釈した内容である。その解釈内容は，利用者についてなにを知り得たのか，すなわち利用者モデルに依存する。以上の議論を図式化すると図6-1のようになる。

　利用者の認識内容のうち，図書館員に述べられた部分がA，図書館員が構築する利用者モデルがA′，その利用者モデルに加えられた解釈内容がA″である。AとA′の内容は共通することになる。図書館員の知識は，A′からA″を形成するうえで（②の部分）介在する。しかし，それだけでなく，利用者の認識内容のなかで何を取り込むのか，利用者について何を知る必要があるのか，というAからA′の部分（①の部分）にも図書館員の知識が働いているとみることができる。言い換えれば，その知識は，利用者モデルの枠組みを規定するような知識である。

　次節では，この利用者モデルの枠組みを理論的に検討し，レファレンス・インタビューを，利用者モデルの構築過程として理解するための枠組みを提示する。

6.3 利用者モデルに関する理論的検討

　本節では，レファレンス・インタビューをとおして図書館員が構築する利用者モデルについて検討する。その材料として，2種類の研究を取りあげる。第1はレファレンス・インタビューを経験してきた図書館員の知識から，利用者モデルの具体的な要素を引き出したテイラーの研究[5]である。第2は情報ニーズについての理論的な考察に基づいて利用者モデルの要素を提示したN. J. ベルキン（N. J. Belkin）の研究[6, 7, 8]とB. ダービン（B. Dervin）の研究[9]である。以上の諸研究について詳細に考察し，利用者モデルの検討を行う。

6.3.1　テイラーのフィルター

　レファレンス・インタビューをとおして，利用者について何を知ることが，利用者の必要とする情報の把握にとって有効なのであろうか。テイラーはレファレンス・インタビューを数多く経験してきた図書館員に面接を行い，その結果をつぎの五つにまとめている。

　　a) 関心のある主題，b) 目的と動機，c) 個人的な特徴，d) 質問と資料の組織化との関係，e) 期待され受け入れられる回答である。[10]

　テイラーはこれらを図書館員と利用者との間で行われる質問応答（question-negotiation）が通過するフィルターとよんでいる。M. D. ホワイト（M. D. White）は，ミンスキー（Minsky）のフレーム理論に基づいて図書館員がレファレンス・インタビューをとおして構築するフレームを提示したが，そのなかの要素としテイラーの示したフィルターが取り入れられている[11]。また，J. R. パロット（J. R. Parrott）は，同じくフレーム・システムを用いてレファレンス・サービスのためのエキスパート・システムを構築しているが，そのフレームのスロットとしてテイラーのフィルターが用いられている[12, 13]。このように，テイラーが示したフィルターはいずれもフレームのなかの要素となりうるものであることがわかる。ここで，各フィルターの内容について少し詳しくみておくことにしたい。というのも，それらは，後に取りあげるベルキンやダービンの研究とも密接に関わるからである。

第1のフィルターの，関心のある主題は，利用者の必要とする情報の主題領域をさすが，同時にその主題領域のもつ構造のなかのどの範囲の情報が必要なのかという，さらに具体的な主題内容をも意味する。主題をより具体的に特定化しようとする場合，第3のフィルターの，個人的な特徴との関係がでてくる。
　質問応答の成否にとって，テイラーがもっとも重要なフィルターとしてあげているのが，第2のフィルターの「目的と動機」である。このフィルターに関連して，テイラーは，図書館員のつぎの発言を特に取りあげている。

　　　理由がはっきりわからないならば，利用者がほんとうに求めているものがなにかを，確信することはできない。さらに，その情報を使ってなにをしようとしているのか，ということ。[14]

　これに続くのが本章の冒頭に引用した部分である。そこでは，情報ニーズに関して利用者が認識している内容を図書館員が共有することの重要性について指摘されていた。図書館員が，情報を必要とする目的と動機を特に重視している点に注意しておきたい。
　第3のフィルターは，利用者の個人的な特徴だが，具体的にあげられているのは次の五つである。すなわち，1)利用者の所属する組織における地位，2)図書館の利用経験，3)経歴，4)必要な情報の主題について利用者のもつ知識，5)情報ニーズの重要度，である。
　前節で述べた，利用者の匿名性の程度は1)から3)の内容と関係する。図書館員にとって面識ある利用者であれば，利用者の地位や経歴などについて図書館員はあらかじめ情報を把握している可能性がある。
　第1のフィルターと関係するのが，4)の「利用者の主題知識」である。参考図書を使用するにせよ，情報検索システムを利用するにせよ，必要な情報を探すさいにアクセスポイントとなるのは，必要な情報の主題を表現した語句である。そのためには，第1のフィルターの「関心のある主題」が表現されなければならないが，その表現のいかんは，その主題について利用者がどの程度の知識をもっているかに依存する。たとえば，階層構造をもつ主題の場合，利用者のもつ主題知識が階層上のどこに位置するかによって，関心のある主題をどの

程度,特定化して,表現ができるかが決まることになる。この必要な情報の主題を表現することと,利用者の主題知識との関係については,ベルキンの研究のなかで詳しく扱われている[15]。

第4のフィルターの「質問と資料の組織化との関係」は他のフィルターとはやや異質である。このフィルターは必要な情報が把握され,それを検索質問というかたちに表す段階で関係する。言い換えれば,第1のフィルターで明らかにされた主題を,検索可能な表現に直す際に考慮されるのが,この第4のフィルターである。

第5のフィルターの「期待され受け入れられる回答」は,第2のフィルターの「目的や動機」と関連する。すなわち,達成したい目的に照らして,どのような情報が期待され,回答として受け入れられるかが,判断されることになる。

以上,各フィルターの内容をみてきた。これらは,いずれも図書館員の経験的知識からまとめられたものであり,図書館員がレファレンス・インタビューをとおして構築する利用者モデルの要素とみることができる。しかし,必要な情報を把握するうえで,それらのフィルターがなにゆえ有効なのかという点について,テイラーは分析を加えていない。テイラーは,同じ論文のなかで利用者の情報ニーズのレベルに関する仮説を提示し,利用者と図書館員との質問応答とそのレベルとの関係について考察している[16]。質問応答を通過するフィルターとテイラーのいう情報ニーズのレベルとは密接に関係するが,テイラーはそれらを別個に提示しただけであった。

テイラーの情報ニーズのレベルに関する仮説は,つぎに取りあげるベルキンの仮説に影響を与えている[17]。ベルキンは,自らの仮説をもとに利用者モデルの要素について考察しているが,ベルキンの仮説は,同時にテイラーのフィルターの有効性を理論的に説明しうるものとなっている。

6.3.2 ベルキンの変則的な知識状態仮説

ベルキンは,ある人間が情報ニーズを認識することと,その人間のもつ知識状態との関係に着目し,情報ニーズの認識をその人間の知識状態から説明する仮説を提示している。それに基づき,利用者モデルの要素について考察がくわえられている。

6.3.2.1 変則的な知識状態仮説

　ベルキンは，人間が情報ニーズを認識する状況を次のように説明している。すなわち，人間は処理しなければならない問題をかかえることがある。その人間はその問題を処理しようとするが，その問題についてもっている知識にはギャップや欠如があり，自らの知識状態が不確実で一貫性を欠いた変則的なものであることに気づく。すなわち，その人間は問題状況（problematic situation）におかれたのである。問題を処理するには，知識状態を修正しなければならない。そこで，変則的な知識状態を修正するための手段として，情報を得ようと考え，情報ニーズを認識することになる。以上がベルキンの提示した変則的な知識状態仮説（anomalous state of knowledge；ASK，以下，ASK 仮説）[18, 19]の内容である。

　ベルキンの仮説では，情報と知識という二つの概念が区別されている点に注意する必要がある。ベルキンは仮説のなかの情報について具体的に定義していない。たしかに，ASK 仮説を情報検索システム構築の理論的な基礎[20, 21]としている点からみれば，情報として文献情報が想定されているといえる。しかし，ASK 仮説は，図書館や情報検索という領域に限定されえない一般的な内容をもっている。

　ASK 仮説の内容からみると，情報とは情報ニーズを認識した人間の外部に存在するものであり，知識とは問題の処理を可能にするように，得られた情報について加えられた解釈内容といえる。したがって，人間の外部にあるものは，知識となりうる情報であり，情報は人間にとりこまれ，解釈，理解された結果，知識に変容する。知識となりえる情報は，いうまでもなく，文献情報に限らない。図書館を利用し，あるいは情報検索システムを利用する以前に，友人や同僚に相談する場合もあろう。また，処理すべき問題についてその専門家に問い合わせ，専門家の知識を利用することもできる。このように，知識となりうる情報には，他者の知識も含まれ，知識のレベルによって，それは一般的な知識と専門家の専門知識とにわけられる[22]。このように，知識となりうる情報は，文献情報と人間のもつ知識とに大別されている。ASK 仮説は直接的には文献情報を想定してはいるものの，その内容は情報となりうる他者の知識をも含めた情報一般と人間との関わりを扱っているのである。

6.3.2.2 情報ニーズの明記不能性

　問題をかかえ，その処理のために情報を得ようとしてレファレンス・デスクを訪れた利用者は，必要な情報について図書館員に言い表さなければならない。ベルキンは必要な情報の表現をめぐって，ASK 仮説に基づきながら考察している[23]。利用者に情報が必要であると認識させた理由はなにか。ASK 仮説によれば，それはかかえている問題を処理しうるだけの知識を利用者がもっていないからである。その問題について変則的な知識状態にあるがゆえに，実際にどのような情報を得れば，問題を処理することができるのか，利用者自身にさえも明確にはわからないのである。必要な情報についてどの程度，明確に表現しうるかは，知識状態の変則の程度に依存することになる。知識状態の変則度が大きくなれはなるほど，その表現はより不明確になる。ASK 仮説によれば，人間が情報ニーズを認識することそれ自体が，程度の差はあるにせよ，必要な情報そのものについては明確に言い表すことができない状態にその人間がおかれていることを意味するのである。ベルキンは必要な情報の表現に関するこのような特徴を「情報ニーズの明記不能性（non-specifiability）」とよんでいる[24]。前節で，テイラーの情報ニーズのレベルに関する仮説がベルキンに影響をあたえたと述べたが，その影響はこの情報ニーズの明記不能性概念にもっともよく表れている[25]。

　情報ニーズの明記不能性概念に関連して注意すべきことは，情報ニーズにかかわる認識は次の二つに区別されるという点である。情報ニーズの存在に関する認識すなわち情報の必要性についての認識と，必要な情報そのものについての認識である。情報ニーズの明記不能性概念は，後者に関わる。情報の必要性の認識は，必要な情報そのものについての認識に先立つことになる。前者の情報の必要性についての認識が情報探索行動を引き起こし，その行動の一つがレファレンス・デスクへの来訪となって表れるのである。しかし，情報の必要性を認識していることが，必要な情報についての明確な認識に結びつくわけではない。知識状態の変則度が大きければ，必要な情報を明確には認識しえない。その場合，情報の必要性にともなって，利用者が思い描いている事柄が必要な情報を把握するうえでの手がかりとなる。

　次項では，情報の必要性にともなう利用者の認識内容のどのような部分が手

6.3.3 ASK 仮説に基づく利用者モデルの要素

　利用者は必要な情報について直接には言い表しえないとするならば，それを間接的に把握するための手がかりは何か。ASK 仮説によれば，情報ニーズに関する認識，すなわち情報の必要性の認識は，処理しなければならない問題の発生とその問題についての変則的な知識識状態の認識とから生じる。したがって，図書館員が提供する情報は，知識状態の変則性を解消し，問題の処理を可能にする知識となりえるものでなくてはならない。そこでベルキンは，必要な情報を把握するための手がかりとして，次の3点をあげている[26, 27]。

　第1は，利用者が直面している「問題」である。利用者に自らの知識によっては処理しえないと判断させ，他者や文献に処理のための知識を求めようと，考えさせるに至らせた問題が発生したときのありのままの状況である。

　第2は，利用者にとって，「なぜ，それが問題として認識されるのか」ということである。利用者が経験する事柄のなかで，問題として認識させ，その処理に新たな知識を必要とさせたのはその事柄についてもっている知識が不十分なためである。知識状態にどのような変則性があるのかという点が，第2の手がかりとなる。

　第3は，「なぜ，問題が発生したのか」ということである。われわれのとるさまざまな行動，あるいは行為には意識するしないにかかわらず，なんらかの目的ないし意図，動機がともなう。われわれは，自らの行動あるいは行為のなかで，問題として認識されるような事柄に直面することがある。問題としての認識は，行動あるいは行為の目的や意図を意識し，それを達成するうえで自らの知識が不十分と判断するところに生まれる。問題発生の理由とは行動あるいは行為を規定する目的や意図を意味する。

　情報の必要性にともなう利用者の認識内容のなかで，必要な情報を間接的に把握する手がかりとして，ベルキンがあげたのは，以上の「問題状況」「知識状態」「目的・意図」である。第1の「問題状況」については，二つの側面があげられている。一つは利用者が問題に直面してからたどった問題の処理の過程（problem treatment process，あるいは problem state）である[28]。問題の発生か

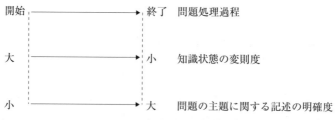

図6-2 ASK仮説に基づく要素間の関係

らレファレンス・デスクを訪れるまでに，利用者は何らかの処理を試みてきたと考えていいであろう。その過程で問題の輪郭がしだいに明確にされてくる場合もある。この問題の明確化は，レファレンス・インタビューの場面では，利用者が図書館員に対して問題を記述する際の，記述の明確化として表れる。

この問題の記述（problem description）が第2の側面である[29, 30]。問題の記述には，前項で論じた必要な情報そのものに関する間接的な記述が含まれる。その必要な情報の記述は，問題を主題の側面から記述することともいえ，テイラーの第1のフィルターである「関心のある主題」の記述でもある。問題の記述は，必要な情報の記述を中心にみると，問題処理過程で得られた情報によって，知識状態の変則度が縮小されるにしたがい，より明確になっていく。

問題処理過程，問題の主題の記述（必要な情報に関する間接的な記述）の明確度，知識状態の変則度の相互関係は図6-2のように示すことができる。問題の処理を開始する時点では，知識状態の変則度は大きく，それにともなって，必要な情報については明確に記述しえない状態にある。

問題処理の最終段階では，知識状態の変則度も小さくなり，必要な情報に関する間接的な記述が明確になる。利用者が，必要な情報についてどの程度，明確に記述しうるかは問題処理過程のどの時点でレファレンス・デスクを訪れるかによって決まることになる。

6.3.4 ダービンの意味構成モデル

ダービンは情報探索，情報利用行動を説明するモデルを提示し，そのモデルにもとづいて利用者モデルの要素を検討している。そこでまず，そのモデルの

内容とその理論的な基礎についてみていきたい。

6.3.4.1　意味構成モデル

　ダービンは情報探索行動と情報利用行動を，人間による意味の構成（sense-making）過程として捉え，人間は環境よって支配される存在ではなく，積極的，創造的に環境を把握し，意味あるものとして構成する存在と考えている[31]。人間はすでに集められた内的な情報を用いて，自らをとりまく外部の世界を意味あるものとして把握する。すなわち，人間は外部世界に対して，意味づけを行い，その意味に基づいて行動する，というのがダービンの基本的な考え方である。

　人間が何らかの行動をとろうとする場合，少なくとも，その行動の実現に関わる外部世界についてはその意味が理解されていなければならない。ある行動に関わる外部世界は，その行動をとる人間にとって意味づけの対象となるからである。ダービンは，意味づけの対象となる外部世界を「情報1」，その外部世界に対して人間が構成した意味を「情報2」として区別している[32, 33]。外部世界とはいうまでもなく，単に物理的世界をさすのではない。ある人間にとって，他者のもつ知識も外部世界である。そして，文献は常にあらゆる人間にとって外部世界となる。ベルキンのASK仮説では，この外部世界が情報にあたり，すでに集められた内的な情報が知識に相当する概念であった。

　では，こうした考え方のなかで，情報ニーズはどのように位置づけられるのであろうか。人間は外部世界を視覚あるいは聴覚により，自らのうちに取り込み，すでに集められた内的な情報を用いて，それに対して意味づけを行う。その際，すでに集められた内的な情報の枠組みのなかで，外部世界についての解釈が可能であれば問題とはならない。しかし，外部世界のなかで，すでに集められた内的な情報では解釈不能な事柄に出合うことがある。外部世界への意味づけができないということは，これからとろうとする行動がはばまれるということである。その行動を実現するには，内的な情報に新たな情報を加え，その枠組みを変えなければならない。人間が情報ニーズを認識するのは，このようなときである。そこで，人間は情報を探索し，情報を利用することによって，内的な情報の枠組みを変え，行動を実現するのである。ダービンは，以上の情報ニーズの認識と情報の利用に至る過程をモデル化し，意味構成モデルとして

表した[34]。

意味構成モデルは,「状況 (situation)」「ギャップ (gaps)」「利用 (uses)」の3要素からなる。状況とは,自らのうちに,すでに集められた情報では,解釈不能な事柄に直面し,意図する行動がとれなくなったときの状況である。ギャップは,その解釈不能の原因をつくった内的な情報に存在する情報の欠如を表す。そして,利用は新たな情報を利用して,ギャップが埋められた結果,実行しようとしている事柄である。したがって,ギャップを埋める情報,すなわち必要な情報は外部世界の解釈ができず,行動がはばまれたときの状況と,それを生んだ内的な情報の状態,そして将来の行動あるいは行為という三つの側面から把握される性質のものとなる。そこでダービンによれば,利用者モデルは以上の3要素から成り立つことになる。

6.3.4.2 中立質問（ニュートラル・クエスチョン）

ダービンは意味構成モデルに基づき,レファレンス・インタビューのなかで図書館員が利用者に対して行う質問の内容を示している[35]。図6-3が,その質問の一般例である。質問の内容は,意味構成モデルの3要素に対応している。

この意味構成モデルに基づく質問をダービンは中立質問（ニュートラル・クエスチョン：neutral questions）と名づけている[36]。中立（ニュートラル）という表現を用いたのは,その質問が質問の二つの形式である開質問（open question）と閉質問（closed question）[37]とは異なる,第3の形式をもった質問をダービンが考えたことによる。だが,中立質問という表現は,それが意味構成モデルに基づいて内容を規定した質問という本質的な特質をぼやかす結果ともなりかねない。たしかに,開質問はテイラーの示したフィルターの内容を利用者から聞きだすうえで有効な質問形式ではあるが[38],それはあくまで形式であって,質問の内容まで定めるものではない。また,閉質問は利用者の応答内容を含む質問に過ぎず,内容には関わらない。それに対して,中立質問はまさに質問の内容自体を規定するものであって,質問の形式を意味しない。ダービンが示した質問例はいずれも開質問だが,閉質問の形式で質問することも可能である[39]。重要なのは,それが意味構成モデルという理論を背景にした質問という点にある。

実際に,質問の内容を検討していきたい。図6-3の質問例をみると,「状況」

```
「状況」　：この問題がどのように生じたのかを教えてください。
「ギャップ」：Xについてなにを知りたいのですか。
「利用」　：この情報は，あなたにとってどのように役立ち，なにをするう
　　　　　えで役立つのですか。
```

図6-3　意味構成モデルに基づく中立質問の一般例

に関する質問では，問題という言葉がつかわれている点に注意したい。意味構成モデルのなかには，問題という概念はでてこない。しかし，外部世界の解釈ができず，行動がはばまれた状況を，ベルキンと同様に，問題状況としてダービンが捉えていることがわかる。「ギャップ」に関する質問では，知りたい事柄をさらに問い，欠如の内容が特定される。そして，情報を得て行おうとしていることを問うのが「利用」に関する質問である。

　ダービンは，中立質問を図書館員が意味構成モデルを理解したうえで意識的に使用する質問として提示している。実際に，ダービンらは，図書館員にそのための訓練を行ってきている[40]。しかし，中立質問は図書館員の意識的使用の有無に関係なく，意味構成モデルの三つの要素を扱った質問として考えることもできる。したがって，図書館員がレファレンス・インタビューのなかで行うさまざまな質問のうち，利用者モデルの構築に関わる質問を区別するものとして中立質問は位置づけられる。それゆえ，意味構成モデルの役割は次のようになる。すなわち，レファレンス・インタビューのなかで図書館員が中立質問を行い，利用者について三つの要素に関わる事柄が明らかにされた場合，何ゆえ，それらの事柄が利用者の必要な情報の把握にとって有効なのかを理論的に説明するための枠組みとして，この意味構成モデルは機能するのである。

6.3.5　ダービン，ベルキン，テイラーの相互関係

　ここでは，ダービンの意味構成モデルとベルキンのASK仮説との関係について考察する。そして，テイラーのフィルターがダービンのモデルとベルキンの仮説から引き出されるものであることを示す。

　ダービンの意味構成モデルとベルキンのASK仮説は，ともに人間と情報との関わりを扱っており，いずれもそれに基づいて，利用者モデルの要素が提示

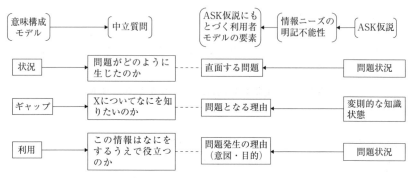

図6-4　ダービンのモデルとベルキンの仮説との関係

されている。その両者の関係は図6-4のように表すことができる。

　ASK仮説と情報ニーズの明記不能性概念に基づいてベルキンがあげた利用者モデルの要素は，直面する問題，問題となる理由（知識状態），それに問題発生の理由（目的・意図）である。ASK仮説の重要概念は，問題状況と変則的な知識状態であるが，問題状況は直面する問題と関係する概念である。

　また，問題となる理由は変則的な知識状態と結びつく。問題発生の理由，すなわち目的・意図は，問題状況をつくりだした原因という点で，問題状況から導かれたものと考えることができる。これら，利用者モデルの3要素は，ダービンの意味構成モデルの3要素に基づいた中立質問の内容とそれぞれ対応している。

　ダービンの意味構成モデルの3要素，「状況」「ギャップ」「利用」は時間的な流れのなかで位置づけることができる。すなわち，「状況」は，問題が発生したときの状況という過去のある時点の出来事を表しており，ベルキンの問題状況と対応する。「ギャップ」は利用者の内的な情報にみられる欠如という，利用者の現在の知識状態をさしており，ベルキンの変則的な知識状態と対応する。

　「利用」は，ギャップを埋めることによって意図している行動であり，それは未来において実現されるものである。さらに，目的・意図はベルキンの仮説では問題状況のなかで考慮されているのは，先にみたとおりである。

　テイラーの示したフィルターは，ダービンの中立質問，ベルキンの利用者モ

6章 レファレンス・インタビューにおける利用者モデル

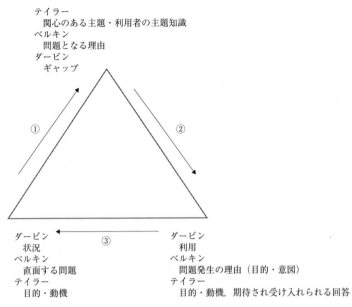

図6-5 ダービンのモデルとベルキン，テイラーとの関係

デルの要素に対応するもので，第4のフィルターを除く四つのフィルターは，意味構成モデル，あるいはASK仮説から導くことができる。

図6-5は，意味構成モデルを枠組みに，ベルキンの利用者モデルの要素と，テイラーのフィルターを位置づけたものである。矢印は，時間の流れ（①～③）を表し，状況，ギャップ，利用が1サイクルとなり，一つの問題の処理が終了する。その後，新たな問題が発生した場合は，次のサイクルが始まる。それが利用から状況への矢印であり，以上のサイクルが繰り返される。

第1のフィルターの「関心のある主題」と，第3のフィルターの「利用者の特徴」の一つである利用者の主題知識は，ダービンのギャップ，ベルキンの変則的な知識状態から導かれる。第2のフィルターの「目的・動機」は，ダービンの「利用」，ベルキンの「問題状況」から導かれるが，ダービンの状況がベルキンの問題状況のように目的・意図を内包するとみれば，状況と関連づけることもできる。第5のフィルターの「期待され受け入れられる回答」は，達成しよとする目的や意図から導かれるものであり，ダービンの「利用」と関わる。

以上みてきたように，ダービンの意味構成モデルとベルキンの ASK 仮説は，テイラーのフィルターが依拠した図書館員の経験的知識に理論的な裏づけを与えるものといえる。

6.3.6 利用者モデルの要素

ここでは，これまでの考察をふまえて，利用者モデルの枠組みを提示する。ある問題に直面したが，その問題を処理するための知識が不十分であることに気づいた利用者は，情報を得ることで問題の処理ができる知識状態にしようと考える。利用者がかかえる問題は多様であり，何らかの情報を得ることによって簡単に処理できるものもある。また，複雑にからんだ複数の問題からなり，それらを逐次あるいは並列的に処理していくことによって，全体の問題が処理され，目的が達成されるような場合もある。

全体の上位の問題を構成する個々の問題についての知識状態にはさまざまなレベルがあり，変則の程度はいろいろである。たとえば，ある問題について相当程度の知識をもっている利用者は，その問題領域について欠如している知識を特定し，問題を処理するうえで必要な情報を明確にすることができる。それに対して，その問題についてほとんど知識をもたない利用者は，知識状態の変則度が大きいため，不足している知識がどういうものかを特定しえず，必要な情報を明確に言い表すことができない。

利用者にとって知識状態の変則度が大きい問題とは，複雑にからんだ複数の問題と考えていいであろう。その場合，知識状態の変則を一挙に解消するような情報を得ることはできない。まず，知識状態の変則度をわずかでも縮小するような情報をえて問題の一部を処理する。そしてまた，問題の一部を処理しうる情報を得て，知識状態の変則度をさらに縮小する。このサイクルを繰り返しながら最終的に問題の全体が処理される。問題全体の処理にあたって，その問題の一部を最初に処理する段階では，問題全体についての知識状態の変則度は大きい。したがって，その変則度をわずかでも縮小するような情報についてさえ，利用者は明確にしえない。その場合，手がかりとされるのは，利用者が問題に直面したときの状況や利用者の目的・意図である。知識状態の変則度が大きければ大きいほどそれらは重要な手がかりとされる。

以上の考察から，利用者モデルの要素と，その相互関係は図6-6のように表すことができる。利用者モデルは四つの要素からなり，各要素には，他の要素との関係を示す指標を設定することができる。すなわち，「問題の発生から処理が終了するまでの過程（問題処理過程）と，そこにおける利用者の位置」「問題についての知識状態と，その変則度」「問題の主題（必要な情報の主題）とその記述の明確度」「問題発生の状況や目的・意図と，その重要度」である。図6-6は，問題全体が複数の下位の問題からなるような場合を扱っているが，情報を得ることで簡単に処理されるような問題の場合には，下位の問題4の状態からはじまると考えればよい。

　利用者モデルは個々の下位の問題について構築され，四つの要素の間の関係は次のようになる。問題処理過における利用者の位置によって，知識状態の変則度が決まる。利用者が最初の下位問題1について処理しようとしている段階にいる場合，その知識状態の変則度は大きい。知識状態の変則度が大きいということは，問題の主題についての記述の明確度が小さいということを意味する。そこで，問題発生の状況や目的・意図のもつ手がかりとしての重要度は大きくなる。

　利用者は下位の問題を処理しはじめてすぐにレファンス・デスクを訪れるわけではなく，その前に何らかの情報探索を試みているだろう。その結果，処理の開始の時点に比べて，知識状態の変則度は小さくなる。レファレンス・インタビューをとおして図書館員から提供された情報を利用することで，下位問題1が処理されると，上位の問題についての知識状態の変則度は下位問題1の処理の前に比べて小さくなる。したがって，次に処理する下位問題2についての知識状態の変則度は，下位問題1を処理する際のそれに比べて小さい。こうして，すべての下位の問題が処理されると，結果として，上位の問題が処理されたことになる。

　図書館員は，利用者の認識内容のなかで四つの要素に関する部分について知ることによって，利用者の必要とする情報を把握し，提供すべき情報を決めることになる。

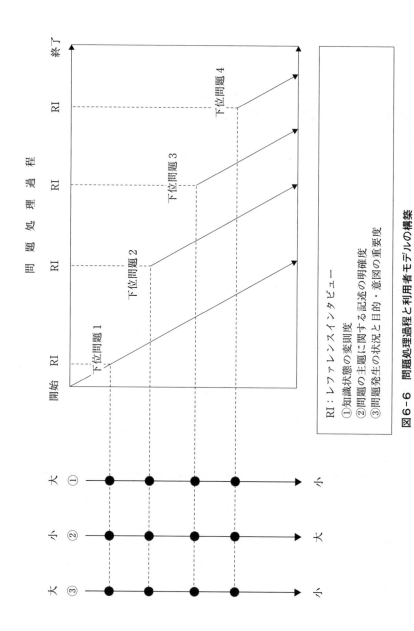

図6-6 問題処理過程と利用者モデルの構築

6.4 事例研究

　前節では，レファレンス・インタビューをとおして，図書館員が構築する利用者モデルについてベルキンとダービンに依拠しながら提示した。本節では，実際に行われたレファレンス・インタビューを分析し，実例をとおしてその利用者モデルの構築過程を考察する。

　前節の利用者モデルの四つの要素は，理論的に検討されたもので，利用者の必要とする情報を把握するうえで必要となる要素である。しかしながら，その四つの要素のすべてに，レファレンス・インタビューが及ぶとは限らない。その理由として，少なくとも二つ指摘することができる。一つは，レファレンス・インタビューにみられるさまざまな制約条件[41]のためである。利用者の必要な情報を把握するには，四つの要素について知ることが重要でありながら，その制約条件がその把握をはばむのである。同時に，制約条件は，各要素について利用者が自らの認識内容を明らかにする程度にも影響を与えるだろう。もう一つの理由は，利用者の知識状態の変則度が小さいため，問題の主題を明確にすることができ，必要な情報そのものが直ちに明らかにされるケースである。

　本節の目的は，レファレンス・インタビューの実例をとおして利用者モデルを考察することにあるゆえ，インタビューが四つの要素のすべてに及んだ事例を選び，分析を行う。

6.4.1 データの収集と記述

　利用者モデルの考察にあたって，二つのレファレンス・インタビューの事例を取りあげる。いずれも，K大学図書館のレファレンス・デスクにおいて，実際に行われたインタビューである。インタビューの内容は，テープレコーダーを使って録音し，次の方法[42]で記述した。図書館員の発話の内容はLに，利用者の発話の内容はUにそれぞれ続けて記述した。LおよびUに付された番号は，発話の通し順番である。

6.4.2 事例の分析

利用者モデルの考察に使用するレファレンス・インタビューは2例である。

事例1は，利用者の問題処理はまだ最初の段階にあり，知識状態の変則度が大きい事例である。事例2は，利用者の問題処理は最終段階にあり，知識状態の変則度が小さい事例である。以下，各事例について詳しくみていくことにする。

6.4.2.1 事例1

レファレンス・インタビューのなかで，利用者モデルの構築に該当する部分を図6-7に示した。利用者がレファレンス・デスクにきて行った最初の質問では，問題の主題が示される。それに対して，図書館員はその主題を特定化するように求める。そこで利用者は，歴史からアメリカの歴史に特定するが，さらに図書館員に促され，じつは歴史というよりも，キリスト教関係の主題である，ピューリタニズムであることを利用者は示す（U 7 まで）。それに基づいて，図書館員は探索方法を考え，回答の提供を行う（L 24 まで）。これまでの過程のなかで，図書館員が利用者の必要な情報を把握するさいに，手がかりとしているのは，「問題の主題」のみである。問題についての利用者の知識状態は，図書館員の発話（L 19）に対する応答（U 20）からうかがえるが，図書館員はこの時点では利用者の知識状態に注意を向けていない。

利用者は図書館員から回答（L 24）を受けて，目録を探索するが，再びレファレンス・デスクにやってくる（L 31）。そこで，図書館員はピューリタニズムについて知りたいことを質問する（L 32）。この質問は，問題の主題をさらに特定化すると同時に，利用者の知識状態を知るうえで重要な質問といえる。それに対する利用者の応答（U 33）が曖昧であることから，利用者は問題についてほとんど知識をもっていないことを，図書館員は知ることになる。この利用者の曖昧な応答は，ベルキンのいう情報ニーズの明記不能性を端的に表している。すなわち，利用者は，ピューリタニズムについてほとんど知識をもたないために，それ以上，問題の主題を特定しえず，したがって必要な情報について明確に言い表せないのである。この段階で，図書館員は，問題の主題に加えて，「知識状態」も，必要な情報を把握するうえでの手がかりとしていること

U1: 歴史っていうのを探しているんですけど。
L2: あの, すごくいっぱいあるんですけど, どういうことを探していらっしゃるの?
U3: あの, アメリカの歴史関係のものが置いてあるところっていったら?
L4: うん, だからそれがすごくあるわけ。
U5: ああ, ほんとに。
L6: だから, アメリカの歴史でも側面によって経済史が強ければ経済の方に入っちゃうし。
U7: あ, あの, 福音主義, ピューリタニズムとかいう。
L8: それだとむしろ, アメリカの歴史じゃなくて, どこに入るかしらね。ちょっと待ってね。ピューリタニズムで何か出てくるかしら。出てこないだろうな。キリスト教の下かしら。あの, だから, 歴史っていうものは各主題が細く分かれてしまうんでね。
U9: ああ, そうですか, ああ。
L10: ピューリタン, 清教徒, ここかな。ピューリタンね, それか, それともアメリカの教会史, 各宗派史。ここはあの, キリスト教のね各宗派のところなのね。
U11: はい。
L12: そこの, だから, この歴史っていう分類があるわけね。
U13: はい。
L14: このへんかなあ。プロテスタント歴史, 教会史, どこに入るかしら。
U15: はい。
L16: 一応, これで調べてみ, あの, 一応, まあ。
L17: 日本語の本を探したいんですよね?
U18: ええ, ええ。
L19: そうするとね。だから, ここでもね, ちょっと, 私も自分で調べに行ってみないとこの教会史のところでもね。ここの, あの, 最初の方の歴史っていうのですとローマカトリック教になっちゃうし, こちらになると, プロテスタントの歴史になっちゃうのね。ピューリタンていうのはプロテスタントの一派でしたっけ。知ってます?
U20: いえ, 全然知りません。
L21: でも, このへんの長老派, プレステビリアンていうのはプロテスタントなのね。だから, それからすると, プロテ

タントの一派だとしたら, そのアメリカの歴史で以外とこの198.32のところのアメリカで出てくるかもしれないけれども
U22: うん。
U23: はい, 一応見てきます。
L24: ここかもしれないし。じゃ, 分類目録先に引いてもらって, なかったら, また, 別のところ探しますから。そうしてもらった方がいいかしら。そうすると, ここの32のところが地理区分だから, 3253かな。それから198.5 ここのところ。それでなければ言って下さい。で, どういう本があるかから今度逆に探しますから。分類目録ちょっと引いてみてくれます。
U25: はい。
U26: で, 198。
L27: うん, あの和書の中の和書の日録に著者名, 書名, 分類ってありますから。
U28: ああ, そうですか。
L29: その分類のところのこの番号のところをちょっと引いてみて。
U30: はい, わかりました。

[利用者が分類目録を探索後, 再びレファレンス・デスクを来訪]

L31: いくつかそんなふうな本がありました, その分類番号のところに?
L32: 実際, ピューリタンのどういうことを探しているの, ね?
U33: ええ, それがね。
L34: 宿題で?
U35: ええ。
L36: どういう?
U37: レポートで, それしか。
L38: どういうレポート?
U39: いや, ピューリタニズムと福音主義ってしかなっていないから。
L40: うん。
L41: それの何を調べる, それとは何かっていうのを調べてくるの?
U42: について, ええ。
L43: についての, 要するに, 文献を探すんじゃなくそれがどういうことかがわかればいいの?
U44: ええ, そうなんです。

図6-7　レファレンス・インタビューと利用者の応答（事例1）

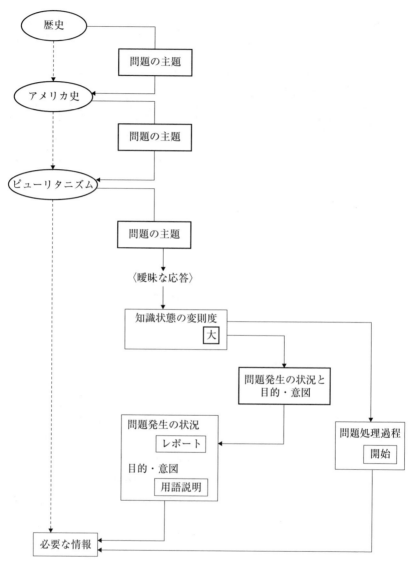

図6-8　利用者モデルの構築過程（事例1）

6章　レファレンス・インタビューにおける利用者モデル

がわかる。

　図書館員は，利用者の知識状態の変則度が大きいことを知り，問題の主題をはなれ，問題が生じたときの状況や，目的・意図を手がかりにしようとする（L43まで）。この間の利用者の一連の応答をとおして，図書館員は，利用者が問題処理過程の最初の段階にいることも知る。

　以上の分析から，レフアレンス・インタビューをとおして図書館員が利用者モデルを構築する過程は図6-8ように表すことができる。利用者モデルは，問題の主題から構築され，歴史から，アメリカ史，そしてピューリタニズムへと特定化される。利用者の知識状態にみられるギャップは，そのピューリタニズムの先にある何かであるが，利用者は何も述べられない。ここで知識状態に関する要素は，変則度が大きいものとして利用者モデルに加えられる。知識状態の変則度が大きいため，問題の主題に関する記述が曖昧なことから，問題状況や目的・意図に手がかりを求め，利用者モデルにそれらが加えられる。それにともなって，問題処理過程における利用者の位置という要素も，最初の段階として，利用者モデルに加わる。こうして，知識状態，問題発生の状況と目的・意図，さらに問題処理過程という三つの要素と，最初の問題の主題という要素を総合して，利用者の必要な情報が推測されている。

6.4.2.2　事例2

　ここで取りあげるのは，問題処理過程の最終段階に達しており，知識状態の変則度も小さい利用者の事例である。利用者は，問題の主題についてかなり明確に，詳しく記述できる状態にあり，問題発生の状況や目的・意図がその記述を補う役割を果たしている。図6-9はレファレンス・インタビューと利用者の応答のなかで，利用者モデルの構築にかかわる部分を示し，図6-10は利用者モデルの構築の過程を図式化したものである。

　利用者の最初の質問では，問題の主題が示され，さらに特定化される（U12まで）。図書館員は，問題の主題について，さらに質問を行うが，それに対する利用者の応答（U16）が曖昧なことから，問題発生の状況や目的・意図からの質問を試みている（L17）。利用者は，いま処理しようとしている問題が，レポート作成という課題によって発生した問題を処理する過程における最終段階の問題であることを明らかにしている（U18）。問題の主題の記述が詳細な

U1：国際化が深まるにつれて起きる外国人の法律的事件は，法律のところを見るのですが？
L2：え，法律を見たいのですか？
U3：いえ，どのあたりの，その，書架に入っているのかと思いまして。
L4：そういう本というのはね。
U5：法律のなんかの中での状況を知りたいのですが？
L6：うん。だから，あの，国際法の観点からいうと，国際法の分類になるのですけども。どういう場合に起きるか。
U7：日本人とトラブルがあって，慣習の違いで，なんか，色々。
L8：そういう問題ね。すると，法律的なものよりも，国民性の方の問題のことをやりたいのですか？で，そのあとの刑法となんとか，例えば
U9：そう，そう。
U10：は，付随したもの，なんか，補足的な。
L11：それによって，全部違ってきちゃうの。
U12：じゃ，始めの方の，あの，何，国民性の感じ。
L13：誤解があって，それで摩擦が起きるってことだと，単に，色々な国民性の問題でしょう。
U14：あ。
L15：で，そういうのと，例えば，その，その摩擦が起きて，それで何か，傷害事件が起きちゃったとか，そういうことのケースがどのくらいあったのか，ということで探すのだったら，むしろ，刑法とか何かだし。もっと大きなことでその，個人ベースじゃなくて，もっと，企業とか何とかいうことになるとたぶん，色々，国際法とか会社法とか，いろんなものがからんできちゃうから。それによって，全部，うちの場合，それだったら，例えば，法律の何法のところとか，そういうに分かれてきちゃうの。だから，実際，どういうことを探したいのか？
U16：あ。そうですか。あ，あの。
L17：何をしたいの？レポートか何かで聞きたい？
U18：ええ，レポートなのですけど。それにちょっと加えたいだけなのですけど。何か，あの，で，近年，そういう外国人が日本に来て国際，日本人との間でトラブルを起こすときに，どういうふうに弁護士を呼んだりしていくかで，色々。
L19：うん。例えば，どんなトラブルですか？
U20：例えば，殴られたときに，日本人になぐられた場合に。
L21：そうなってくると，やっぱり刑法だわね。
U22：そういう場合。
L23：うん，だから，その殴られた方の原因がね，どうのっていう方なのを追求するのだと，むしろ，ちょっと違うでしょう。例えば，どういうことで，殴られたとか。
U24：あ，じゃ，一般的な刑法だけでいいのですけど。国際的な。
L25：例えば，そういう事件を幾つか拾い挙げていくっていうのだとすると，もっと違ってくるし。だから，難しいのよ，それで，それが単行本に，そういうものになっているかどうかっていう問題もあるから。だから，どんなことかという様子がわかるのは，それはちょっとね，単行本じゃね。難しい話題だったら，例えば，普通の週刊誌とか，雑誌記事を探していかなければいけないってこともあるのだけど。だから，国民性の問題の分類のところがあるのですけど，そこに行ってそういうことは，ちょっと見つからないと思うのね。
U26：あ，そうですか。
L27：うん，だから，例えば，思い付く事件とかあって聞いていらっしゃるのですか？
U28：はい。
L29：どんな事件？
U30：え，あの，だから，殴られて。
L31：どこで，どういうふうなことで？
U32：あの，何か，そんな大きなことじゃないのですけど。何か，外人の人が日本人にちょっと殴られて，それくらいなら普通，弁護士なんか呼はないのだけど，弁護士を呼んで，どんどんどんどん，話が大きくなっていって，そんな感じは？
L33：それ，いつごろの話で，実際にあったのをご存じ？
U34：え，あの，知人の話なのですけど。
L35：そう。
U36：それを一般性，一般性をもたらすために，そういう他の文献を参照したいのですけど。

図6-9　レファレンス・インタビューと利用者の応答（事例2）

6章 レファレンス・インタビューにおける利用者モデル

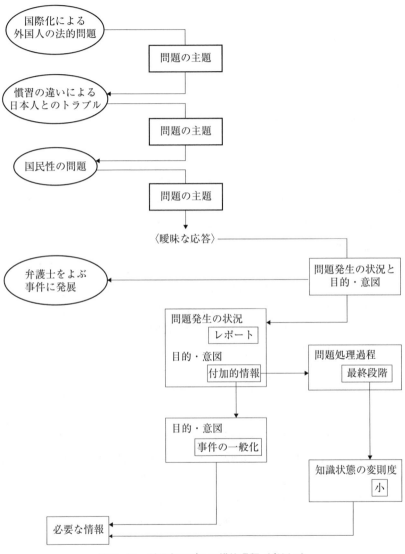

図6-10 利用者モデルの構築過程（事例2）

のは，問題処理過程の最終段階に利用者が位置し，知識状態の変則度が小さいことの現れである。以後，問題の主題とともに，目的・意図をとおして必要な情報が具体的に示されている（U36まで）。

6.4.3 考察

　ここでは，各事例を，前節で提示した利用者モデルの枠組み（図6-6）のなかで位置づけてみたい。事例1は，下位問題1を利用者が処理しようとしている段階にあたる。レファレンス・インタビューの時点は，下位問題1を処理しはじめた直後である。このような条件では，利用者の知識状態の変則度は大きく，したがって問題の主題に関する記述は不明確である。それゆえ，問題状況や目的・意図が重要なてがかりとなる。

　一方，事例2は，上位の問題の処理は最終段階にあり，下位問題3ないし4の処理段階に相当する。レファレンス・インタビューの時点は，その下位問題についていえば，まだ最初の段階に近く，その下位の問題についての知識状態の変則度は大きい。したがって，問題状況や目的・意図は重要な手がかりとなっている。しかし，上位の問題の処理が最終段階にあることから，下位問題1や2の処理の場合に比べその知識状態の変則度は小さいといえる。

6.5　おわりに

　レファレンス・インタビューをとおして，図書館員は利用者が思い描いている事柄のなかで，必要な情報の把握にとって有効な事柄を知ろうとする。図書館員が利用者について知り得た事柄は，利用者自身が思い描いている事柄とたとえ内容的には重なるものであっても，それとはあくまでも別個の存在であり，図書館員の頭のなかに構成されたものである。本章では，その構成内容を利用者モデルとして定義した。

　利用者モデルがいかなる要素から構成されるのかについては，ベルキンの仮説とダービンのモデルを検討の材料とした。テイラーのフィルターは，利用者モデルの要素の具体例であるが，テイラーはその理論的根拠を示しはしなかった。ベルキンの仮説とダービンのモデルは，そのテイラーのフィルターを含め

た利用者モデルの要素を引き出すための理論として位置づけることができる。

前節では,利用者モデルの構築が比較的よく認められた事例を取りあげ,利用者モデルの実例を示した。しかし,実際のレファレンス・インタビューは,前節でも指摘したように,さまざまな制約条件のなかで行われるために,提示した利用者モデルが図書館員によって,常に構築されているわけではない。利用者モデルが依拠するベルキンの仮説もダービンのモデルも,情報ニーズの一般的な特質を説明したものである。レファレンス・インタビューという場にもちこまれるような情報ニーズに固有の特質がはたしてあるのかどうかの検討が今後必要であろう。また,利用者モデルの四つの要素については,より詳細に,その内容の細分化も含めて,考察していく必要がある。

注・引用文献

1：Taylor, R. S. Question-negotiations and information seeking in libraries. *College and Research Libraries*. 1968. vol. 29, p. 178-194.
2：前掲1.
3：Taylor, R. S. The process of asking questions. *American Documentation*. 1962, vol. 13, p. 391-396.
4：詳しくは,次の論文を参照。
斎藤泰則.レファレンス・インタビューにおける情報ニーズの認識レベルと表現レベル.図書館学会年報.1989, vol. 35, no. 4, p. 147-157.(本書の5章に加筆・修正の上,収録)
5：前掲1.
6：Belkin, N. J. Anomalous state of knowledge as a basis for information retrieval. *Canadian Journal of Information Science*. 1980, vol. 5, p. 133-143.
7：Belkin, N. J. et al. ASK for information retrieval：part I. background and theory. *Journal of Documentation*. 1982, vol. 38, p. 61-71.
8：Belkin, N. J. et al. ASK for information retrieval：part II. results of a design study. *Journal of Documentation*. 1982, vol. 38, p. 61-71, p. 145-162.
9：Dervin, B. *An Overview of sense-making : concepts, methods, and results to date*. Seattle, School of Communication, University of Washington, 1983, 72p.
10：前掲1.

11：White, M. D. The reference encounter model. *Drexel Library Quarterly*. 1983, vol. 19, p. 38-55.
12：Parrott, J. R. Simulation of the reference process. *Reference Librarian*. 1988, no. 21, p. 189-207.
13：Parrott, J. R. Simulation of the reference process, part II：REFSIM, an implementation with expert system and ICAI modes. *Reference Librarian*. 1989, no. 23, p. 153-176.
14：前掲1．
15：前掲7．
16：前掲1．
17：テイラーの仮説の内容とベルキンの仮説との関係については前掲4を参照。
18：前掲6．
19：前掲7．
20：前掲7．
21：前掲8．
22：詳しくは，次の文献を参照。
 シュッツ，アルフレッド．現象学的社会学［*On phenomenology and social relation*］．森川真規雄，浜日出夫訳．紀国屋書店，1980, p. 250-255.
 バーガー，ピーター L., ルックマン，トーマス．日常世界の構成：アイデンティティと社会の弁証法［*The social construction of reality : a treatise in the sociology of knowledge*］．山口節郎訳．新曜社，1977. P. 78-80.
23：前掲7．
24：前掲7．
25：テイラーの仮説のなかで，ベルキンに影響をあたえた部分は，第1レベルと第2レベルのニーズの内容である。しかし，ベルキンによるその解釈は，テイラーの仮説のなかでの両レベルの位置づけとは異なっている。詳しくは，前掲4を参照。
26：Belkin, N. J. Cognitive models and information transfer. *Social Science Information Studies*. 1984, vol. 4, p. 111-130.
27：Belkin, N. J. et al. Distributed expert problem treatment as a model for information system analysis and design. *Journal of Information Science*. 1983, vol. 5, p. 153-167.
28：Brooks, H. M. et al. "Problem description and user models：developing an intelligent interface for document retrieval systems". *Advances in Intelligent Retrieval : Proceedings of Informatics*. London, Aslib, 1985, P. 191-214.
29：前掲27．
30：前掲28．
31：前掲9．

32：Dervin, B. Useful theory for librarianship : communication, not information. *Drexel Library Quarterly*. 1977, vol. 13, p. 16-32.
33：Dervin, B. Strategies for dealing with human information needs : information or communication. *Journal of Broadcasting*. 1976, vol. 20, p. 324-333.
34：前掲9.
35：Dervin, B. and P. Dewdney. Neutral questioning : a new approach to the reference interview. *RQ*. 1986, vol. 25, p. 506-513.
36：前掲35.
37：開質問（open question）は，5WIHの疑問詞を使った質問のことであり，したがって「はい」「いいえ」という応答はありえない。それに対して，閉質問（closed question）は，「はい」「いいえ」で応答できる質問と，いずれか一方を選ぶ選択疑問の形式をとる質問をいうが，いずれにせよ，利用者の応答内容があらかじめ質問文に含まれていることになる。
38：King, G. B. Open and closed questions : the reference interview. *RQ*. 1972, vol. 12, p. 157-160.
39：閉質問の形式をとる中立質問とは，「状況」であれば，それにあたる内容を図書館員があらかじめ想定して利用者にたずねる質問となる。その場合，利用者は，「はい」「いいえ」で答えるか，選択疑問であれば一方を選ぶことになる。しかし，この質問が契機となって，利用者は「状況」に関して説明をはじめることも考えられ，そうであれば，開質問をしたのと同じ結果が得られる。このように，中立質問の形式として閉質問から開始し開質問へと展開させる戦略が，実際のレファレンス・インタビューでは有効な場合がある。
40：前掲35.
41：たとえば，G. ジャホダ（G. Jahoda）らは制約条件としてつぎの4点をあげている。
1．利用者は質問内容を十分にねらないうちに，図書館員にたずねる。
2．利用者は自らのプライバシーに関わるような質問をすることに，不安を感じる。
3．利用者は図書館員の能力や蔵書の内容を過小評価する。
4．利用者は，初歩的な質問をすることで，自分が無知に思われたくない。
Jaboda, G. et al. *The librarian and reference queries*. New York, Academic Press, 1980, p. 116-117.
42：転記規則は，次の文献を参考にした。
Sacks, H. et al. A simplest systematics for the organization of turn-taking for conversation. *Language*. 1974, vol. 50, p. 696-735.

7章
質問応答過程と情報ニーズのレベル

7.1 はじめに

　本章ではレファレンスサービスにおける図書館員と利用者との質問応答過程を取りあげ，そのなかで展開されている質問応答の内容を R. S. テイラー（R. S. Taylor）の情報ニーズのレベルに関するモデルをもとに考察する。

7.2 質問応答とテイラーのモデル

　レファレンスプロセスは，図書館員と利用者との間に成立するコミュニケーション過程である。この過程は利用者が提示する情報ニーズを示す質問（initial question）によって始まるが，以後図書館員は利用者の情報ニーズを把握するために，利用者に質問し，それに対して利用者が応答するという形式で展開し，その質問応答（question-negotiation）の結果をふまえ，図書館員が回答を提供し，終了する。このようにコミュニケーションを成立させる二者間に，質問者と応答者という役割が固定的に割り当てられるような非対称性を特徴とするのが，レファレンスプロセスである[1]。

　レファレンスプロセスに関するモデルとしてテイラーのものがある。これは，利用者の情報ニーズにレベルを設定し，質問応答過程をそのレベルの推移として捉えたものであり[2,3]，その後のレファレンスプロセス研究にきわめて大きな影響を与えたモデルとして評価されている[4]。ここでいうレベルとは，利用者の情報ニーズが不明確な状態からより明確な状態へ至る段階をさしている。テイラーはこのレベルについて次のように説明している。

第1レベルは情報ニーズの存在が漠然とした状態。
　第2レベルは情報ニーズの存在は明確に認識しているが，その具体的な内容についてははっきりしていない状態。
　第3レベルは情報ニーズの存在を明確に認識し，正式に述べることができる状態。
　第4レベルは検索可能の形式に定式化された質問。[5]

　テイラーのモデルによれば，図書館員に質問を発する時点における利用者の情報ニーズの状態は第3レベルにあり，図書館員はレファレンス・インタビューを通して，第2レベル，さらには第1レベルへと遡って情報ニーズを把握し，最終的に第4レベルの検索質問として定式化することになる。
　そこで，問題となるのは，この情報ニーズのレベルの違いは何を意味し，各レベルのニーズの内容が具体的に何を表すのかという点である。本章では，情報ニーズのレベルとその内容との関係について考察し，その結果を踏まえて，実際のレファレンス・インタビュー事例を分析する。

7.3　情報ニーズのレベルとその内容

7.3.1　マーキーのモデル

　上述のテイラーのモデルの改良を試みたのが，K. マーキー（K. Markey）である。マーキーが分析の対象としたのは，オンライン・プレサーチ・インタビューであるが，テイラーのモデルで示された利用者の情報ニーズのレベルと同一のレベルを図書館員の側にも設定し，図書館員が質問応答を通して利用者の情報ニーズを把握する過程を図式化している[6]。
　マーキーの研究で注目されるのは，情報ニーズのレベルとその具体的な内容を明示して分析した点である。マーキーの研究では，二つの分析枠組みが設定され，利用者と図書館員との間で実際に行われたオンライン・プレサーチ・インタビューの内容が分析されている[7]。第1の枠組みは，データベースの選定から検索語の選択を経て検索式の作成にいたる次の6段階である。

(1) データベースの選定
(2) 主題概念の把握
(3) 検索語の選択
(4) 検索語の文脈の明確化
(5) 検索語の修正
(6) 検索式の作成[8]

　第2の枠組みは，図書館員が行う質問などが利用者から情報を引き出すものなのか，それとも利用者の応答内容を明確にさせるものなのかを分類するためのもので，次の9項目からなっている。

(1) インタビューのなかで，曖昧で漠然とした部分を明確化するために直接，情報を求めるもの
(2) インタビューのなかで，暗黙のうちに示されている情報について明確にする質問
(3) 既に述べられたこととは関係のない新しい情報を直接求める質問
(4) 情報ニーズについての利用者の説明に一貫性がないことを示す質問など
(5) 利用者の応答の繰り返し
(6) 既に述べられたことと関係する情報について求めるもの
(7) 既に述べられたことを補強するような質問など
(8) これまでの質問を単に繰り返す質問など
(9) これまでに明確に述べられた情報を要約し，あるいは暗黙のうちに利用者に確認を求めるような質問など[9]

　これらの9項目は，具体的な情報ニーズの内容を扱うものではなく，テイラーが示した情報ニーズのレベルとの対応関係もない。G. ジャホダ（G. Jahoda）はインタビューが必要となる基準として，利用者の開始質問（initial question）が曖昧でなく，明確であるかどうかをあげている[10]。マーキーの示した上記の9項目は，このジャホダの基準が示している利用者の質問に曖昧さや不明確な

点を解消するために実施されるインタビューの枠組みとして捉えることができる。

第1の分析枠組みについては，マーキーによってテイラーの情報ニーズのレベルとの関係が与えられている。すなわち，6段階のうち，(1)から(3)を情報ニーズの第2レベルと第3レベルと関係し，(4)から(6)を第4レベルのニーズと関係づけている。しかし，(1)から(6)は探索戦略の構築プロセスとレベルとを関係させているに過ぎない。たとえば，(1)のデータベースの選定は第2または第3レベルのニーズに対応するとされており，第2，第3レベルのニーズを把握することによって，データベースの選択が可能になるとされている。ただし，第2，第3レベルのニーズとして，いかなる内容を利用者から引き出すかについては触れられていない。重要なことは，利用者の情報ニーズに関する認識内容のなかで，何を把握することが探索戦略の構築にどのようにつながっていくのかにあるが，その点の考察はない。

7.3.2 テイラーのフィルター

テイラーは専門図書館の図書館員に面接を実施し，レファレンス・インタビューのなかでどのようなことを利用者に質問しているのか，また図書館員は情報ニーズを把握するうえで，いかなる事柄が有効になると判断しているのかを考察している。その結果は次のとおりである。

(1) 関心のある主題（必要な情報の主題領域）
(2) 目的と動機（情報が必要となった状況，情報の利用目的）
(3) 利用者の個人的な特徴
(4) 質問と資料の組織法との関係
(5) 期待され，受け入れられる回答[11]

このなかで，情報ニーズの把握に最も関係するものとして図書館員からあげられていたのが第2の目的と動機である。なぜ，情報が必要になったのか，また得られた情報を使って何をしようとするのか，これらがわからないと利用者が本当に求めている情報を把握できたかどうか確信がもてない，という図書館

員の指摘をテイラーは特に取りあげている。

　第3の利用者の特徴・属性では，利用者が所属する組織とそこでの地位，必要な情報の主題に関して利用者が有する知識などがあげられている。テイラーは，質問応答過程という流れのなかで，(1)から(5)がフィルターの機能を果たし，そのフィルターを通過して明らかにされた内容をもとに，探索戦略の構築が可能になるとしている。

　以上の利用者について把握することが期待される事項に関するテイラーの考察は，情報ニーズのレベルに関するモデルとともに，その後のレファレンスプロセスやレファレンス・インタビュー研究に大きな影響を与えており，M. D. ホワイト（M. D. White）[12]や N. J. ベルキン（N. J. Belkin）[13]らの研究へと受け継がれている。ホワイトの研究では，図書館員が利用者について把握する内容に関して，認知科学で提起されたフレーム理論を使って精緻化が図られている。一方，ベルキンらの研究で提起された「変則的な知識状態仮説」と，それから引き出された「情報ニーズの明記不能性」には，6章で見たとおり，情報ニーズに関するテイラーのモデルのうち，特に第1レベルの情報ニーズの内容の影響が見られる[14]。また，ベルキンらがレファレンスプロセスの分析に使用した「仲介者の機能」の諸項目は，利用者について把握することが有効なものとしてテイラーがあげたフィルターを中心に構成されている[15]。

　先述のとおり，テイラーはレファレンスプロセスを情報ニーズのレベルの推移として記述し，質問応答の内容がフィルターを中心に展開するというモデルを示しているが，情報ニーズのレベルの推移とフィルターがどのように関係するのかについては，明らかにしていない。すなわち，テイラーは第3レベルの情報ニーズから第2，さらには第1レベルの情報ニーズに遡って利用者の情報ニーズを把握することが図書館員の技能であり，役割であると指摘している[16]。しかしながら，各レベルの情報ニーズの内容とフィルターがどのように対応するのかにまで分析が及んでいない。一方，ベルキンらの研究は確かに情報ニーズのレベルとフィルターを扱っており，テイラーの研究を発展させたものではあったが，情報ニーズに関するテイラーのモデルのなかの第1レベルの情報ニーズのみに注目しており，第2以下のレベルとフィルターとの関係には着目していない。

7.3.3 情報ニーズのレベルとその内容

　テイラーのフィルターは，ベルキンや B. ダービン（B. Dervin）らをはじめとする研究成果[17]をもとに再構成すると，「問題状況（問題が発生した状況，情報が必要となった理由）」，「問題領域の主題（必要な情報の主題，その主題に関する知識状態を含む）」，「目的（情報利用によって達成される目的）」および「探索戦略」から構成されていると見ることができる[18]。ここで探索戦略とは第 4 のフィルター（質問と資料の組織法との関係）と対応している。このフィルターは，それ以外のフィルターをとおして明らかにされた内容をふまえて行われる質問定式化の作業をさしている。

　これらのフィルターは，情報ニーズのレベルの推移とどのように関係するのであろうか。テイラーは利用者が図書館員に援助を求めて質問を行ったときの利用者の情報ニーズの状態を第 3 レベルとしている[18]。この第 3 レベルのニーズは正式に述べられたニーズをさしており，必要な情報を主題の面から表現したものと見ることができる。第 3 レベルのニーズの内容によって，使用すべき検索語，ディスクリプタが選択され，第 4 レベルのニーズである検索質問として定式化されることになる。

　レファレンス・インタビューの多くは，M. J. リンチ（M. J. Lynch）の調査[19]が示すように，この第 3 レベルのニーズの把握を中心に展開される。すなわち，利用者に主題を明確に述べてもらうと同時に，図書館員がその主題を理解し，その理解をもとに探索戦略を構築するという第 4 レベルに移行するのが，レファレンス・インタビューの主要な部分となる。その際，注意すべきことは，第 3 から第 4 レベルへの一方向の推移だけではなく，最終的な探索質問に至るためには，第 3 と第 4 のレベルの間を往復する必要が出てくる点である。

　レファレンス・インタビューの内容が第 3，第 4 レベルが中心となるなかで，テイラーのいう第 2 レベル，さらには第 1 レベルとは何を意味するのであろうか。第 2，第 1 レベルへの情報ニーズの把握が必要なのは，第 3，第 4 レベル間の主題を中心に必要な情報を明らかにし，探索へと至る作業が十分に機能しない場合である。そのような事態としては二つのケースが考えられる。第一の事態は，利用者が主題を明確にかつ詳細に記述しえないときである。ベルキン

の「情報ニーズの明記不能性」仮説が示すように，ある主題について知識を欠く状態が情報ニーズを認識させるのであるとすれば，利用者は必要な情報の主題を明確にはしえないことになる。第2の事態は，利用者から示された主題をもとに構築された探索戦略により探索を実行したが，得られた探索結果が利用者の情報ニーズを満たし得ず，適合文献が検素されなかったと判断されたケースである。このようなときに重要になるのが，なぜ情報が必要になったのか，情報を利用して何をしたいのか，という問題状況や目的に関する事柄である。

そこで，テイラーのいう第1レベルのニーズは，情報が必要になった最初の問題状況をさすと見ることができる。すなわち，必要な情報については漠然としており，ただ何らかの問題に直面していることを認識している状況である。利用者は，その問題について取り組みを進めるなかで，目標状態を次第に明確にし，どのように問題を処理，解決するかを検討する。第2のレベルのニーズは，問題処理の状態と，そのなかで明確にされた目的，目標状態をさすものとして捉えることができる。

実際のレファレンス・インタビューのなかで，いま述べた第1，第2レベルのニーズにまで遡ることは少ないであろう。しかし，問題がどういう背景から，またどのような理由から生じたのかが，必要な情報を明らかにするうえで重要な要素になり，検索した文献の適合性の判断に影響を与える場合には，第1，第2レベルのニーズを把握する必要が出てくる。

以上の考察を踏まえ，情報ニーズのレベルとその内容をカテゴリー化し，相互の関係をまとめると図7-1のようになる。図書館員は，レファレンス・インタビューを経て，最終的に，探索戦略を構築しなければならない。探索戦略（search strategy : SS）は第4レベルに相当し，主題を核とする情報ニーズに関する利用者の認識内容について図書館員が把握した事柄をふまえて構築される。主題（subject : SUB）が第3レベルの内容となるが，どの程度明確に記述できるかはその主題に関する知識状態（state of knowledge : SK）に依存する。そして，主題以外の背景的な内容として，最も外側に，第1レベルにあたる発生した問題状況（situation : SIT）がある。第2レベルとして，その問題の処理がどのような段階にあるのか（problem state : PS），さらに問題の処理の進行とともに明確になっていく情報利用の目的（use : USE）があげられる。

7章 質問応答過程と情報ニーズのレベル

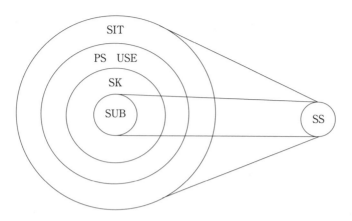

〈情報ニーズのレベル〉〈内容カテゴリー〉
　第1レベル：　　問題状況（situation : SIT）
　第2レベル：　　問題処理状態（problem state : PS），情報利用目的（use : USE）
　第3レベル：　　知識状態（state of knowledge : SK），主題（subject : SUB）
　第4レベル：　　探索戦略（search strategy : SS）

図7-1　情報ニーズのレベルと内容カテゴリー

7.4　質問応答過程の分析

　ここでは，実際のレファレンス・インタビュー[20]をもとに，情報ニーズのレベルの推移とその内容との関係について分析する。図7-2はレファレンス・デスクをはさんで行われた，利用者と図書館員の質問応答の内容を記述したものである。質問あるいは応答を発話の単位とし，その順番を示す番号を発話に付与したが，発話の途中で相手から発話が挿入された場合は，番号にアルファベットを付してその箇所を示した。挿入した相手の発話には次の番号を付した。また，発話は図7-1に示した情報ニーズのレベルの内容カテゴリーを使って，その内容を分類してある。

　図7-3は図7-2の発話内容の分類結果について，図7-1に示した内容カテゴリーと情報ニーズのレベルとの対応関係をもとに，質問応答過程における情報ニーズのレベルとその内容カテゴリーの推移を表したものである。

　テイラーは情報ニーズのレベルを利用者側にのみ設定したが，マーキーの分

157

II部　レファレンスサービスに関する論考

```
USER：テレビの視聴率について調べたいんですが（SUB）
LIBN：                          視聴率とは，とか
     視聴率の今のとか，現在のとか，視聴率のどういうふうなことをしらべたいの
     かしら2（SUB，USE）
USER：          視聴率の，あの，出る，出たことによって3a    どういう影響かおるかとか，
     そんなふうな何か
LIBN：                         うん4
USER：派生した，ただ単にどういうふうにやって調べてるかでなくて3b　ハウトゥでなくて3c，調べて，
     その結果をどういう
LIBN：                    うん5         うん6
USER：ふうに3d（SUB，USE）
LIBN：　テレビの視聴率がどういうふうに変化するのかということですか7（SUB）
USER：                          え，そうです8（SUB）
LIBN：                          なるほどね9a，
     あまりないんじゃないかなと思うけども9b，SS　何か，マスメディア何かの研究という
     ことで10（SIT）
USER：    まあ，そうなんですけど11（SIT）
LIBN：              はぁ12
USER：            マスコミュニ
     ケーションの13
LIBN：    マスコミュニケーションの14
USER：            レポートを書くんでちょっと調べなくちゃ
     いけないんで15（SIT）
LIBN：  あ，そうですか16
USER：          ほんとは，新聞とかテレビとかでもいいんですけど，摸然としちゃ
     いますから17（PS）
LIBN：   うん，視聴率と18
USER：          ちょっと，こう狭めちゃえば，書きやすいんじゃないかと
     思って19（PS）
LIBN：    かなり特定的な主題だから，雑誌とかね20a，そういうのになりますね20b（SS）放送
     関係の文献目録
USER：            あ，雑誌の記事とか21
LIBN：があるんですけど，それ今，他の人が使っているから22（SS）
USER：           あ，そうですか23
LIBN：          じゃ，普通の記事索引
     一応，本ですと24a，    視聴率の
USER：      はい25
LIBN：      その，効果とかね，影響とかね，そういうことはわからないんです
     けど24b，　699.6というところにね，視聴率の調査という24c，項目
USER：  ええ26。            あ，はい27
LIBN：があって。実際その，調査そのものなのか，あるいは単に，視聴率の
     出しかたかどうか24d，よくわからないけど24a（SS）
USER：     ええ28        あ，だけど，企画とか，編成とかも一緒にある
     わけですよね。そしたら，その場所に行けば29（SS）
```

図7-2a　レファレンス・インタビュー事例（図7-2bに続く）

7章　質問応答過程と情報ニーズのレベル

```
LIBN：                              結局，そうですね，視聴率 30a
USER：                                         テレビとは限らない
     でしょうけど 31
LIBN：         放送事業ですから，テレビ，ラジオですね。本でしたらこの辺にそういう関係のも
     のがありますけどね 30b（SS）
USER：             あ，で，これだとあの，今までやってきた，ていうか，なんですか
     ね，年毎にこう分けて 32゛，どういった番組が多かったとかなんか，そういう
LIBN：                                                うん 33
USER：こと も 32b，もし，編成とかに。そしたら，放送史とか，そっちに
LIBN：      うん 34
USER：なっちゃう，ちょっと違いますね。史だと，内容までいかない
     ですもね 33c（SUB, USE）
LIBN：        そうですね，それだね，年鑑類でありますよね，そういったその，
     番組のは 35          え，放送年鑑とか，そういう類の
USER：     あ，なるほど 36
LIBN：ものがあると，思うんですよ。それだと，年次的にどういう番組がよく
     見られて 37a，その時に，どういう社会情勢であった 37b とかね
                ええ 38                        ああ 39
LIBN：  そういうのが，若干，わかるかもしれないですけどね 37c（SS）
USER：                                         あ，じゃ，
     そういうものを見れば 40a，あの，外国で作られた番組が大体，
LIBN：               うん 41
USER：年間何％ぐらい入っているとか，そういうことも
     出てきますよね 40b（SUB, USE）
LIBN：        放送年鑑とか，新聞年鑑とか，あいったもの 42（SS）
```

注：USERは利用者の発話を，LIBNは図書館員の発話をそれぞれ表す。

図7-2b　レファレンス・インタビュー事例

析にならい，図書館員の側にも設定した。というのも，質問応答過程においては，情報ニーズのレベルは図書館員と利用者との相互作用を通して推移し，探索戦略は図書館員が把握した情報ニーズに関する利用者の認識内容に基づいて構築されるからである。そこで，利用者と図書館員の双方について情報ニーズのレベルと内容カテゴリーを設定することにより，図書館員がどのような情報ニーズのレベルを明らかにしようとしてインタビューを行い，それに対して利用者がどのように応答しているかを明らかにすることが可能となる。

図7-3を見ると，前半では第3のレベルのニーズすなわち「必要な情報の主題（SUB）」を中心とした質問応答が展開され，その結果をふまえて「求め

Ⅱ部　レファレンスサービスに関する論考

内容カテゴリー	情報ニーズのレベル								発話内容
	利用者				図書館員				
	1	2	3	4	1	2	3	4	
SUB			●						1
SUB							●		2
USE							●		2
SUB　USE	●	●							3
SUB							●		7
SUB		●							8
SS								●	9
SIT					●				10
SIT	●								11, 15
PS		●							17, 19
SS								●	20-24
SS					●				29
SS								●	30
SUB　USE	●	●							32-33
SS								●	35-37
SUB　USE		●							40
SS								●	42

図7-3　質問応答過程における情報ニーズのレベルと内容カテゴリーの展開

る情報の探索が期待できない (SS)」というかたちではあるが，第4レベルのニーズとなる探索戦略が提示されている（発話番号9まで）。そこで，探索に入れない状況を打開するために，図書館員は主題を離れ，第2，第1レベルのニーズの把握を試みようとし，利用者から「情報が必要になった理由 (SIT)」として，レポートの作成という課題が出された時点からテーマの絞り込みという段階へ進んだ「問題処理状態 (PS)」が明らかにされる（発話番号19まで）。この第1，第2レベルのニーズに関するやり取りをきっかけに，後半は，単にある番組の視聴率という数字やその算出法ということよりもむしろ，企画や編成，番組の傾向などについて知りたいことが明らかにされる。そして，本格的で網

羅的な情報の収集ではないことをふまえ，「探索戦略 (SS)」が提示されている（発話番号42まで）。

以上の分析のように，情報ニーズの第1レベル，第2レベルの内容を，利用者の問題状況や目的として捉えることにより，テイラーが指摘したように，質問応答過程を，第3レベルから第2，さらには第1レベルに遡る過程として記述することができる。今回の分析で注目すべき点は，質問応答過程が，その途中でいったん，第4レベルのニーズへ向かい，そこから第2，第1レベルへと展開したことである。第1，第2レベルのニーズの把握の試みが，利用者に主題の再定式化と情報収集の範囲を明確にさせ，それをもとに図書館員が探索戦略を決定していることがわかる。今回の分析は，情報ニーズに関する利用者の認識内容を第1，第2レベルに遡って把握することの重要性を示すとともに，探索戦略構築の可否判断が図書館員に第1，第2レベルのニーズの把握を試みさせることを示している。

今回分析した事例は，探索ツールを利用者に示すというかたちで，最終的な回答を提供するものであった。したがって，実際の探索は利用者が行うため，その探索結果を図書館員が評価することはできない。それに対して，図書館員が代行検索を行うオンライン情報検索の場合には，探索戦略と探索結果の評価，さらにはインタビューの内容にまで遡った評価が，検索された文献の適合性判断をつうじて可能である。その評価に際しては，第1，第2レベルのニーズの把握が適合性判断にどのような影響を及ぼすかが重要な考察対象となろう。

7.5 おわりに

本章では，テイラーの情報ニーズのレベルに関するモデルとフィルターとの関係について考察するとともに，質問応答過程の分析枠組みを示し，その枠組みを用いてインタビュー事例を分析した。分析枠組みは，質問応答過程の記述，すなわちその過程のなかで何が起こっているのかを記述するための枠組みとなり，同時に利用者について何を把握すべきなのかという，質問応答内容のカテゴリーを示すものでもある。分析したのは一つの事例ではあるが，今回使用した分析枠組みは質問応答過程を記述し，分析する上で有効なものである。今後

は情報ニーズのレベルと内容カテゴリーをさらに検討し,精緻化するとともに,カテゴリー相互の関係について考察が必要である。

情報検索システムのユーザ・インタフェースが改善され,利用者にとって使いやすいシステムが登場している。しかし,利用者にとっての使いやすさが,単に自然言語による柔軟な入力を可能にするレベルのものを意味するのであれば,それは利用者にとって本質的な改善にはならない。情報ニーズを明らかにし,探索戦略にそれを反映させる仲介者の専門知識が適合文献の探索にとって重要であり,そうした専門知識を組み込んだシステムが利用者指向検索システムとして,利用者の検索行動を支援するのである[21]。その意味からも,情報検索にあたって,仲介者としての図書館員が利用者との間でどのような相互作用を展開し,いかなる知識や技能を用いているかを用らかにする研究は重要である。

注・引用文献

1 : 斎藤泰則. 対話形式からみたレファレンス・インタビューの特質. 社会教育・図書館学研究. 1990, no. 14, p. 61-74.
2 : Taylor, R. S. The process of asking questions. *American Documentaion*. 1962, vol. 13, p. 391-396.
3 : Taylor, R. S. Question-negotiation and information-seeking in libraries. *College & Research Libraries*. 1968, vol. 29, p. 178-194.
4 : 田村俊作. "レファレンス・プロセス研究の進展:質問応答過程の研究におけるTaylor論文の意義". レファレンス・サービスの創造と展開. 日本図書館学会研究委員会編. 日外アソシエーツ, 1990, p. 90-105.
5 : 前掲2.
6 : Markey, P. Levels of question formulation in negotiation of information needs during the online presearch interview. *Information Processing and Management*. 1981, vol. 17, p. 215-225.
7 : 前掲5.
8 : 前掲5.
9 : 前掲5.
10 : Jahoda, G. and J. S. Braunagel. *The Libraries and reference queries*. Academic

Press, 1980, p. 131-133.
11：前掲3.
12：White, M. D. The reference encounter model. *Drexel Library Quarterly*. 1983, vol. 19, p. 38-55.
13：ベルキンらの論文は多数あるが，以下のものをあげておく。
Belikin, N. J. Anomalous state of knowledge as a basis for information retrieval. *Canadian Journal of Information Science*. 1980, vol. 5, p. 133-143.
Belkin, N. J. et al. ASK for information retrieval: part1. Background and theory. *Journal of Documentation*. 1982, vol. 38, p. 61-71.
14：詳しくは以下の論文を参照。
斎藤泰則．レファレンス・インタビューにおける情報ニーズの認識レベルと表現レベル．図書館学会年報．1989, vol. 35, no. 4, p. 147-157.（本書の5章に加筆・修正の上，収録）
斎藤泰則．レファレンス・インタビューにおける利用者モデル．Library and Information Science. 1989, no. 27, p. 69-85.（本書の6章に加筆・修正の上，収録）
15：Belkin, N. J. Cognitive models and information transfer. *Social Science Information Studies*. 1984, vol. 4, p. 111-130.
16：前掲3.
17：ダービンの論文は多数あるが以下のものがあげられる。
Dervin, B. and P. Dewdney. Neutral questioning : a new approach to the reference interview. *RQ*. 1986, vol. 25, p. 506-513.
18：テイラーのフィルターとベルキン，ダービンのモデルとの関係については以下の論文を参照。
斎藤泰則．レファレンス・インタビューにおける利用者モデル．Library and Information Science. 1989, no. 27, p. 69-85.（本書の6章に加筆・修正の上，収録）
19：Lynch, M. J. Reference interview in public libraries. *Library Quarterly*. 1978, vol. 48, p. 119-142.
20：分析に使用するレファレンス・インタビューは，K大学図書館のレファレンス・ディスクにおいて行われたものである。
21：仲介者のインタビュー機能と文献のもつ構造的特性を取り入れたシステム設計の試みに関しては以下の論文を参照。
斎藤泰則．"レファレンス・プロセスと利用者指向検索システム"．現代レファレンス・サービスの諸相．三浦逸雄，朝比奈大作編．日本アソシエーツ，1993, p. 166-179.

8章
情報要求における無意識の機制に関する理論と図書館サービスへの応用

8.1 はじめに

　図書館サービスは利用者の情報要求を充足するために提供されるものであり，貸出サービスは特定資料への要求に対してその資料を館外利用のために提供し，その充足を図るためのサービスである。個々の利用者を個別に支援するレファレンスサービス，とりわけその中核となる質問回答サービスは，利用者が自らの情報要求を質問として図書館員に提示することによってはじめて提供可能なサービスとなる。

　このように図書館サービスは基本的に利用者の顕在的な情報要求を対象にしている。しかしながら，情報要求は後述するようにその生成の機制からみて潜在的なものである。ここで潜在的な情報要求とは利用者自身が気づいていない状態の要求のことであり，必要な情報について具体的に言語で表現できない状態にあることを意味する。

　この情報要求の潜在性を考察するうえで重要な視点は「記憶」にある。ここでいう記憶には，潜在的な情報要求をもっているその人間の記憶と同時に，個人の記憶を補完する図書および図書館が含まれる。いうまでもなく，個人の記憶には限りがあり，個人がそれまで経験し学習したすべての事象について記憶していることは不可能である。仮にそれまで経験し学習したすべての事象について記憶している個人がいたと仮定しても，その記憶はその個人が一定の期間に経験し学習した事象に限られる。こうした記憶の不完全性が人間に情報要求を生み出すのである。すなわち新たな状況を前にして個人として自らが記憶している内容によってはその状況を意味づけできず理解できないような状態に置かれた人間はその状況に意味づけするために情報への要求を意識化するのであ

る。

　図書館が利用者に提供する図書やその他の資料は，P. バトラー（P. Butler）が指摘したように，「人類の記憶装置」として機能する[1]。そしてその図書やその他の資料を所蔵する図書館は人類の記憶装置としての図書やその他の資料を，生きている個人の意識に還元する社会的装置として機能することになる[2]。こうして図書館は人類の記憶装置としての図書やその他の資料を体系的に収集，組織，蓄積し，個人の記憶の不完全性を補完する機能を担うのである。

　そこで本章では，人間の無意識の情報要求に関する機制についてこの記憶という側面に着目し，プラトン（Plato）やH. ベルクソン（H. Bergson）の想起・記憶に関する理論を参照しながら，その特性について明らかにする。そのうえで，潜在している情報要求すなわち無意識の情報要求と図書館サービスとの関係性について考察する。

8.2　無意識の情報要求とプラトンの想起説

　情報要求は，ある人間にとってわからないことがあり，そのわからないことを知りたいという心理状態から生じる。わからないことを知りたいという心理状態がその人を「探求」へと誘い，「学び」へと向かわせることになる。ではこの知らないことを探求することはどのようなことを意味するのであろう探求とは，その人にとってまったく新しいことを学び，獲得することですでに獲得し記憶していることを「想起」するという理論を提示しトンの「想起説」である。プラトンの著書『メノン』に次のよう

> 　　人間は，自分が知っているものも知らないものも
> はできない。というのは，まず，知っているもの
> ありえないだろう。なぜなら，知っているの
> 求の必要がまったくないわけだから。また
> うこともありえないだろう。なぜなら
> いうことを知らないはずだから。[3]

知らないものは探求できない，というこの一節はきわめて示唆的である。ある対象について知ろうとするのは，その対象について知らないからであるからに違いない。その知ろうとする対象について知らないのであるから，その対象自体もじつは明確に設定することはできず，知ろうとする対象が明確に設定できない以上，具体的にその対象について何を知りたいのか，そもそも明らかにできるはずもない，ということになる。情報要求が原理的に潜在化し，無意識の状態になる理由はまさにこの点にある。つまり，知ろうとする対象について明確にできないという心理状態が，その対象理解に必要な具体的な情報への要求を潜在化させてしまうのである。

しかしながらプラトンは，こうしたこの探求の不可能性に対して，探求は人間が知ろうとする対象について知らないところに生じるのではなく，既に獲得し知っていながら潜在している知識を想起することであるとし，その不可能性を否定している。有名なプラトンの想起説といわれる一節とは以下の部分である。

> 人間の魂は不死なるものであって，ときには生涯を終えたり―これが普通「死」と呼ばれている―ときにはふたたび生まれてきたりするけども，しかし滅びてしまうことはけっしてない。［中略］
> 魂は不死なるものであるから，そして，この世のものたるとハデスの国のものたるとを問わず，いっさいのありとあらゆるものを見てきているのであるから，魂がすでに学んでしまっていないようなものは，何ひとつとしてないのである。［中略］魂はあらゆるものをすでに学んでしまっているのだから，もし人が勇気をもち，探求に倦むことがなければ，ある一つのことを想い起こした―このことを人間たちは「学ぶ」と呼んでいるわけだが―その想起がきっかとなって，おのずから他のすべてのものを発見するということも，充分にありうるのだ。それはつまり，探求するとか学ぶとかいうことは，じつは全体として，想起することにほかならないからだ

プラトンは『パイドン』のなかでも，この想起説について次のように

端的に述べている。

　あなた［ソクラテス］がよく話しておられるあの理論——それは，われわれの学習は想起にほかならないというあの理論ですが——それにしたがってもまた，もしそれが真実であれば，われわれはなにか以前の時に，現在想起していることを学んでしまっている，ということにならざるを得ません。[5]（［ ］内は引用者）

　M. ポランニー（M. Polanyi）は，このプラトンの想起説に着目し，"すべての発見は過去の経験の想起である"[6]として，暗黙知の議論を展開している。すべての発見が過去の経験の想起であるとするならば，人類にとって，"知はすべて，問題に関する知"[7]ということになる。探求とは問題の設定，発見にほかならないことを示唆したこのポランニーの指摘はきわめて重要である。なぜなら，問題を設定し，構築することを通して，すでに人類が獲得している知識を想起し，発見する機会が得られるからである。換言すれば，どのような問題を設定するかにより，すでに人類が獲得している知識のなかでどのような知識が想起されるかが決まる，ということである。"知はすべて，問題に関する知"，というときのポランニーのいう知とは，想起される知識を第一の知識とするならば，その知識を引き出す，あるいは導き出すための索引ともいうべき第二の知識といえるものである。第一の知識へのアクセスの成否は，第二の知識がいかに的確に構成されるかにかかっている。その意味では，想起を促す適切な「問い」こそが，学習を成立させる最も重要な要件といえる。

　このことは，『メノン』のなかで，ソクラテスがある子どもに対して，決して教えることなく，ただ一連の質問を繰り返し，それに子どもが答える過程を通して，その子どもが知識を想起し，発見する，という場面によって見事に示されている[8]。そこでは，ソクラテスは幾何学の定理を取りあげ，子どもに何も教えてはおらず，ただ対象を理解するうえで重要な側面について質問し，子どもがそれに応答する過程のなかで，子どもがしだいに幾何学の定理を理解していく様子が描かれている。このように，質問を含む「対話」によってすでに獲得されている知識が想起される様子は，学習とは想起にほかならない，とい

うことを端的に示すものである。
　ところで，問題あるいは質問を立てることによって想起される知識とはどのようなものであろうか。すなわち，ある思わくが，思わくにとどまることなく，想起の対象となる知識となるのはどのような場合なのか。プラトンは，次のように指摘し，原因・根拠を探る思考によって固定された思わくが知識となるとしている。

　　　正しい思わくというものも，やはり，われわれの中にとどまっているあいだは価値があり，あらゆるよいことを成就させてくれる。だがそれは，長い間じっとしていようとはせず，人間の魂の中から逃げ出してしまうのであるから，それほどたいした価値があるとは言えない——ひとがそうした思わくを原因（根拠）の思考によって縛りつけてしまわないうちはね。しかるに，このことこそ，［中略］，想起にほかならないのだ。そして，こうして縛りつけられると，それまで思わくだったものは，まず，第一に知識となり，さらには，永続的なものとなる。こうした点こそ，知識が正しい思わくよりも高く評価されるゆえんであり，知識は，縛りつけられているという点において，正しい思わくとは異なるわけなのだ。[9]

　この「縛りつけられる」とは，ある思わくをその原因（根拠）によって説明可能なものにするということであると同時に，知識は記録されることにより，固定され，いつでも想起可能な状態になることをも含意するものといえよう。知識を縛りつけ固定する装置として人類が案出したものが「図書」にほかならない。想起はこの「記憶」という機制と密接に関連する。想起するには，想起の対象となる知識が予め蓄積され保存されている必要がある。人間の記憶はまさに知識を蓄積し保存する機能をもつが，一個人の記憶には限界があるゆえ，それを補完する役割を担う人類の記憶装置としての「図書」の存在はきわめて重要となる[10]。その図書を収集，組織，蓄積し，保存することにより，これまでの人類が獲得した膨大な記憶を今生きている人間の意識に還元し，その人間の記憶を補完する機能をもつ機関こそが，「図書館」にほかならない[11]。ポランニーは，暗黙知と図書（書物）との関係について次のように指摘している。

8章　情報要求における無意識の機制に関する理論と図書館サービスへの応用

　人類は，暗黙知の能力に言語と書物の文化機構を装備させて，理解＝包括の範囲を桁外れに拡げてきた。こうした文化的環境に浸りながら，いま私たちは，その範囲が著しく拡張した「潜在的思考」に反応しているのだ。
¹²（傍点は引用者）

　このポランニーの「書物の文化機構」という考え方は，人間の想起，理解における図書および図書館の役割を端的に示したものでおり，バトラーの「図書＝人類の記憶装置」論と共通の認識を示したものである。
　人間の情報要求とは，あることを知ろうとする学習要求にほかならない。プラトンの学習＝想起説によれば，学習要求はすでに人類が獲得している知識を想起する要求といえる。このすでに獲得されている知識には，個人がすでに獲得している知識だけでなく，これまでに人類が獲得した知識も含まれる。この人類が獲得した知識は，ポランニーのいう「書物の文化機構」によってまさに縛りつけられることにより，今生きている人間による知識の想起に大きく寄与することになるのである。
　さて，人間の情報要求が無意識のレベルにあるというとき，それは次の二つ側面を考慮する必要がある。一つは，ある対象を知ろうとする場合，いかなる知識を想起すればよいかが明確に意識できていない状態である。もう一つは，ある対象を知ろうとする動機自体を欠くような状態である。前者の場合，その対象を知るために関連する質問と応答を展開することにより，次第にその対象を理解するために想起すべき知識を同定し，無意識のレベルにあって潜在化していた情報要求を顕在化させ，意識させることが可能となる。レファレンスサービスにおいて図書館員が利用者に質問を行うレファレンスインタビューは，利用者のなかで潜在化していた情報要求を明確にするための方法といえる。
　一方，後者の，ある対象を知ろうとする動機自体を欠く状態とは，その人間に内在し，潜在している知的関心が抑圧されている状態といえる。抑圧された知的関心が解放され，知りたいという動機を生み出し，情報要求をもつに至るためには，想起可能な知識の一覧表にあたるものをその人間に提示することが必要となる。知りたいという動機を刺激するような知識の一覧表である。この点において，想起される知識を含む図書を提示することは，知的関心を開放す

169

ることに大きく寄与し，その知的関心を満たす情報要求を顕在化させることにつながる。

8.3　ベルクソンの記憶理論と情報要求

　ベルクソンは，記憶と現在の知覚との関係について，図8-1のように表わしている[13]。円錐SABは，その人の記憶のなかに蓄積された想起の全体である。
　頂点Sは平面Pが表す対象世界におけるその人の現在の知覚を表している。そして，平面Pのなかで，今現在，どのような部分を知覚するか，すなわち現在の知覚Sは，その人が過去にどのような経験をし，どのような想起を蓄積し，記憶しているかに依存することになる。このことをベルグソンは，"第一の記憶は，動く平面のなかに第二の記憶によって差し込まれた動的先端でしかない"[14]と指摘している。ここで第一の記憶とは，その人の記憶全体を表す円錐SABの頂点Sであり，第二の記憶とは，記憶全体を表す円錐SABである。
　意識された情報要求とは，この頂点Sで表された知覚対象の理解に必要な情報への要求であり，対象理解に必要な知識獲得のために，円錐SABとして記憶された知識が想起されることになる。なお，その人の記憶の全体としてのSABは，単にその人が記憶している知識だけでなく，それを補完する記憶装

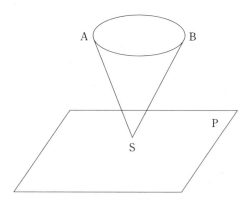

図8-1　記憶と現在の知覚との関係
出典：ベルクソン，アンリ『物質と記憶』合田正人・松本力訳，筑摩書房，2007，p.218.

8章　情報要求における無意識の機制に関する理論と図書館サービスへの応用

置としての図書を加えたものを考えることが重要である。つまり，円錐には，図書館によって組織的に蓄積された図書のなかに記憶された知識を含めて考える必要がある。個人の記憶を補完する記憶装置としての図書の利用にあたっては，情報検索技法の習熟度，図書館によるレファレンスサービスを通じた支援のいかんが大きく関係することはいうまでもない。

さて，ある人が現在の知覚対象の理解のために，人類がすでに獲得した知識，すなわち図書館に蓄積されている知識を探索する行動は，その対象の理解に必要な知識の欠如から生じるものであり，対象理解に必要な知識が未だ想起できないことから引き起こされるものである。この点について，ベルクソンは次のように指摘している。

　　およそ人間の行動の出発点に不満足があり，だからこそまた欠如の感じがあることは争えない。ひとはある目標を立てなければ行動しないであろうし，あるものの欠如を感じればこそそれを求めもする。そのようなことで，私たちの行動は「無」から「あるもの」へと進むのであり，「無」のカンヴァスに「あるもの」を刺繡することは実に行動の本質をなしている。もっとも，いま問題の無とはものの欠在というよりはむしろ有用性の欠在のことである。[15]

ここで，ものの欠在ではなく，有用性の欠在というのは，"なにもないのではなく，そのおりおりの関心に呼応するものがない"[16]からである。つまり，ある対象を理解するために必要な知識を欠いている，すなわち，想起すべき知識を求めている状態とは，ベルクソンの指摘にあるとおり，何らかの目標があり，その目標を達成するための行動が起こされるような状態である。ただ単に知識を欠いているのではなく，目標達成に有用な知識を欠いているのである。

では，無意識の情報要求とはベルクソンの図式ではどのように説明できるであろうか。この無意識の情報要求については先述したとおり，2種類の状態を区別することが重要である。一つは，理解すべき知覚対象が設定されているなかで，その理解に必要な知識，想起すべき知識が明確に意識できない状態である。もう一つは，より根源的な情報要求ともいうべきものだが，知覚し理解し

たいと思う対象選択に関わるような無意識の情報要求である。すなわち，平面Pのどの地点に円錐SABの頂点Sを焦点化させるか，ということに関わるような情報要求である。これは，円錐SABのなかに記憶され，蓄積された知識のうち，どの部分を現在の知覚に持ち込むかによって，平面Pのどの地点を焦点化するかが決まることを意味する。ある目標を達成するために必要な知識を想起するのとは異なり，特に目標を設定しない場合，記憶されている知識のなかでどの部分の知識を想起するかは，なかば偶然に出会う記憶装置としての図書（情報源）との出会いで決まる。たとえば，図書館の開架に排架されている人類の記憶装置としての図書に記録された知識をブラウジングするなかで，ある図書に偶然に出会い，その図書に記録されている知識に関心をもち，現在の知覚対象を焦点化するというような事態である。このなかば偶然に出会う図書への要求は，偶然という用語がまさに示すように，顕在化していたものではなく，潜在化し無意識のレベルにあったものである。その無意識のレベルにあった情報要求が，出合った図書の発する知識によって刺激され，顕在化し，意識レベルの要求に移行するのである。

　第一の無意識の情報要求が，焦点化された現在の知覚対象の理解に関わるものであるのに対して，第二の無意識の情報要求は，なかば偶然に出会った情報源から想起された知識をもとに現在の知覚対象の選択，焦点化をもたらし，その対象理解のためにさらに必要な知識を想起しようとして生じるようなものである。偶然に知識が想起されたとはいえ，そこには内在し，潜在化している関心が基底になければならない。その潜在化している関心を顕在化させたのは，記憶されている知識を取り出し，蓄積されている知識を想起させるような刺激としての図書との出合いにあった，ということである。

8.4　情報要求の類型と図書館サービスとの関係

　図書は人類の記憶装置であり，図書館はその図書を収集，組織，蓄積することにより，現在の人間の意識に還元する社会的装置である[17]。このように，図書館は記憶装置としての図書の組織的な蓄積と提供により，ポランニーが指摘したように，人間の想起の範囲を拡張し，学習＝想起の内容を大きく広げるこ

とを可能にする社会的装置であり，文化機構である。そして，プラトンの学習＝想起説によれば，人が何か知ろうとする場合，そこには教える人間の存在よりも，質問応答を通して，すでに人類が獲得している知識を想起させるような質問者，すなわち「仲介者」の存在がより重要なものとなる。ここで仲介者とは，すでに獲得されている知識を想起するための支援者を意味し，知りたいという人間と想起すべき知識とを仲介する役割を担う者である。

こうして，図書館サービスには，知識が縛りつけられた図書とその図書から必要な知識を獲得し想起しようとする利用者とを結びつける仲介的機能の発揮が求められることになる。このように想起すべき知識を求めて図書館を利用する人びとを支援するのが図書館サービスの責務であるが，その際，無意識のレベルにある情報要求にいかに対応するかがきわめて重要となる。

図書館サービスの目的は，図書館員によって情報要求をもつ利用者を支援し，その利用者の情報要求を充足することである。図書館サービスを計画し，実施・提供するにあたっては，情報要求の無意識化，潜在化の問題は，情報要求をもつ当事者としての利用者の次元と，情報要求の充足を実現する第三者としての図書館員の次元を設定し，その二つの次元の組み合わせのなかで検討することが重要となる。

図8-2は当事者としての利用者の次元を横軸に，利用者を支援する図書館員の次元を縦軸に設定し，それぞれの次元に潜在化（無意識レベル）と顕在化（意識レベル）を取り入れて情報要求を類型化したものである[18]。

第一象限（Ⅰ）は，利用者は要求を顕在化しており，図書館員もその利用者の要求を意識できている状態を表している。この象限に該当するサービスとしては，貸出サービスやレファレンスサービスがあげられる。いずれのサービスも，図書館側で想定され，意識されている利用者の情報要求に対応するものであり，利用者も情報要求が明確に意識されていることにより，貸出を受ける図書が指定でき，またレファレンス質問が提示できることになる。

第二象限（Ⅱ）は，利用者は情報要求を潜在化させているが，図書館員はその潜在化している情報要求を想定し，意識できている状態を表している。この象限に該当するサービスとしては，カレントアウェアネスサービスのなかのコンテンツサービスや開架制があげられる。図書館員は，利用者にとっては無意識

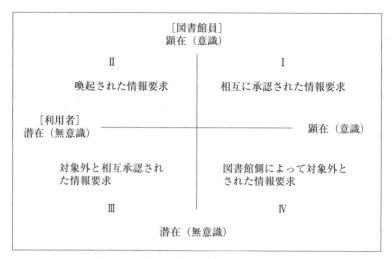

図8-2 情報要求の潜在化と顕在化の類型

の状態にある情報要求を顕在化させるために,コンテンツサービスを通して,利用者の関心領域を扱った雑誌の最新の記事に関する書誌的情報を継続的に提供することにより,潜在化していた利用者の情報要求を顕在化させることに寄与することができる。また,開架制は,利用者が書架に排架された図書に自由に接することを可能にすることにより,無意識のレベルにあった利用者の情報要求を顕在化させ,意識させる効果をもたらす。

　第三象限(Ⅲ)は,利用者は自らの情報要求に気づいておらず,意識できていない状態にあり,図書館員もその利用者の情報要求に対して予め想定できず,意識できない状態を表している。この場合には,図書館員は利用者が要求を意識化できるような働きかけができず,よって利用者も図書館側から発信される情報によって要求を顕在化させる機会をもてない状態にある。こうした状態が生じるのは,図書館が文献情報に依拠したサービス機関であるという基本的な前提がある。すなわち,図書館員は文献情報によって充足できない利用者の情報要求については,想定の範囲外となり,意識できないのである。一方,利用者も,図書館から得られる情報は,図書や雑誌を中心とした文献に記録されているものという基本的な認識をもっているために,図書や雑誌から入手不可能

と考えられる情報への要求の充足を図書館には期待せず潜在化させることになる。では，具体的には，どのような情報要求がこの種のものに該当するかといえば，時事的な最新のニュースなどは図書館から入手することを利用者は想定していないであろうし，図書館員側もその種の情報提供を基本的に想定はしていない。すなわち，文献以外の情報源として，TV や Web など，最新のニュースを配信するマスメディアをその種の情報入手の手段として想定し，図書館が扱う情報源の範囲外と考えるのである。

　ところで，最新の時事的ニュースなどの情報への要求は原理的に潜在化しているものである。というのも，時事的な最新のニュースとは，そもそも新しい情報であるため，情報要求を事前に構成しえないからである。たとえば，新型インフルエンザのニュースが初めて報じられるときの状況を考えてみればよい。新型インフルエンザに関する情報自体，初めて接する情報であるから，そもそも，そうした情報への要求を事前に意識し，顕在化させることは原理的に不可能である。しかし，ここで重要なことは新型インフルエンザという初めての情報に接することにより，以後，新型インフルエンザに関する情報への要求は常に意識化されている状況となり，その対処方法，治療方法に関する具体的な情報要求が構成され，意識され，顕在化される，という点である。この段階に移行した情報要求は，第一象限に該当する状態として扱われるであろう。あるいは，第二象限に属する情報要求として位置づけることも可能となる。すなわち，図書館員は，今はまだ利用者から具体的な情報要求の提示がなく，潜在化している状態にある情報要求ではあるが，そうした情報要求を予測し，新型インフルエンザに関するさまざまな情報源を収集，組織，蓄積し，図書館のホームページを通して関連する情報源を紹介するなど，発信型情報サービスを提供することが可能である。

　第四象限(Ⅳ)は，利用者が図書館で充足可能な情報要求として提示したが，図書館側では想定外であり，意識化できていないような状態を表している。すなわち，図書や雑誌記事などの文献情報によっては回答できないような情報要求を利用者が提示するような事態である。上記の例でいえば，図書館では TV や Web のように最新の時事的ニュース情報を提供することはサービスとして想定していないため，リアルタイムな時事的情報の入手を求める利用者の情報

要求は図書館員が意識するものの範囲外となり，サービス対象からはずれることになる。しかしながら，上記の新型インフルエンザの例がいみじくも示唆しているように，最新の時事的ニュースの内容によっては，以後，雑誌記事などの文献情報によって対応すべき情報要求が図書館にもたらされる可能性は十分にあり得る。このように，文献とそれ以外の情報源によって，情報要求を区別し，文献に依拠することにより回答可能な情報要求のみを図書館が扱うというのは，利用者の視点に立ったサービスとはいえない。情報要求に連続性があるにもかかわらず，情報源の類型によってサービス対象とする情報要求を分断して取りあげるようなことは避けなければならない。その意味で，この第四象限に属するような情報要求は図書館が利用者志向のサービスを提供するうえで，最も注意深く対応し，図書館サービスとして取り込む姿勢が重要である。

8.5　おわりに

　人が何かを知ろうとすること，探求することは，すでに獲得されている知識を想起することであるとしたプラトンの学習＝想起説は，図書館が人類の記憶装置としての図書を体系的に収集，組織，蓄積し，今生きている人間の意識に還元する社会的装置としての機能の重要性を示すものである。人間の情報要求の無意識の機制については，探求のために必要な情報を明確にできないものとして解釈されてきたが，学習＝想起説によれば，探求すべき対象について適切な質問応答の過程を通して記憶された知識が想起されることにより，探求すべき対象が理解可能な状態になるということである。

　図書館サービスは，一個人が記憶している知識を補完し，図書の提供を通じて人類が記憶している知識を提供することにより，こうした人間の探求活動に寄与するものである。それゆえ，無意識の情報要求については，図書館は，知識を想起する方法，すなわち質問応答という「対話」によって人類が既に獲得している知識を想起する方法を洗練することにより，対応すべきである。同時に，従来，文献という枠組みで充足すべき情報要求を規定してきた図書館サービスは，情報要求の連続性を考慮するならば，文献という情報源に制約されないサービスとして拡張していくことが必要といえる。

注・引用文献

1 : Butler, Pierce. *Introduction to library science*. The University of Chicago Press, 1933, p. xi.
2 : 前掲1, p. xi.
3 : プラトン. メノン. 藤沢令夫訳. 岩波書店, 1994, p. 45-46.
4 : 前掲3, p. 47-48.
5 : プラトン. パイドン : 魂の不死について. 岩田靖夫訳. 岩波書店, 1998, p. 55.
6 : ポランニー, マイケル. 暗黙知の次元. 高橋勇夫訳. 筑摩書房, 2003, p. 47.
7 : 前掲6, p. 51.
8 : 前掲3, p. 61-64.
9 : 前掲3, p. 109-110.
10 : 前掲1, p. xi.
11 : 前掲1, p. xi.
12 : 前掲6, p. 149.
13 : ベルクソン, アンリ. 物質と記憶. 合田正人, 松本力訳. 筑摩書房, 2007, p. 216-219.
14 : 前掲13, p. 218.
15 : ベルクソン, アンリ. 創造的進化. 真方敬道訳. 岩波書店, 1979, p. 348-349.
16 : 篠原資明. ベルグソン :〈あいだ〉の哲学の視点から. 岩波書店, 2006, p. 16.
17 : 前掲1, p. xi.
18 : 図2は以下の文献に示されたニーズの四類型を参考に情報要求を類型化したものである.
ニーズ中心の福祉社会へ : 当事者主権の次世代福祉戦略. 上野千鶴子, 中西正司編. 医学書院, 2008, p. 12-16.

9 章
デジタル環境におけるレファレンスサービスモデル：大学図書館を中心に

9.1 はじめに

　インターネットや電子メディアの増加などに象徴されるデジタル環境は図書館に様々な影響を及ぼしている。その影響は，図書館資料の媒体にだけでなく，図書館利用環境，図書館サービスの仕組みにまで及んでいる。デジタル環境下の図書館において，レファレンスサービスが利用者と情報源の仲介機能を果たすためには，従来のモデルに代わる新たなモデルが必要となっている。
　そこで本章では，従来のレファレンスサービスモデルの問題点を検討し，デジタル環境において必要となる新たなレファレンスサービスモデルについて考察する。

9.2 デジタル環境と図書館

　ここでは，デジタル環境における図書館の特徴について述べ，どのような環境下でレファレンスサービスが提供されるのかを示す。
　デジタル環境が図書館にもたらす最も重要な影響は，図書館資料のデジタル化である。S. サットン（S. Sutton）は図書館資料のデジタル化の段階によって以下の図書館類型を提示している[1]。
- ・伝統的図書館
　　図書や雑誌など紙中心の情報源を備えた図書館。
- ・自動化図書館
　　紙媒体の二次情報源に加えてデジタル化された二次情報源を所蔵する図書館。

・ハイブリッド図書館
    紙と電子メディアの二次情報源の併用を特徴とする図書館。ただし，電子メディアの情報源の利用が次第に増加する。また，電子メディアの一次情報源も所蔵するようになる段階である。この段階では，電子メディアの情報源に図書館外からアクセスできる環境が用意される。
・デジタル図書館
    図書館が論理的実体として存在する段階。すなわち，図書館という物理的施設をもたず，物理的実体をもった情報源を収集することもない。この段階の図書館は，ネットワーク上に分散された情報源への仲介機能を提供し，その提供にあたり地理的な制約を受けることはない。

このようにデジタル環境がもたらす図書館の特徴は，図書館資料のデジタル化の程度によって決まり，それにともなってサービス提供の仕組みも変化することになる。館種や規模によって図書館の状況はさまざまであるが，現在の大学図書館の状況は，おおむね上記のハイブリッド図書館の段階に該当するといってよいであろう。

ハイブリッド図書館を取り巻くデジタル環境がもたらす状況として，次の2点があげられる。第1にメディアの多様化と情報ニーズの高度化であり，第2にコンピュータの統合利用環境である。以下，この2点について取りあげる。

9.2.1 メディアの多様化と情報ニーズの高度化

図書や逐次刊行物など，印刷メディアの出版物はいまなお増加しているが，一方で学術雑誌を中心に電子メディアへの移行は確実に進んでいる。電子メディアが学術コミュニケーションを支配するような分野では，印刷メディアは情報利用のための媒体というよりも，研究者の研究評価や記録保管の手段としての機能をもつようになっている[2]。このことは，印刷メディアの情報源はその役割を変容させつつも，依然として学術研究上，重要な情報メディアとして存在し，図書館の収集対象資料であり続けることを意味している。

これまでも図書館は，印刷メディアと電子メディアの両メディアに対応したサービスを導入してきた。書誌データベースのオンライン検索をはじめ，利用者用オンライン目録（OPAC），CD-ROMサービス，さらにはフルテキストサ

ービスなどである。オンライン検索やOPACは電子メディアの二次情報源に対応したサービスであり，CD-ROMとフルテキストサービスは主として一次情報源に対応するサービスとして導入されている。

　OPACについては，Web上で提供する図書館が増加し，今やWeb上のOPACが蔵書検索サービスの主要な形態になっている。しかし，それ以外のサービスについては，その多くが図書館内あるいは大学内からの利用に制限されているのが現状である。

　一方，インターネット等のデジタル環境は情報の生産を容易にし，膨大な情報をネットワーク上で流通させている。図書館員は，図書館蔵書だけでなく，ネットワーク情報源を含む広範な情報源を使って，利用者の情報ニーズを満たす情報の提供が求められている。

9.2.2　コンピュータの統合利用環境

　デジタル環境の特徴はそのネットワーク機能にある。Web上のOPAC利用が一般化している今日，少なくとも，蔵書検索については，図書館という物理的施設内での検索という制約は取り除かれつつある。利用者は，Web上のOPACを使えば，図書館に行くことなく，自宅や研究室など，自分のいる場所から蔵書検索が可能である。この延長上には，一次情報源のデジタル化とそのネットワーク利用があり，図書館の物理的施設としての機能は低下し，代わって図書館には，情報源の仲介という「論理的実体」としての機能が求められることになる。

　現在，コンピュータがネットワーク接続されることにより，利用者は研究調査に関わるあらゆる作業を1台のコンピュータを使ってできるようになっている。研究に必要な文献収集のために，OPACや書誌データベースを使って必要な文献を検索し，またインターネット上の情報源を検索する。

　さらに，電子メールの利用など，同僚とのコミュニケーションツールとしてもコンピュータを使用する。こうして得られた情報をもとに，コンピュータにインストールされた種々のツールを使って，研究成果の作成，加工，伝達を行うこともできる。

　このように，研究者は，1台のコンピュータに研究上必要な諸機能が統合さ

れた環境で研究を進めている。文献検索を含む図書館利用機能も研究過程のなかで求められる機能であり，レファレンスサービスを始めとする図書館サービス機能をも組み込んだ統合環境こそが，研究者にとって，研究の円滑な遂行上必要な環境となる。

9.3 デジタル環境におけるレファレンスサービスモデル

前節で述べたデジタル環境の特徴は，従来のレファレンスサービスの基本的前提の再検討を迫るものである。レファレンスサービスを含むこれまでの図書館サービスの内容と方法は，印刷メディアと物理的施設としての図書館を前提として定められてきたと言ってよい。この二つの条件がもはや必須ではなくなるとき，図書館サービス，特にレファレンスサービスはその方法と内容において重要な変更が求められることになる。すなわち，デジタル環境におけるレファレンスサービスは，次のような状況を考慮のうえ，その方法と内容の再検討が必要である[3]。

・図書館外の情報資源へのアクセス

　すでに多くの大学図書館は複数のネットワーク情報源へのアクセスを提供している。レファレンスサービスは，情報源の多くが図書館外で利用可能であるという状況を反映したものでなければならない。というのも，前節で指摘したように，ネットワーク環境下では，利用者は自宅や研究室のコンピュータから情報検索が可能となり，利用者は情報入手のためにもはや図書館に行く必要はなくなるからである。

・電子メディアの情報源の増大

　電子メディアの書誌的ツールの利用にあたっては，印刷メディアの場合と同様に専門的な知識と技能が必要であるばかりでなく，電子媒体に特有の専門知識も求められる。

・レファレンス質問の多様化と高度化

　図書館に寄せられるレファレンス質問の多くは即答可能な質問や案内指示的な質問であり，この種の質問はしばしば繰り返し寄せられることに

もなる。一方で，前節で指摘したように，デジタル環境による情報量の増大にともない，図書館に寄せられるレファレンス質問は高度化し，また多様化する。こうした質問に対応するには，情報源とその利用に関する知識と同時に，専門主題の知識が求められる。現在のように，図書館員がさまざまなレベルのレファレンス質問に対応し続けるならば，今後の学術研究において重要となる専門的な研究支援サービスの提供は難しくなる。

　以上のような状況にレファレンスサービスが対応するには，次の点についての再検討が必要となる。すなわち，多様なレファレンス質問と館外からのサービス利用環境に対応するうえで最適なサービス提供形態，特にサービスを提供する場所とその機能の再検討である[4]。以下，これらの点をふまえて提起されたレファレンスサービスモデルについて考察する。

9.3.1　リサーチコンサルテーションモデル

　レファレンスサービスの中心的業務として，質問回答サービスがある。これは，レファレンスデスクにおいて，図書館員があらゆる質問を受け付け，回答を提供するというものである。従来のレファレンスサービスはこのような方式を基本的なモデルとして進められてきたといえるが，このモデルのもつ問題点として次の点があげられる。

　一つのレファレンスデスクに，案内指示的質問や即答質問などの一般的な質問から探索質問や調査質問まで，あらゆる範囲のレファレンス質問が寄せられ，それらに回答を提供しなければならないという点である。しかし，すべての質問をレファレンスデスクという場所で受け付け，処理するという方式は，一般的な質問に多くの時間がとられ，結果として探索質問や調査質問などの高度で複雑な質問への対応が不十分なものとなる。そこで，質問の種類やレベルに応じて，サービス提供の場所を複数設定する考え方が提案されている。ブランダイス大学図書館で導入された「リサーチコンサルテーションモデル」と呼ばれるものがそれである[5, 6]。

　メディアの多様化と情報量の増大により高度化する利用者の情報ニーズに対応するために，ブランダイス大学図書館では，レファレンスサービスを，案内

9章　デジタル環境におけるレファレンスサービスモデル：大学図書館を中心に

デスクとリサーチコンサルテーションオフィスの二つの場所に分けて提供する方式を採用している。案内デスクでは，大学院生のアシスタントが配置され，案内指示的質問や即答質問を受け付け，処理する。それに対して，リサーチコンサルテーションオフィスでは，専門職の図書館員を配置し，調査質問など高度で複雑な情報ニーズに対応する。

　このリサーチコンサルテーションモデルの主要な目的は，基礎的な調査研究技法と専門的な検索ツールの利用指導を含む専門的なレファレンス支援が必要な利用者へのサービスを専門職の図書館員が担当し，サービス内容を向上させることにある。サービス提供の場であるコンサルテーションオフィスは，利用者のプライバシーを保ち，また利用者にくつろぎの空間を与えることが可能となる。レファレンスデスクの場合のように，他の利用者が後ろに立って待っているような状況はなくなる。利用者は着席して図書館員と向き合い，図書館員は利用者と1対1で会話を交わすことが可能となり，利用者の情報ニーズに十分な注意を払うことができるようになる。

　また，このモデルでは，徹底したレファレンスインタビューを行うことに価値が置かれている。コンサルテーションオフィスで扱う質問はレファレンスインタビューを必要とする種類のものが多い。図書館員は提示された質問に対してあまりに性急に回答し，その質問を文字どおり捉えて回答することは避けなければならない。というのも，最初に提示された質問は真の要求を反映していないことが多いからである。図書館員は利用者が最初に提示した質問を研究計画などのより広い文脈から捉え直すことにより，問題をできるだけ明確に理解し，そのうえで情報源を回答することが求められる。

　以上が，リサーチコンサルテーションモデルの特徴である。デジタル環境におけるメディアの多様化と情報量の増大による利用者の情報ニーズの高度化により，すべての質問を一律にレファレンスデスクで処理することは，調査質問などの情報ニーズに対するサービスの質を低下させる。リサーチコンサルテーションモデルは，このような高度な情報ニーズに対応し，レファレンスサービスの機能を最大限発揮することを可能にする方式として注目すべきものである。

9.3.2 レファレンススタッフ階層化配置モデル

　伝統的なレファレンスサービスモデルは，前項で指摘したように，レファレンスデスクに専門職の図書館員を配置し，あらゆる質問に対応するという方式がとられる。すなわち，このモデルは専門職の図書館員について次のような前提に立っていることになる。

　第1に，利用者がレファレンスデスクに寄せるさまざまなレベルの情報ニーズを理解できるのは，専門職の図書館員だけである。

　第2に，利用者が提示した質問の背後にある真のニーズを理解するには，レファレンスインタビューが必要であり，それができるのは専門職の図書館員だけである。

　第3に，レファレンスデスクに寄せられる複雑な質問に回答できるのは，専門職の図書館員だけである。

　しかし，この前提については，次のような問題点を指摘することができる。すなわち，図書館員は，高度な質問に対応可能な専門的知識と技能を習得していながら，寄せられる質問の多くが案内指示的で単純な質問であるために，多くの時間をその処理に割かれ，その能力を十分に発揮できない。その結果，その処理に専門知識と技能が必要な複雑で高度な質問への対応が不十分となる。そこで，こうした問題点を改善するために提案されたのが，「レファレンススタッフ階層化配置モデル」である[7]。

　このモデルでは，図9-1のように，専門知識のレベルに応じて，スタッフは3階層に分けられている。質問は三つのカテゴリーに分類され，各レベルのスタッフには対応するカテゴリーが設定されている。レベルが上昇するにつれて，サービスはより複雑になる。件数が多く，よく繰り返される質問は，準専門職のスタッフやコンピュータが対応する。より複雑で高度な専門的質問については，専門職の図書館員が担当する。こうして，図書館員は，何度も繰り返される単純な質問への対応から開放され，高度な調査研究支援を必要する教員や学生に対応するための時間と機会を得ることになる。

　レベル1の「最小限の人的介在」では，利用者自身による館内ツアー，館内案内図の整備，利用案内資料による学習，CAIによる利用教育など，スタッ

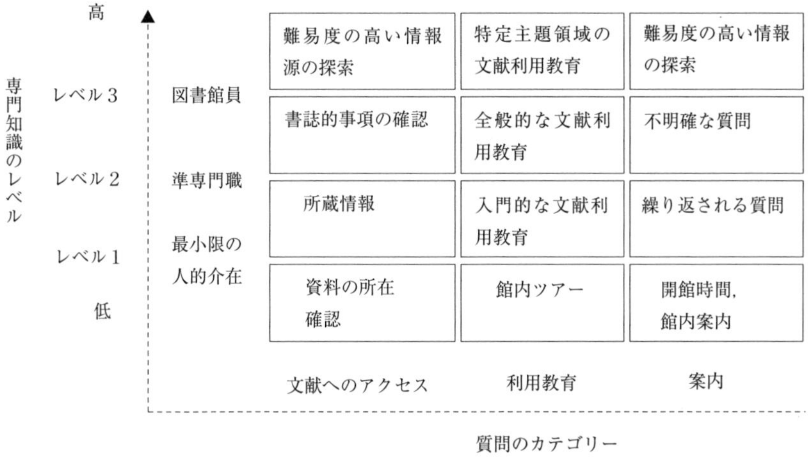

9章 デジタル環境におけるレファレンスサービスモデル:大学図書館を中心に

			難易度の高い情報源の探索	特定主題領域の文献利用教育	難易度の高い情報の探索
専門知識のレベル	レベル3	図書館員	書誌的事項の確認	全般的な文献利用教育	不明確な質問
	レベル2	準専門職	所蔵情報	入門的な文献利用教育	繰り返される質問
	レベル1	最小限の人的介在	資料の所在確認	館内ツアー	開館時間,館内案内
			文献へのアクセス	利用教育	案内

質問のカテゴリー

図9-1　レファレンススタッフ階層化配置モデル

出典:Mardikian, J. and M. Kesselman. Beyond the desk: enhanced reference staffing for the electronic library. *Reference Services Review*, vol. 23, no. 1, 1995, p. 21-28, 93.

フが直接介在することなく,利用者は個々に図書館施設を見て回ることになる。また自動化された利用教育プログラムによって自学自習することも可能にする。

　レベル2の「準専門職」が担当するサービスは,図書館オリエンテーション,文献利用教育一般,案内指示的質問や即答可能な質問の処理である。また,オンライン目録等の書誌データベースで検索された文献の書誌的事項の確認,さらには検索式作成支援なども担当業務に含まれる。

　レベル3の「図書館員」は,調査研究相談業務,特定主題分野のレファレンスサービス,カリキュラムに統合された情報リテラシー教育,CAIプログラムの作成等にあたる。

　このように,「レファレンススタッフ階層化配置モデル」は,利用者の質問のレベルに応じた適切な職員配置を可能にし,また職員の能力を最大限に活用し,最適なレファレンスサービスを提供するためのモデルとして位置づけられる。

9.3.3 レファレンスサービスの差異化モデル

　伝統的なレファレンスサービスモデルでは，レファレンスサービスの中心的業務を質問回答サービスにおいている。先述の「リサーチコンサルテーションモデル」は担当職員の側面から質問回答サービスの問題点を改善しようとしたものであった。それに対して，ここで取りあげるモデルは，質問回答サービスをレファレンスサービスの中心的業務とすることの問題点から発したものである。その問題点として次の3点があげられる。

　第1に，あらゆる質問がレファレンスデスクという特定の場所に寄せられ，処理されるため，担当スタッフによって回答の質に違いが生じる事態が発生する点である。常に専門職の図書館員が待機し，対応できるわけではなく，準専門職のスタッフが利用者の質問に対応しなければならない場合もある。その結果，サービスの質の一貫性が必ずしも保証されないことになる。

　第2に，レファレンスデスクが複数設置されているような場合に，各デスクで提供されるサービスを差異化することなく，同様のサービスが提供されるならば，サービスが重複し，サービスの効率的提供が阻害されることになる。というのも，利用者は最寄りのデスクに行き，質問を提示するため，利用するデスクによって提供される回答の質と内容に違いが生じる可能性が出てくることになる。

　第3に，デジタル環境がもたらす電子メディアの利用技術など，情報リテラシー教育への対応が不十分になる点である。質問回答サービスは，利用者の質問を受けて提供される方式をとるため，情報や文献を求めるような典型的な質問の処理が中心となり，電子メディアへのアクセスを支援するようなサービス提供は難しくなる。

　こうした問題点に対処するために，レファレンスサービスを以下の五つの異なるサービスからなるハイブリッド型サービスとして捉える「差異化モデル」が提案されている[8]。

　① 案内指示情報提供サービス

　図書館サービスの種類と内容，開館時間，資料の所在などの諸情報を提供する。図書館はこの型の支援を担当する職員を配置したデスクを用意する。デス

クには，この型の支援が可能な職員が配置される。また，このデスクの責務を，案内指示的質問の処理として明確に規定し，備えるべき情報源も，その種の質問に必要なものに限定する。また，案内指示的質問はすべてのこのデスクに回送する。

② 電子メディア利用技術支援サービス

利用技術支援は，CD-ROMなど，電子メディアのレファレンスツールを使用する利用者への支援として定義される。オンラインやCD-ROMの急激な増加は，その利用法に関する支援要求を拡大させてきている。技術支援という用語を使うのは，次の二つの理由からである。第1に電子メディアのレファレンスツールの利用には技術的な知識が必要になるためである。第2に図書館は確実にコンピュータ科学分野との関連が出てきており，図書館が提供する支援とコンピュータセンターが提供する支援との類似性を示すためである。

③ 情報探索支援サービス

情報探索支援サービスとは，オンライン目録，ネットワーク情報源を含むレファレンスコレクションを使って，利用者の即答可能な質問に対して情報探索を支援するサービスである。図書館は「情報探索リクエスト」という新たなサービスを用意する。利用者は，リクエストを電話，ファクス，電子メールを通じて，あるいは館内に置かれている所定の用紙に記入し提出することができる。図書館はそれらのリクエストを迅速に処理し，利用者に電子メールやファクスを使って回答を通知する。このサービスの目標は，質問のある利用者であれば誰でも，たとえ図書館に行かなくても，満足な回答が受けられるようにすることにある。

④ 調査研究相談支援サービス

調査研究相談支援サービスでは，体系的な方法で利用者にインタビューを行い，利用者の情報ニーズや研究課題を分析する。その結果をもとに，検索戦略を構築し，研究プロセスの開始に最も適したレファレンスツールや情報源の探索を支援するサービスである。

⑤ 図書館利用教育

このサービスは，利用者が独力で情報を探索する方法を教育するものである。また，調査研究相談支援サービスが個別の利用者への利用教育であるのに

対して，このサービスは，教科関連の科目のなかで実施するなど集団に対して提供される場合と個人向けに提供される場合がある。このサービスは調査研究相談支援担当スタッフと技術支援専門家が担当する。調査研究相談支援スタッフは，検索戦略や情報源の選択に関連した教育を担当し，技術支援専門家は特定の電子メディアのレファレンスツールの利用に関連した教育を主に担当する。

　以上，デジタル環境がもたらすレファレンスサービスを取り巻く状況の変化に対応するために，従来のレファレンスサービスモデルに代わって提案されたモデルとその特徴について見てきた。各モデルはそれぞれレファレンスサービスの場所，職員，およびサービス内容に焦点をあてたものである。これらのモデルは，米国の大学図書館において提起されたハイブリッド図書館におけるレファレンスサービスモデルであるが，わが国の大学図書館におけるレファレンスサービスを検討するうえでも，基本的な枠組みを与えるものである。

9.4　デジタル図書館におけるレファレンスサービスモデル

　前節では，ハイブリッド図書館におけるレファレンスサービスモデルについて取りあげた。ここでは，デジタル環境がより一層進展し，電子メディアの資料を中心とするデジタル図書館の段階におけるレファレンスサービスモデルについて考察する。

9.4.1　デジタル図書館に求められるレファレンスサービス

　デジタル環境において最も重要な点はネットワークを介した図書館サービスの提供であり，サットンが指摘しているように，デジタル図書館は図書館を物理的実体としてではなく，論理的実体として捉えられる点にその特徴がある。このデジタル図書館では，新たなレファレンスサービスとして以下の4項目が求められる[9]。

　① ネットワーク上での協力レファレンス

　ネットワーク環境においては，利用者がどこにいるのか，また利用者のニーズを満たす情報がどこで利用可能なのかは，もはや問題ではなくなる。すなわ

ち，利用者へのサービスが特定の図書館によって提供される必要はなく，利用者の質問を受け付けた図書館は，その質問を的確に満たすような情報源を所蔵する図書館に照会し，回答を受け，利用者に提供する。デジタル環境は，こうした図書館相互の質問処理を容易にする環境を実現する。質問によっては，図書館員が回答するのではなく，研究者など，主題専門家が回答することも可能である。そこで，レファレンスサービスについても，相互貸借の取り決めと同じように，コンソーシアムを形成し，協力レファレンスの協定が必要になる。

② ネットワーク上での利用教育

ネットワークの能力が高まることにより，遠隔教育の機会が増大する。学生はネットワーク上で学習の大部分が可能となり，ネットワーク上で利用可能な情報源やサービスの増加により，学生はもはや大学や図書館に行く必要がなくなる。こうした状況において，利用者に電子メディアの利用を教育する最適な方法は，ネットワーク上での利用教育である。この方法の利点は，利用者が必要なときに，自分のペースで電子メディアの利用について学習ができる点にある。

③ アクセス形成とインタフェースの設計

図書館には，利用者をインターネット上の適切な情報源に案内するためのインタフェースの開発が求められる。図書館員は，蔵書形成方針に代わって，情報源へのアクセス形成方針を策定することが今後の重要な責務となる。大学図書館はもはや特定主題に限定した場合でも利用者が必要な情報源のすべてを収集することはできない。そこで，必要な情報源が利用できるインターネット上のサイトを指示できるようなアクセス形成方針の策定が求められることになる。

④ レファレンスエキスパートシステムの開発

さらに進んだインタフェースとして，エキスパートシステムの開発があげられる。レファレンスデスクに寄せられる質問の多くが同じ型のものであるとするならば，その型の質問を処理する図書館員の知識をエキスパートシステムに組み入れることが有効となる。また，日々生産され，ネットワーク上に流通する膨大な情報のなかから利用者の情報ニーズに適合した情報を取り出すフィルタリング機能を組み入れた情報検索システムの開発も期待される。

以上のデジタル図書館におけるレファレンスサービスについて，二つの特徴

を指摘できる。

第1に,図書館の人的資源と情報源をネットワーク上で活用するという点である。協力レファレンスについては,これまでにも実施されてきたが,ネットワーク環境により,より迅速かつ的確なサービス体制が実現可能となる。また,ネットワーク上での利用者教育など,時間と場所の制約のない新たな利用者教育方式により,これまで以上に図書館は利用者に対して情報リテラシーの学習機会を提供することが可能となる。

第2に,レファレンスサービスが高度な情報検索システムによって代替される可能性が指摘できる。レファレンスサービス機能をもつ高度な情報検索システムについては,J. V. リチャードソン(J. V. Richardson)の研究[10, 11]があげられる。この種の研究において重要なことは,図書館員による実際の質問処理を詳細に分析し,その成果を取り入れている点である。レファレンス質問の処理に必要な専門的な知識や技能を把握し,それらを情報検索システムに組み込むことにより,図書館員の能力の違いによるサービス内容や質の相異という問題点を克服し,利用者の多様な情報ニーズに一貫した回答の提供が可能となる。

9.4.2 デジタルレファレンスサービスの試み

前項で指摘した新たなレファレンスサービスは,デジタル環境,インターネット環境下で実現可能なレファレンスサービスという点で,デジタルレファレンスサービスと呼ぶことができる。ここでは,このデジタルレファレンスサービスのモデルとして注目される米国のバーチャルレファレンスデスクプロジェクト[12, 13]について取りあげる。

このバーチャルレファレンスデスクプロジェクトは,米国の幼稚園と初等中等教育機関(K-12)の生徒,教師,親の情報ニーズをインターネット上で受け付け,回答を提供することを目指したものである。すなわち,主題専門家に質問を提示し,主題専門家がそれに回答する機会をインターネットで提供するための情報システムを構築しようとするもので,全国的な協力デジタルレファレンスサービスの実現が目標である。このプロジェクトは,ERIC Clearing House on Information & Technology が中心となって実施し,米国教育省国立教育図書館が資金提供を行い,ホワイトハウス科学技術政策局が後援する一大

プロジェクトである。

　このプロジェクトでは，デジタルレファレンスサービスを，主題専門知識と技能を有する専門家と利用者を結び付けるインターネットベースの質問回答サービスとして定義している。ASK ERIC, MAD Scientist Network, ASKAと呼ばれる既存のインターネット上のサービスを組み入れ，各サイトにおいて主題専門家がK-12の共同体からの質問に回答する方式をとっている。このデジタルレファレンスサービスは，専門家の知識を組み入れたエキスパートシステムを使って提供するというものではなく，回答者は主題専門家という人間である点に注意する必要がある。前項で指摘した協力レファレンスの考え方に依拠するものである。

　このプロジェクトでは，レファレンスサービスの情報源の中心を主題専門家の知識においている点で，図書館におけるレファレンスサービスとは区別される。言うまでもなく，知識や情報の世界は，その大部分を記録情報源によって蓄積伝達されており，専門家の知識はごく一部でしかない。専門家の主題知識に加えて，書誌データベースやフルテキストなどのデジタル情報源，さらには印刷メディアの情報源をも加えた包括的な情報源の世界と利用者を仲介するサービスこそが，来るべきデジタルレファレンスサービスでなければならない。

9.5　おわりに

　本章では，デジタル環境下の図書館において求められるレファレンスサービスについて考察した。デジタル環境は，これまでのレファレンスサービスが依拠してきたモデルでは対応できない状況をもたらしている。本章で取りあげたモデルは，そうした状況に対応すべく，米国の大学図書館や教育界において提起されたものである。ここで注意すべきことは，いずれのモデルも，レファレンスサービスを利用者と情報源を仲介する機能として捉えている点で，従来のレファレンスサービスの機能と何ら変わることはないということである。これらのモデルは，デジタル環境という新たな図書館環境においても，レファレンスサービスが利用者と情報源の仲介機能を担い，高度化するための方法と内容を示したものとして捉えることができる。

デジタル化の進展により，図書館を取り巻く環境が大きく変化しようとしている。しかし，図書館がその形態をどのように変えようとも，利用者と情報源を仲介するという基本的な機能が社会に必須のものである以上，論理的実体としての図書館の機能が失われることはない。

引用文献

1 ：Sutton, S. "Future service models and the convergence of functions : the reference librarian as technician, author and consultant". *The Role of Reference Librarians : Today and Tomorrow*. Hawthorn Press, 1996, p. 125-143.
2 ：Chodorow, A. and P. Lyman. "The Responsibilities of universities in the new information". In: The Mirage of continuity: reconfiguring academic information resources for the 21st century. Edited by B.L. Hawkins and P. Battin. Washington, D.C., Council on Library and Information Resources and Association of American Universities, 1998, p.70.
3 ：Mardikian, J. and M. Kesselman. Beyond the desk: enhanced reference staffing for the electronic library. *Reference Services Review*. 1995, vol. 23, no. 1, p. 21-28, 93.
4 ：Ferguson, C. D. and C. A. Bunge. The Shape of services to come: values-based reference service for the largely digital library. *College & Research Libraries*. 1997, vol. 58, no. 3, p. 252-265.
5 ：Massey-Burzio, V. Reference encounter of a different kind: a symposium. *Journal of Academic Librarianship*. 1992, vol. 18, no. 5, p. 276-286.
6 ：Herman, D. But does it work? Evaluating the Brandeis reference model. *Reference Services Review*. 1994, vol. 22, no. 4, p. 17-28.
7 ：前掲3．
8 ：Whitson, W. L. Differentiated service: a new reference model. *Journal of Academic Librarianship*. 1995, vol. 21, no. 2, p. 103-110.
9 ：前掲3．
10 ：Richardson, J. V. *Knowledge-based systems for general reference work: applications, problems and progress*. Academic Press, 1995, 355p.
11 ：Richardson, J. V. Understanding the reference transaction: a system analysis perspective. *College & Research Libraries*. 1999, vol. 60, no. 3, p. 211-222.
12 ：Lankes, R. D. *Building internet information services: K-12 digital reference*

services. ERIC Clearinghouse on Information & Technology, 1998, 213p.
13 : "The Virtual Reference Desk". http://www.vrd.org/, (accessed 2000-09-30).

10章
デジタル環境の進展による図書館と利用者との関係の変容：レファレンスサービスの仲介的機能の展開を中心に

10.1 はじめに

　デジタル環境は利用者参加型のアーキテクチャーとして注目されるWeb2.0の時代に入り，図書館と利用者との関係に大きな影響を及ぼしつつある。特にレファレンスサービスの仲介的機能に質的変化をもたらしつつある。レファレンスサービスは，利用者の情報要求を質問として受け付け，所定の情報源を使用して回答を提供する質問回答サービスとして位置づけられる。現在，レファレンスサービスは米国のQuestionPointや，国立国会図書館のレファレンス事例データベースに代表される「協働デジタルレファレンス」の段階にあるが[1]，これらも質問回答という基本的な枠組みを超えるものではない。しかし，Web2.0において可能となった利用者間の共同作業によって構築されるボトムアップ型の知識体系である「集合知」[2,3]を用いた情報源の構築や，利用者参加型の質問回答システムの登場により，現行の質問回答中心のレファレンスサービスは再考を余儀なくされているといえよう。
　そこで本章では，デジタル環境の進展がもたらす図書館と利用者との関係の変容について，レファレンスサービスの仲介的機能に焦点をあて考察する。

10.2　レファレンスサービスを取り巻く状況

10.2.1　レファレンス質問の減少とその要因

　電子化コンテンツの進行やWeb2.0の情報技術がもたらすデジタル環境の進

展は，レファレンスサービスに量と質の両面において影響を及ぼしつつある。米国の ARL (Association of Research Libraries) の統計によれば，加盟大学図書館が処理したレファレンス質問件数は1997年以降減少し始め，2004年の件数は1997年の件数の半分にまで激減している[4]。こうした近年のレファレンス質問の減少傾向はわが国においても同様であるが，その要因として以下の2点があげられる。

　第一に，従来，即答質問として，レファレンスサービスに寄せられてきた比較的回答が容易とされる質問については，利用者の集合知を結集して構築されているフリーの百科事典 Wikipedia[5] をはじめ，レファレンス資料として利用可能なネットワーク情報源により，利用者自身が容易に回答を入手できるようになったこと。

　第二に，インターネット上の質問回答サイト[6]の登場によって，参加者相互に質問のやり取りが行われ，満足度の高い回答の入手が可能になったこと。

　わが国の図書館においても，デジタルレファレンスサービスの導入が進んでいるが，上記の質問回答サイトの盛況な利用に比べ，その利用は低調である。その背景として，利用者の多くが図書館のレファレンスサービス機能の存在を十分に認識していないことがあげられよう。また，レファレンスサービスの存在を認識している利用者であっても，インターネット上の情報源や質問回答サイトを通して容易に回答が得られるような情報要求（図書館では即答可能な質問にあたる要求）の場合，回答入手の利便性や迅速性に勝る質問回答サイトを選択し，あえて図書館の情報源とレファレンスサービスを選択することはないと考えられる。

10.2.2　利用者から見た図書館員と情報源の位置づけ

　インターネット上で利用可能な電子化コンテンツが増加し，Google などをはじめとする検索エンジンによって容易にそれらの情報源の検索が可能となったデジタル環境下において，図書館の情報源は利用者にとってどのように位置づけられているのであろうか。この点については OCLC の興味深い調査がある。OCLC の調査結果[7]によれば，利用者が情報を求める場合，最初に選択する情報源は，圧倒的な割合で検索エンジンによって検索可能なインターネット

195

上の情報源であった。また，利用者は検索エンジンの利便性，迅速性を高く評価しているのに対して，図書館の情報源については，信頼性が高い情報源であり，正確な内容をもつ情報源として高く評価していた[7]。これらの OCLC の調査の詳細は3章と4章を参照されたい。

　ところで，問題の重要性と利用者の情報源選択行動との間にも興味深い関係が明らかにされている。4章で見たように，N. カスク（N. Kaske）らの調査によれば，問題が重要であり，その問題の解決に中長期的な取り組みが必要なとき，利用者は図書館の情報源を選択し，図書館員の支援を求める傾向にある[8]。ここで，利用者が図書館員に求める支援とは，即答可能な質問や探索質問など明示的な質問への回答ではない。問題解決過程の初期状態におり，未だ情報要求を質問として明確に提示できないでいる利用者が，問題解決過程を進展させる手がかりを求めて図書館を利用するのである。問題とは関心のある対象に関する知識の不足から生じるのであるが，その問題が高度で複雑であればあるほど，利用者はその問題の解決にどのような情報源を探索し，情報を入手，利用すればよいのかを明確にできない場合が多いのである[9]。図書館員に支援を求める利用者はこうした問題状況におかれていると考えられる。重要で複雑な問題を抱えながら，必要な情報を質問として提示しえない段階の利用者が図書館員に人的支援を求めるのである。

　以上のように，利用者は抱えている問題の重要度が高いほど信頼性に優れた図書館の情報源を選択する傾向にあるものの，身近な問題への回答を求めるとき，利便性や迅速性に優れているインターネット上の情報源やサービスを選択する傾向にある。同時に，これまで図書館に提示されることがなかった利用者の潜在的な情報要求が，インターネット上の情報源やサービスの利便性によって顕在化し，検索エンジンの利用の増大や質問回答サイトの発展をもたらしていると見ることができる。

　いずれにせよ，レファレンスサービスを取り巻く状況は，質問回答を中心とするレファレンスサービスの在り方に見直しを迫るものといえる。そこで次節では，レファレンスサービスにおける図書館員の仲介的機能について検討し，今後の図書館と利用者との関係の在り方，目指すべきレファレンスサービスの方向性を考察する。

10.3　レファレンスサービスの仲介的機能とそのレベル

　レファレンスサービス,特にその直接サービスは,図書館員と利用者との直接的な相互作用を通して図書館が利用者と情報源を仲介する機能を果たすものである。C. クルトー (C. Kuhlthau) は,図書館員がレファレンスサービスを通して発揮する仲介的機能を表10-1のように5段階に分けている[10]。第1段階から第5段階に遷移するにしたがって,図書館と利用者との相互作用の程度は

表10-1　レファレンスサービスの仲介的機能のレベルとその内容

レベル	内容
第一レベル 情報源の組織化	間接的なサービス ・組織化された情報源に関する利用者自身による探索
第二レベル 情報源の所在調査	レディレファレンスにおける仲介的機能 ・事実検索質問への回答 ・既知文献探索質問への回答 〈このレベルのキーワード〉 　　質問と回答
第三レベル 情報源の探索	標準的なレファレンスにおける仲介的機能 ・主題探索・特定の順序によらない情報源の利用 〈このレベルのキーワード〉 　　問題,インタビュー,情報源
第四レベル アドバイザー	定型化された仲介的機能 ・主題探索 ・推奨された順序による情報源の利用 〈このレベルのキーワード〉 　　問題,交渉,順序性
第五レベル カウンセラー	問題解決全般にわたる仲介的機能 ・構成的探索 ・全体的経験 〈このレベルのキーワード〉 　　問題,対話,戦略,情報源,再定義

出典：Kuhlthau, C. C. Seeking meaning: a process approach to library and information services. 2nd ed. Libraries Unlimited, 2004, p. 115の Table 7に加筆。

高まり，利用者の質問から問題へと重点が移行していることがわかる。

10.3.1　第1レベルの仲介的機能

　第1レベルは，レファレンスサービスにおける間接サービスにあたり，情報源の組織化を通じて利用者自身による探索を支援するものである。ここでは利用者と図書館員との直接的な相互作用は見られないが，情報源の組織化にあたっては，利用者の情報探索行動の特性を十分に考慮しなければならない。組織化の対象となる情報源は所蔵する印刷メディアの情報源にとどまらず，電子化コンテンツも含まれる。電子化コンテンツには，図書館内の所蔵情報源に加えて，インターネット上の情報源も対象となる。ALA RUSA MARS (American Library Association. Reference and User Services Association. Machine-Assisted Reference Section) では，インターネット上のフリーの情報源を選択する際の基準[11]を設けているが，この基準のうち，電子メディアに固有の項目以外は，従来の印刷メディアの情報源の選択基準にも等しく当てはまるものである。すなわち，選択にあたっては，コンテンツの信頼性と妥当性が重要であり，コンテンツ作成者の典拠性 (authority) が特に重視されている。先述のOCLCの調査結果が示すように，利用者が図書館の情報源に期待する属性もその信頼性と妥当性にあった[7]。インターネット上の情報源についても，図書館が選択し，利用者へのアクセスを提供する場合，コンテンツの信頼性と妥当性が特に重視されなければならない。

　インターネット上の情報源を含む電子化コンテンツの増大にともない，信頼性や妥当性を欠く情報源の占める割合が相対的に高くなりつつある。こうした状況において，この第1レベルの情報源の選択と組織化の機能は，今後の図書館が果たすべき重要な仲介的機能として位置づけられる。

10.3.2　第2レベルの仲介的機能

　第2レベルは，レディレファレンス (ready reference) において発揮される仲介的機能である。レディレファレンスとは即答可能な質問への回答サービスとして位置づけられるものである。先述のとおり，利用者の集合知をもとに構築されているWikipediaや質問応答サイトの登場などにより，事実・事項に

関する情報要求など，即答可能な質問が図書館に提示される頻度は急速に低下するものと考えられる。この第2レベルの仲介的機能は，Web2.0がもたらすインターネット環境の影響を受け，その意義が次第に低下しつつあるといえよう。

10.3.3 第3レベルの相互作用

　第3レベルは，探索質問や調査質問に対応するレファレンスサービスにおいて発揮される仲介的機能である。主にこのレベルの質問は特定の主題を扱った文献を求める「主題探索質問」として提示される。このレベルでは，図書館員は利用者から提示された探索質問に適合する回答を提供するために，必要に応じてその質問が生じた問題状況等を把握するためのインタビューを実施する。使用する情報源も複数にわたり，利用者の主題探索質問の違いに応じて適切な情報源を選択し，回答を入手することになる。ただし，複数の情報源の使用に一定の順序があるわけではない。この点で，次の第4レベルの仲介的機能が扱うような文献探索法の回答に見られるような異なる情報源に関する定型化された使用順序を提示する場合とは区別される。

　主題探索質問についても，第1レベルの仲介的機能である情報源の組織化を通して対応することが可能である。すなわち，利用者自身による文献探索ができるように，インターネット上で提供されている各種の文献データベースを図書館のホームページ上で案内・紹介するという方法である。すでに，これは多くの図書館において導入されているものである。ただし，ここで注意すべきことは，文献データベースの検索機能は，基本的に情報作成者側，検索システム側が設定した範囲に限られるという点である。すなわち，利用者は，標題や抄録中の自由語にせよ，件名標目やディスクリプタという統制語にせよ，情報源作成者や検索システム側が設定した索引語の範囲のなかから検索語を選択しなければならない。

　R. S. テイラー（R. S. Taylor）は，情報ニーズのレベルに関するモデルを提示し，その第4レベルのニーズとして「妥協したニーズ（compromised need）」の重要性を指摘している[12]。この第4レベルのニーズとは，検索システム側が用意した検索語彙を使って，利用者は情報要求を表現し，検索式としなければな

199

らないことを意味している。つまり，利用者は，検索に使用できる語彙を検索システム側の語彙に依存し，それらの語彙で表現可能な範囲に情報要求の表現を修正しなければならないのである。テイラーが「妥協」という用語を使用したのも，まさに利用者側が検索システム側に合わせるという利用者と検索システムとの関係を強調するためである。検索された文献の適合性が問題になるケースの多くは，情報要求を表現するために使用可能な語彙に見られるこの種の制約が大きな要因の一つといえる。

　Web2.0のインターネット環境においては，利用者側がコンテンツに検索用タグ付けを行い，そのタグの集合を使ってコンテンツを分類する「フォークソノミー（folksonomy）」という手法によるコンテンツの組織化が可能となっている[13]。図書館OPACにおける検索語の設定において，このフォークソノミーの手法を導入したものに，米国ミシガン州アナーバー（Ann Arbor）地域図書館の蔵書検索システム"SOPAC（Social OPAC）"がある[14]。利用者は書誌データにタグを付与することができ，それらをもとにSOPACはタグクラウド[15]を表示するシステムを実装している。このフォークソノミーの手法は，検索システムの設計におけるシステム指向から利用者指向への移行を示すものとして，今後の発展が注目される。

10.3.4　第4レベルの仲介的機能

　第4レベルは，図書館員が利用者教育や情報リテラシー教育を行うアドバイザーとして発揮する仲介的機能である。ただし，ここでいう利用者教育や情報リテラシー教育は，あくまでも利用者から提示された情報探索法に関する質問に対する回答として提供される種類のものである。事前に企画・立案し実施する利用者教育とは区別される。

　図書館員は利用者との交渉（negotiation）を通じて，情報源a，次に情報源b，次に情報源cという順番で所定の情報源を順次案内し，必要な情報を得る方法を回答として提示することになる。この情報源を提示する順序は一般に定型化されており，ある特定主題に関して推奨される情報源のカテゴリーとその使用の順序は確定的なものである。なお，クルトーは図書館員と利用者との相互作用を，インタビューではなく「交渉（negotiation）」という用語を使用している

が，それは，図書館員が利用者との質問応答を繰り返しながら，利用者の問題解決に適切な情報源を選択し，提示するやり取りを強調するためである。

　このように第4レベルで発揮される仲介的機能では，特定主題に関する情報探索過程を案内・指導することになるため，パスファインダーの使用も有効となる。パスファインダーについては，利用者自身による情報探索を支援するツールとしての基本的な特性に着目するならば，第1レベルの仲介的機能にあたる情報源の組織化に属するサービスの一つとして位置づけることも可能である。ただし，このパスファインダーを含め，情報リテラシー教育に関わるこの種の定型化されたサービスは，個別の利用者の置かれた問題状況に応じた支援とはなりえない点に注意する必要がある。

10.3.5　第5レベルの相互作用

　以上の第1から第4レベルまでの仲介的機能の特徴は，いずれも利用者と図書館員との相互作用がある特定の時点に限られた一過性のものにとどまっている点にある。すなわち，第1から第4レベルに至る仲介的機能は，利用者の情報要求を，利用者が抱えている問題状況から切り離し，事実・事項，あるいは文献を求める要求として取り出し，処理しようとする考え方に立つものである。しかし，すでに見たように，レファレンス資料として利用可能な電子化コンテンツが増大し，集合知を活用した情報源の構築や質問応答サイトが登場している今日，第1から第4レベルの仲介的機能が扱う質問については，利用者は必ずしも図書館の情報源を利用することなく，また図書館員に直接的支援を求めることなく，回答の入手が可能になりつつある。

　そこで，クルトーがあげた第5レベルの仲介的機能は，第1から第4レベルに見られるような一過性のサービスを超えた図書館員による利用者支援を指すものである。そこでは，図書館員に「カウンセラー」としての役割が求められることになる。すなわち，図書館員は情報要求として明示できない段階にいる利用者を対象にカウンセリングを行い，問題解決に必要な情報を明らかにしていくカウンセラーとしての役割を発揮することが期待される。問題の初期状態から目標状態に至る過程の各段階に応じて必要となる情報を分析，把握し，最適な情報源を選択，提供することにより，問題状態を目標状態に向けて遷移さ

せるような支援が図書館員には求められることになる。B. A. ナルディとV. L. オデイ（B. A. Nardi & V. L. O'Day）はこのような役割を担う図書館員を「情報セラピスト（information therapist）」と呼び，図書館員によるこの種のレベルのレファレンスサービスの重要性を強調している[16]。

10.4 利用者の学習支援と図書館

　先のカスクらの調査結果が示すように，利用者は問題が重要かつ複雑であり，その解決に向けて中長期的な取り組みが必要な場合，図書館への依存度を一層高めることが明らかにされている[17]。なぜ，図書館への依存度を高めるかといえば，一つの要因は図書館の情報源のもつ信頼性への期待であり，もう一つは，電子化コンテンツ進行後の多様な情報源の世界を総合的に把握し，問題に応じてそのなかから最適な情報源を選択する図書館員の知識と能力への期待である。

　カウンセラーとしての図書館員と支援を求める利用者という，図書館員と利用者との新たな関係は，図書館が利用者への情報提供機関から利用者の学習支援機関へと展開することを意味する。表10-1に示したように，クルトーは，第5レベルの仲介的機能の特徴として，「構成的（constructive）」である点をあげている[18]。利用者は探索の結果得られた情報を使って学習し，問題に必要な知識を構成することにより，問題状態を目標状態に向けて遷移させることになる。そこでは，図書館員に利用者の知識状態を診断し，問題解決に必要な知識状態を構成するための「学習」を支援するカウンセラーとしての役割が期待されるのである。

　今，米国の大学図書館はインターネット世代の学習支援機関として，インフォメーションコモンズからラーニングコモンズへの転換を図ろうとしている[19]。2005年のACRL（Association of College and Research Libraries）全国会議において，「インフォメーションコモンズからラーニングコモンズへ」というテーマのセッションが開催されたが，そこではこのインフォメーションコモンズからラーニングコモンズへの転換については，"学部教育の新たなパラダイム，すなわち学習理論における知識の伝達から知識の創造と自主的学習への移行を反映したものである"[20]と指摘されている。

この指摘は，大学図書館の役割を再考させるだけでなく，生涯学習機関としての公共図書館の機能をも再確認させるものである。デジタル環境の進展に伴い，図書館には，情報提供機関としての役割を超えて，利用者による問題解決のための学習支援機関としての役割の発揮が求められているといえよう。

10.5　おわりに

　Web2.0の時代に入り，図書館を取り巻く状況は大きく変化しようとしている。インターネット上において，レファレンス資料に相当する電子化コンテンツが増大し，その利用も容易になった今日，図書館はもはや情報源を集積し，必要な情報を提供する独占的な機関ではなくなりつつある。こうした状況において，利用者が図書館に期待する役割は以下の2点にあるといえよう。第一に，印刷メディアやインターネット上の多種多様な情報源を含む膨大かつ多種多様な情報源のなかから，信頼性のある情報源を選別し，案内する役割である。第二に，信頼性のある情報源の提供を通して，利用者の学習を支援し，問題解決に必要な知識の構成を促進する役割である。

　デジタル環境の進展により情報環境が多様化し高度化した今日，図書館には信頼性の高い情報源と高度なレファレンスサービスのもつ仲介的機能を基盤に，利用者の問題解決のための学習支援機関として機能することが求められている。

注・引用文献

1： 斎藤泰則．"デジタルレファレンスの特性と課題"．変わりゆく大学図書館．逸村裕，竹内比呂也編．勁草書房，2005，p. 115-126.
2： 大向一輝．Web2.0と集合知．情報処理．2006，vol. 47，no. 11，p. 1214-1221.
3： 高玉圭樹．相互作用に埋め込まれた集合知：集団の組織化レベルの解析．人工知能学会誌．2003，vol. 18，no. 6，p. 704-709.
4： "ARL Statistics"．Association of Research Libraries．http://www.arl.org/stats/arlstat/, (accessed 2007-06-01).

5：Wikipedia. http://ja.wikipedia.org/, (参照 2017-07-20).
ネット上で誰でもどこからでも自由に文章を書き換えられるシステム Wiki の技術を使って，共同で編集するフリーの百科事典．
6：わが国の質問回答コミュニティサイトとして次のものがあげられる。
OKWAVE. "OKWAVE". http://okwave.jp/, (参照 2017-07-20).
NTT レゾナント．"教えて！Goo". http://oshiete.goo.ne.jp/, (参照 2017-07-20).
7：*College Students' Perceptions of Libraries and Information Resources*. OCLC, 2006, p. 2-10.
8：Kaske, N. et al. *Information needs and behaviors of undergraduate and graduate students: what individual and focus group interviews tell us*. Virtual Reference Desk (VRD) Conferences Conference Proceeding, 2005, 37p. http://www.webjunction.org/do/DisplayContent?id=12471, (accessed 2007-06-01).
9：Belkin, N. J. Anomalous state of knowledge for information retrieval. *Canadian Journal of Information Science*. 1980, vol. 5, p. 133-143.
10：Kuhlthau, C. C. *Seeking meaning: a process approach to library and information Services*. 2nd ed. Westport, Libraries Unlimited, 2004, p. 115.
11：ALA RUSA MARS. Criteria for selection of MARS best reference websites. http://www.ala.org/ala/rusa/rusaourassoc/rusasections/mars/marspubs/marsbestrefcriteria.htm, (accessed 2007-06-01).
12：Taylor, R. S. Question-negotiation and information seeking in libraries. *College Research Libraries*. 1968, Vol. 29, No. 3, p. 178-194.
13：フォークソノミーやソーシャルタギングの可能性に着目した最近の応用研究については，以下の文献があげられる。
佐々木祥ほか．Folksonomy におけるコンテンツ推薦のためのメタデータ成長モデルの提案．電子情報通信学会技術研究報告．2006, vol. 106, no. 150, p. 67-72.
田中頼人ほか．共有知の蓄積を支援する講義映像閲覧システム：ソーシャルタギングによる非同期協調学習．電子情報通信学会技術研究報告．2006, vol. 105, no. 632, p. 47-50.
高梨健ほか．ニュースサイトのコンテンツにおけるフォークソノミーによるタグ付けの解析．電子情報通信学会技術研究報告．2007, vol. 106, no. 461, p. 109-114.
14：SOPAC. http://www.aadl.org/sopac/, (accessed 2007-06-01). SOPAC については，次の記事に簡単な紹介がある。
国立国会図書館関西館図書館協力課調査情報．"E595 フォークソノミーの応用可能性：図書館 OPAC への応用"．カレントアウェアネス -E, no. 99, 2007, http://current.ndl.go.jp/e595, (参照 2017-07-29).
15：タグクラウドとは，コンテンツに付与されたタグとタグへのアクセス頻度の解析をもとに，アクセスが多いタグを強調しまた関連のあるタグを近接させるなど，コン

テンツに対する利用者の興味・関心の程度とその変化を時間の経過とともにタグを用いて表示する仕組みをいう。
16：Nardi, B. A. and Vicki L. O'Day. *Information Ecologies : Using Technology with Heart*. Cambridge, MIT Press, 1999, 232p.
17：前掲8.
18：前掲10.
19：米澤誠. インフォメーション・コモンズからラーニング・コモンズへ：大学図書館におけるネット世代の学習支援. カレントアウェアネス. 2006, no.289, p. 9-12.
20：J. Murrey Atkins Library. From information commons to learning commons. http://library.uncc.edu/infocommons/conference/minneapolis2005/, (accessed 2007-06-01).

11章
公共図書館におけるレファレンスサービスの動向と課題

11.1 はじめに

インターネット情報源の普及と公共図書館に期待されている地域の課題解決支援は，今後のレファレンスサービスの在り方を方向づける重要な要因である。本章では，これらの要因がもたらすレファレンスサービスへの影響と今後の課題について考察する。

11.2 直接サービスをめぐる状況

公共図書館の利用に関して注目すべき調査結果が Institute of Museum and Library Services によって発表されている[1]。この調査は，全米の公共図書館を対象に図書館利用に関する動向について，いくつかの指標を設定し，その統計データをもとに分析を行ったものである。表11-1はその結果であるが，各図書館利用指標の2012年の値と，2002年（一部，2004年）から2012年の10年間（一部，8年間）のデータの推移が示されている[2]。それによれば，2012年の人口一人あたりの来館者数は5.0，貸出数は8.0冊，レファレンス処理件数は0.9，人口1000人あたりの行事参加回数は306.1となっている。また，この10年間で来館者数は10.1％増，貸出数は16.7％増となっている。さらに，図書館が開催した各種の行事への参加回数は8年間で28.6％もの増加がみられる。そうしたなかで，直接サービスとしてのレファレンス質問処理（質問回答）件数だけが13.9％減となっている。

質問回答サービスの利用頻度にみられるこのような減少傾向は，レファレンス資料の利用にも及んでいることが，OCLCの調査[4]によって明らかにされて

11章　公共図書館におけるレファレンスサービスの動向と課題

表11-1　米国における公共図書館利用の推移[3]

図書館利用指標	2012年	10年間（8年間）の変化率
来館者数	5.0	+10.1%
貸出数	8.0	+16.7%
行事への参加回数	306.1	+28.6%
レファレンス処理件数	0.9	-13.9%

出典：Public libraries in the United States Survey : fiscal year 2012. Institute of Museum and Libraries Services, 2014, p. 15の表をもとに作成。

いる。このOCLCの調査はカナダ，米国，英国の住民を対象に2005年と2010年に実施されたものであるが，レファレンスサービスの利用に関する調査結果は表11-2に示したとおりである[5]。それによれば，調査研究にあたり1年間にレファレンス資料を少なくとも1回以上利用した回答者の割合は，2005年には48%であったが，2010年には38%に減少している。また，質問回答サービスから支援を得た回答者の割合は2005年には39%であったが，2010年には28%にまで減少している。

　来館者数，貸出数，行事への参加回数のいずれも増加しているという事実は，インターネット時代にあっても，図書館が読書施設あるいは地域の文化・情報拠点として米国社会では重視されていることを示すものといえる。その一方で，質問回答サービスを中心とした直接サービスの利用が低下しているという事実は，どのような要因によるのであろうか。その主たる要因としてあげられるのが，インターネット情報源の普及である。以下，この点について見ていきたい。

　情報探索者が情報要求を充足するために情報源を選択する場合，種々の要素を考慮することになるが，なかでも重視されるのは情報源の信頼性と利便性であろう。OCLCの同調査結果によれば，情報探索者は図書館資料の特徴として信頼性と正確さをあげ，サーチエンジンに対しては利便性と迅速性をあげている[6]。同時に，サーチエンジンについては，図書館資料とほぼ同程度の信頼性と正確さを有する情報源としても捉えている[7]。すなわち，情報探索者は，サーチエンジンを信頼性と利便性の両方を兼ね備えた情報源として認識している

表11-2　調査におけるレファレンスサービスの利用

利用種別	2005	2010
レファレンス資料の利用	48%	38%
質問回答サービスの利用	39%	28%

出典：Perceptions of libraries, 2010 : context and community. OCLC, 2011, p.35の図をもとに作成。

ことになる。

　このようなインターネット情報源への選好傾向が，直接サービスとしての質問回答件数の減少の主たる要因となっているものと考えられる。特に，これまでレファレンス質問の多くを占めてきた即答可能な事実検索質問の処理が情報探索者自身によるサーチエンジンの利用にとって代わられているものとみることができる。

　今日，わが国の公共図書館においても電子媒体のレファレンス資料が増加し，ウェブページからのレファレンス質問の提示と回答の入手が可能なバーチャルレファレンスの導入が進んでいる。しかしながら，サーチエンジンの利便性に比べれば，電子媒体のレファレンス資料やバーチャルレファレンスは，情報探索者にとって負担が大きい情報源といえよう。

　こうしたインターネット情報源の選好傾向には問題点を指摘することができる。すなわち，情報探索者は信頼性に関してサーチエンジンと図書館情報資源をほぼ同程度に認識していることは先述のとおりである。しかしながら，サーチエンジンで検索される情報源のなかには，当該分野の専門家でない者が作成し発信しているものがあり，その信頼性が保証されているとは言い難い情報源が存在する。それに対して，専門家を著者とする辞書・事典等を中心とするレファレンス資料や専門図書・雑誌記事等から構成された図書館情報資源は「知の典拠（cognitive authority）」[8]として，一定程度の信頼性が保証された情報源として位置づけられる。

　こうした情報源の信頼性を考慮するならば，事実検索質問の処理をサーチエンジンに依存している情報探索行動は妥当ではない。そこで，公共図書館には，即答可能な事実検索質問の処理においても，一定程度の信頼性が保証されてい

る図書館情報資源の利用を推奨するような情報発信を行う必要がある。同時に，サーチエンジンに見られる利便性を図書館情報資源の利用にも取り入れたシステムの構築が求められる。

11.3　継時的サービスの導入と間接サービスの強化

　今日，わが国の公共図書館には，利用者及び住民の生活や仕事に関する課題や地域の課題の解決に向けた活動を支援することが期待されている[9]。インターネット情報源が普及し，サーチエンジンによって容易に情報探索が可能な環境において，図書館に課題解決支援が期待されるのは，図書館情報資源がインターネット情報源にはない重要な特徴を有するからである。すなわち，課題解決に必要な情報源に求められる重要な条件は，情報内容に関する信頼性と安定性である。インターネット情報源はしばしば断片的であり，一過性の情報を扱い，安定性を欠くものが少なくない。さらに，図書館情報資源のように，特定主題について体系的に組織されているわけでもない。こうしたインターネット情報源が有する問題点を考慮するならば，信頼性が保証された情報源を体系的に収集・組織し，レファレンスサービスによる人的支援を用意している図書館は，利用者や住民の課題解決を支援する役割を果たすことが求められているといえよう。

　図書館による課題解決支援を担うレファレンスサービスには，S. R. ランガナタン（S. R. Ranganathan）が指摘したリサーチコンサルテーション型の「継時的（long-range）レファレンスサービス」[10, 11]機能が求められる。この継時的レファレンスサービスは，ALAによるレファレンスに関する最新の定義のなかで示されているものでもある。すなわち，インターネット時代におけるレファレンスサービスに，"利用者の特定のニーズを充足するために図書館員による情報源の推薦・解釈・評価からなるコンサルテーション"[12]機能が求められている。

　図書館がその解決を支援する課題は，地域課題への支援，個人の自立化支援，あるいは地域の教育力支援など[13]，いずれをとっても特定の情報を即時的に提供することによって直ちに解決できるような課題ではない。それゆえ，コンサ

ルテーション型の継時的サービスが課題解決支援には必要となるのである。

この継時的サービスには，地域の課題を中心にその解決に有用な図書館情報資源を紹介する，さらには課題別に過去のレファレンス事例の記録を図書館のホームページ上に掲載するなどの発信型の情報サービス機能を組み込む必要がある。発信型の情報サービスは間接サービスに属するものであり，質問回答件数という量的指標では捉えられないサービスである。しかし，こうした間接サービスには，利用者が図書館情報資源の有用性を認識し，利用者に信頼性のある情報源に依拠した課題解決を促すという重要な効果が期待される。

11.4 おわりに

図書館サービスをめぐる状況もレファレンスサービスの認知度も異なる米国の動向がただちにわが国の公共図書館にあてはまるわけではない。しかしながら，インターネット情報源の普及という点では米国と共通した情報環境にあるわが国においても，米国と同様，即答型の直接サービスとしてのレファレンスサービスへの要求は今後，減少することが予想される。こうした状況において，これからのレファレンスサービスには，事実検索質問の処理における図書館情報資源の重要性を喚起する情報発信とともに，利用者の課題解決を継時的に支援する機能が求められる。

注・引用文献

1 ： *Public libraries in the United States survey : fiscal year 2012.* Institute of Museum and Libraries Services，2014，79p.
2 ： 前掲1，p. 15.
3 ： 表1の「図書館利用指標」のうち「行事参加回数」を除く指標値は奉仕対象人口一人あたりの値であり，その変化率は2002年から2012年の10年間の値である。
「行事参加回数」については奉仕対象人口1000人あたりの値であり，その変化率は2004年から2012年の8年間の値である。
4 ： *Perceptions of libraries, 2010 : context and community.* OCLC，2011，108p.

5：前掲4, p. 34.
6：前掲4, p. 40.
　　サーチエンジンの信頼性と簡便性とは次のことを意味している。すなわち，サーチエンジンは検索システムであるから，サーチエンジンに対する信頼性とはサーチエンジンによって検索される情報源に関する信頼性を意味している。一方，サーチエンジンの利便性とは簡単にかつ迅速に情報源の検索が可能というサーチエンジンの性能に関するものである。
7：前掲4, p. 40.
8：「知の典拠」とは，わからないことについて知識を獲得する際に参照される情報源が十分に信頼性を有しており典拠として機能する性質をいう。辞書・事典類は「知の典拠」として機能する代表的な情報源である。
9：図書館の設置及び運営上の望ましい基準（平成24年文部科学省告示第172号）について．文部科学省生涯学習政策局社会教育課, 2012, 76p.
10：ランガナタン, S. R. 図書館学の五法則［Five laws of library science. 2nd ed.］．森耕一監訳．日本図書館協会, 1981, p. 284-288.
11：齋藤泰則．利用者志向のレファレンスサービス：その原理と方法．勉誠出版, 2009, p. 37-38.
12：American Library Association; Reference and User Services Association (RUSA). "Definition of reference : approved by RUSA Board of Directors, January 14, 2008". Reference and User Services Association. http://www.ala.org/rusa/resources/guidelines/definitionsreference, (accessed 2015-03-06).
13：図書館をハブとしたネットワークの在り方に関する研究会．地域の情報ハブとしての図書館：課題解決型の図書館を目指して．図書館をハブとしたネットワークの在り方に関する研究会, 2005, 76p.

12章
米国の研究図書館におけるレファレンスサービスの動向と新たな情報リテラシーの枠組み

12.1 はじめに

　米国の研究図書館におけるレファレンスサービスは，情報リテラシー教育の進展やウェブ情報源の拡大と普及を受けて，変革の時代を迎えている。本章では，直接サービスとしてのレファレンスサービスの新たな位置づけと間接サービスの充実・強化の必要性，および情報源の典拠性を重視した情報リテラシー教育について考察する。

12.2 研究図書館におけるレファレンスサービスの動向

　米国の研究図書館協会（Association of Research Libraries，以下 ARL）では，毎年，統計調査[1]を実施しているが，その結果によれば，米国の研究図書館におけるレファレンスサービスは質問処理件数の減少という事態に直面している。
　図12-1 は，ARL に加盟している研究図書館の各種サービスの統計に関する経年変化を示したものである[2]。調査対象サービス項目は7種類からなり，加盟館の当該サービス項目の数値の総計が，1991年から2012年までの期間を対象に1991年の値に対して3年間の間隔をおいて，その増減率がプロットされている。図12-1 のグラフの右端の数字は，各サービス項目について，1991年の値に対する2012年の値の増減率を示したものである。以下，これらの数値に基づいて，米国の研究図書館におけるサービスを概観するとともに，レファレンスサービスの動向について考察する。

12章　米国の研究図書館におけるレファレンスサービスの動向と新たな情報リテラシーの枠組み

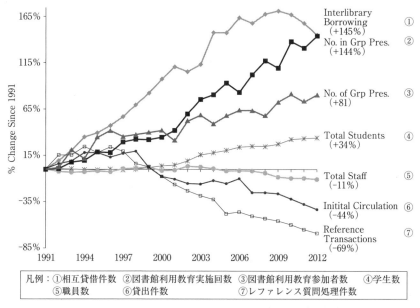

図12-1　ARL加盟大学図書館のサービス動向，1991-2012

出典：Association of Research Libraries. "Service trends in ARL libraries 1991-2012." の graph1 を加工. http://www.arl.org/storage/documents/service-trends.pdf, (accessed 2016-03-16).

12.2.1　図書館サービスとレファレンスサービスの動向

図12-1のグラフから，研究図書館のサービスは，増加傾向にあるサービスと減少傾向にあるサービスに二分されることがわかる。増加傾向にあるサービスは，①の「図書館間相互貸借」と，②および③の「図書館利用教育」である。図12-1に示したとおり，各サービス項目の1991年の値と2012年の値を比較すると，前者の「図書館間相互貸借」(①) の件数は145%の増加となっており，「図書館利用教育」については，その実施回数 (②) は144%増，その参加人数 (③) は81%増となっている。

それに対して，減少傾向にあるサービスは，いずれも主要な図書館サービスである⑥の「貸出件数」と⑦の「レファレンス質問処理件数」である。各サービス項目の1991年の値と2012年の値を比較すると，前者の貸出件数は44%減と

なっており，レファレンス質問処理件数は69％の減少となっている。

その一方で，図書館利用者の中核をなす④の「学生数」はゆるやかではあるが増加傾向にあり，2012年の学生数は1991年のそれの34％増となっている。このことから，貸出件数とレファレンス質問処理件数の減少は，利用者数が増加しているにもかかわらず，生じている現象であることがわかる。

上述した図書館間相互貸借件数の大幅な増加は，研究教育に必要な情報資源が自館の情報資源では十分ではないことを示すものであり，研究教育における図書館の情報資源，特に印刷媒体としての図書館の情報資源の重要性は依然として維持されているものとみることができる。よって，貸出件数の減少は，研究教育における図書館の情報資源への依存度の低下を意味するものでなく，その依存度が継続するなかで，生じている事態であることがわかる。

12.2.2　レファレンス質問処理件数減少の要因と今後のレファレンスサービス

レファレンス質問処理件数の大幅な減少については，情報要求を充足するための情報源が図書館の情報資源からウェブ情報源に一部，移行しつつあることに起因すると考えられる。OCLCの調査では，検索エンジンによるウェブ情報源の検索・利用の迅速性と利便性を理由に，情報探索におけるウェブ情報源選択の優位性が明らかにされている[3]。

しかし，レファレンス質問処理件数の大幅な減少は，ウェブ情報源への移行のみによって生じているわけではない。図書館利用教育の効果が，直接サービスとしてのレファレンスサービスの利用を低下させているものと考えられる。図12-1に示したとおり，図書館利用教育の実施回数は1991年の値に対して2012年には144％増となっており，参加者数も81％増となっている。図書館利用教育の実施は，情報資料の探索・入手能力を中心とする情報リテラシーの獲得を支援し，利用者自身による情報資料の探索と入手を可能にするものである。その結果として，従来であれば，図書館員の支援を求めて提示されたレファレンス質問が，利用者自らが情報を探索し充足できる質問となり，レファレンス質問処理件数の減少をもたらしたものと考えられる。

ここで注意すべきことは，こうしたレファレンス質問処理件数の減少は，直

12章　米国の研究図書館におけるレファレンスサービスの動向と新たな情報リテラシーの枠組み

接サービスとしてのレファレンスサービスの意義を決して低下させるものでない，ということである。今後，利用者から提示されるレファレンス質問は，図書館利用教育を通して利用者が獲得した情報リテラシー，なかでも情報探索能力では対処できない，より複雑で高度な情報探索技能を要する質問になる可能性が高いと考えられる。ゆえに，図書館員には，より複雑で高度なレファレンス質問を処理できるだけの知識とスキルをみにつけておくことが求められる。

　こうした図書館利用教育の実施とその展開は，間接サービスとしてのレファレンスサービスの重要性をより一層高めるものであり，その充実と強化が求められることを意味する。ここで間接サービスとしてのレファレンスサービスとは，情報資源の選択・収集・組織化とその維持管理に関するサービスを指す。

　図書館利用教育や情報リテラシー教育の内容については，ALAの下部組織である「大学研究図書館協会（Association of College and Research Libraries，以下ACRL）」が2000年に発表した『高等教育のための情報リテラシー能力基準 (*Information Literacy Competency Standards for Higher education*)』（以下，『情報リテラシー能力基準』）[4]のなかで示されている。その科学技術分野の基準は，2006年に『科学技術のための情報リテラシー基準（*Information Literacy Standards for Science and Engineering/Technology*)』[5]として策定されている。これらの基準が示す情報リテラシーの内容は，主に検索戦略の構築に関する要素から構成されており，情報リテラシー教育の最終目標は，この検索戦略の構築能力の獲得にあることがわかる。検索戦略の構築を情報リテラシー教育の最終目標とする考え方については，13章で詳しく取りあげる。

　次節では，間接サービスとしてのレファレンスサービスと情報リテラシー教育との関係について考察する。

12.3　レファレンスサービスと情報リテラシー教育

12.3.1　間接サービスとしてのレファレンスサービスの意義

　情報リテラシー教育の中心となる「検索戦略」は次の4つの段階からなる。すなわち，①情報要求の分析，②情報源の選択，③検索語の選定，④検索式の

作成,である。これらの各段階で必要となる知識とスキルは,レファレンスサービスにおける間接サービスをとおして構築される情報資源探索のための環境に基づいて定まるものである。一例として,「情報源の選択」の段階を取りあげてみよう。情報要求を充足するために選択される情報源は,図書館が収集・組織・蓄積している情報資源の範囲に基本的に依存する。すなわち,図書館が収集・組織・蓄積している情報資源のなかから情報要求を充足する情報が得られる適切な情報源が選択される。もちろん,この収集・組織・蓄積の対象は,図書館の印刷メディアの所蔵資料に限定されることはない。ウェブ情報源のなかから特定の主題に関する信頼性のあるサイトを精選し,解題を付して図書館のホームページ上で紹介する情報源や,図書館が契約している外部機関が提供するデータベースも含まれる。これらのウェブ情報源の選択と紹介,導入されるデータベースの選定とその利用環境の整備は間接サービスとしてのレファレンスサービスの重要な役割である。

　このように,検索戦略の構築に関する教育は,原則として間接サービスによって整備される情報環境の範囲で行われることから,情報リテラシー教育の成否は間接サービスに依存することになる。それゆえ,情報リテラシー教育を実効性のあるものにするには,間接サービスの充実・強化が不可欠といえる。

12.3.2　新たな情報リテラシーの枠組み

　ACRLでは,2016年1月に同理事会において,『高等教育のための情報リテラシーの枠組み (Framework for Information Literacy for Higher Education)』(以下,『情報リテラシーの枠組み』)[6]を採択している。米国の研究図書館,特に大学図書館では,2000年に発表された『情報リテラシー能力基準』[7]に示された情報リテラシーの概念とスキルをふまえて,大学の情報教育カリキュラムや大学図書館独自に実施する情報リテラシー教育が展開されてきた。しかし,ACRLでは,インターネット環境の進展と検索エンジンによるウェブ情報源の利用の利便性等の向上により,高等教育を取り巻く情報環境が急速に変化しているとの認識のもと,『情報リテラシー能力基準』に示されたこれまでの情報リテラシー概念の再検討を進め,その結果,策定されたのがこの『情報リテラシーの枠組み』である。

表12-1 『情報リテラシー能力基準』と『高等教育のための情報リテラシーの枠組み』との関係

『情報リテラシー能力基準』		『高等教育のための情報リテラシーの枠組み』					
基準 No	内容	典拠性	情報の作成	情報の価値	探究	対話	探索
基準1	情報要求の決定	○		◎	◎		
基準2	情報アクセス						◎
基準3	情報と情報源の評価	◎		○			
基準4	情報利用		◎		○	◎	
基準5	情報の経済・法的・社会的問題			◎			

注：○は扱われている基準　　◎は重点的に扱われている基準

『情報リテラシーの枠組み』は六つの枠組みから組織されており，それぞれの枠組みは情報リテラシーで扱う知識やスキルを相互に関係づけするための基礎的概念を示すものとして位置づけられている。その六つの枠組みとは次のとおりである。

1) 典拠性（authority）は構築され文脈に依存する（以下，「典拠性」）
2) 情報の作成を過程としてとらえる（以下，「情報の作成」）
3) 情報は価値を有する（以下，「情報の価値」）
4) 研究を探究（inquiry）としてとらえる（以下，「探究」）
5) 学問を対話としてとらえる（以下，「対話」）
6) 検索を戦略的な探索（exploration）としてとらえる（以下，「探索」）[8]

表12-1は『情報リテラシー能力基準』に示されている各基準が新たに策定された上記の『情報リテラシーの枠組み』のいかなる枠組みのなかで扱われているかを示したものである。

『情報リテラシー能力基準』では，情報要求の決定の段階に始まり情報利用の段階に至る過程を重視し，各段階において必要となる知識やスキルを解説す

るという形式で策定されている。それに対して表12-2に示したとおり,『情報リテラシーの枠組み』では,設定した個々の枠組みが情報要求の決定から情報利用に至るどの段階に関わるものかを示すという形式を採用している。

　すなわち,基準1の「情報要求の決定」においては,「情報の価値」と「探究」に関する枠組みのなかで重点的に扱われ,さらに「典拠性」の枠組みのなかでも扱われている。基準2の「情報アクセス」は「探索」に関する枠組みのなかで,基準3の「情報と情報源の評価」については「典拠性」と「情報の価値」に関する枠組みのなかで扱われている。基準4の「情報利用」は「情報の作成」「探究」「会話」の枠組みのなかで,基準5の「情報の経済・法的・社会的問題」は「情報の価値」の枠組みなかで扱われていることがわかる。

　以下,これらの六つの枠組みについて解説する。

1）典拠性

　「典拠性」とは,利用者が情報源とその情報源から得られる情報を選択,評価する際に重視される指標であり情報源の信頼性や正確性を指す概念である[9]。『情報リテラシー能力基準』では,この典拠性については「基準3」と「基準1」で取りあげられている[10]。『情報リテラシーの枠組み』では,典拠性は情報リテラシーを構成する各要素を統合し関係づける基礎的概念として扱われている。この「典拠性」については,今後の情報リテラシー教育の内容を策定するうえで,きわめて重要な概念であり,次節で詳細に取りあげる。

2）情報の価値

　「情報の価値」は,情報というものが,いくつかの次元からなる価値を有していることを表すものである[11]。その価値とは,商品としての価値,教育の手段としての価値,世界を理解する手段としての価値である。さらには,法的・社会経済的な関心が情報の生産と伝達に及ぼす影響についても,情報が有する価値とされており,その影響の見極めが重視されている。

3）情報作成

　「情報作成」は,いかなる形態の情報についても,メッセージを伝達するために作成されるものとして捉えた概念であり,そこでは,情報作成過程のなかで生成される情報と情報源の形態との関係性や差異を識別することが重要とされている[12]。すなわち,研究成果をもとに作成される情報と情報源は,学術論

文,専門図書,専門事典という順序をたどることになるが,この情報と情報源の作成過程を理解することにより,利用者は自らの情報要求を充足するために適切な情報源の選択が可能になるとしている。

4）探究

「探究」は,研究というもののもつ反復性に着目したものである[13]。すなわち,研究は,ますます複雑化する質問あるいは新たな質問を設定し,それらの質問に次々と解答することにより,さらなる質問が生成される過程として捉えられている。この質問とその解答の連続性こそが研究の特徴であり,その連続性は「探究」にほかならないとしている。

5）対話としての学問

「対話としての学問」とは,情報作成者としての研究者間の対話,さらには情報作成者と情報利用者との対話のもつ意義を重視したものである[14]。すなわち研究者が提示する理論や思想は,そうした対話をとおして定式化され,その価値に重みづけしたものとして捉えられている。また,複雑な問題については確定的な解答を求めるのではなく,情報作成者と情報利用者との対話を通して,多様な視点から解答を求めることが重要であるとしている。

この点を敷衍するならば,ある特定の問題について,個々の専門家は情報作成者として,自らの専門知識や視点に基づき,その解答を論文や図書という情報源を通して提示する。一方,その問題への解答を求める情報利用者は,一人の専門家による論文や図書を利用するのではなく,複数の専門家の論文や図書を通じて多様な視点を獲得し,問題の解決に資する情報や知識を得ることが重要となる。こうした情報利用者側の多様な視点を求めての情報選択行動は,情報作成者としての専門家に影響を与え,自身には欠けていた視点の発見にもつながり,新たな視点からの情報作成を促す契機ともなる。このような関係性は,まさに情報作成者と情報利用との対話ともいうべき相互作用によって構築されるものである。さらに,ある分野に関する特定の論文,図書,その他の学術資料が当該分野の知識にどのように寄与しているのかを見極める能力もこの「対話としての学問」では重視されている。

6）探索

「探索」とは,情報検索が非線形的であり,反復的なものであること,そし

てその非線形的で反復的な情報検索には，情報源の評価を伴うことを表すものである[15]。こうした情報検索の非線形性や反復性を「探索」として捉えている。この探索としての情報検索行動として，発見とセレンディピティがあげられており，明確な情報要求を前提とした情報検索ではなく，曖昧で漠然とした情報要求，さらには潜在化している情報要求に対応する非定型で発見的な情報探索の重要性に着目している。

12.4 情報リテラシーと典拠性

12.4.1 情報リテラシーにおける典拠性の位置づけ

　2016年1月にACRLが策定し公表した『情報リテラシーの枠組み』のなかで提示された六つの情報リテラシーの基礎的概念の枠組みのなかで最も注目されるのが，「典拠性」という概念である。というのも，インターネット環境により，その利便性と迅速性ゆえにウェブ情報源の利用が飛躍的に増大するなかで，改めて情報源の信頼性や正確性を評価し，典拠としての機能を有する情報源を選択・利用する能力が情報リテラシーにおいてきわめて重要となるからである。

　2000年に発表された『情報リテラシー能力基準』においては，先述のとおり，この「典拠性（authority）」という用語は，情報要求の決定を扱う「基準1」と情報と情報源の評価能力を扱っている「基準3」のなかに出現する。「基準3」では，活動指標として，「情報リテラシー能力を有する学生は情報とその情報源を評価するための基準を明確にし，適用する」とあり，そのアウトカムとして，「多様な情報源からえられた情報を比較検討し，信頼性，妥当性，正確性，典拠性（authority），適時性，および観点や偏向について評価すること」（傍点は引用者）という文章のなかに「典拠性」が登場している[16]。この『情報リテラシー能力基準』に基づいて作成された『科学技術のための情報リテラシー基準』においても，「典拠性」の扱いは同様である。

　このように，これまでの基準において「典拠性」は，情報リテラシーの知識や技能全体に通底する基礎的概念としては扱われてはいなかった。それに対し

て，新たに策定された『情報リテラシーの枠組み』においては，この「典拠性」という概念が情報リテラシーを構成する知識やスキル全般に関わる主要な基礎的概念として扱われている．

14.4.2 典拠性の特徴

『情報リテラシーの枠組み』では，情報源とは作成者（図書の場合は，著者）の主題専門知識と信頼性が反映されたものとして捉えられている[17]．換言すれば，主題専門知識を備え当該専門分野において専門家として承認されている人物が作成した情報源であるということが，情報源の内容の信頼性を保証する，というとらえ方である．

図書や学術論文の作成者は「著者」と称されるが，この著者は英語で"author"と表記される．「典拠性」を表す"authority"は，この著者を表す"author"が語幹となっていることからわかるように，典拠の機能を果たす専門家が作成した図書や学術論文であるがゆえに，それらの情報源は典拠性を有するのである．換言すれば，典拠の機能を有する人物（専門家）が情報源を作成したときに，その人物は「著者（author）」と呼ばれることになる．

ウェブ情報源のなかには，上述の「著者」の要件を満たしている人物が作成者でないものが多数，存在する．すなわち，図12-2に示したように，図書・学術論文については，その作成者は典拠の機能を有するがゆえに「著者」と称されるが，ウェブ情報源については，その作成者が必ずしも典拠の機能を有する専門家ではないがゆえに，基本的に「著者」と称されることはない．このように情報源の作成者が「著者」と称されるかどうかが，図書館の情報資源として選択されるかどうかの基準となり，「著者」と称される情報源が図書館の情報資源となるのである．

情報源のもつ典拠性を踏まえたうえで，情報源の典拠性は利用者の情報要求と情報が利用される文脈に基づいて評価されることになる．このことを，『情報リテラシーの枠組み』では，「典拠性は構築され，文脈に依存する」[18]と表現している．

情報源の典拠性は，主題専門知識を有し，信頼できる内容を作成する専門家が著者としてその情報源を作成していることが前提となる．しかし，情報源の

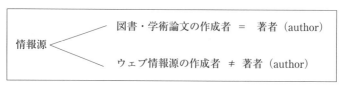

図12-2　情報源と著者との関係

　典拠性を最終的に判断し決定するのは，その情報源の利用者である。同じ情報源であっても，個々の利用者によって，異なる典拠性の判定を下すことがありえる。すなわち，情報源の典拠性とは，その情報源の利用の時点で発生する概念であり，利用者によって情報源の典拠性の程度が判定されることに注意する必要がある。この利用者による典拠性の程度の判定について，具体的な例をあげてみよう。

　いま，農学に関して初学者向けに書かれた情報源Ⅰを考える。この情報源Ⅰに対して，農学をこれから学ぼうとする利用者Xはきわめて高い典拠性をもつものと判断するが，農学をある程度学び，卒業研究を進めている段階の利用者Yにとっては，その情報源Ⅰからは新たな知識が得られず，情報源Ⅰについて典拠性を有する情報源として認知しない。

　このように，情報源の典拠性は，すべての利用者にとって一様に認められるわけでなく，利用者の既有知識との関係に基づいて定まるものである[19]。また，同じ利用者であっても，特定の情報源について常時，典拠性が認められるわけでない点にも注意する必要がある。すなわち，農学を初めて学ぶ者が，当初は典拠性を有する情報源（たとえば，教科書）と判断したものでも，農学に関する学習を進めていくなかで，その学習者にとって，その情報源は重要でなくなり，その情報源にはもはや典拠性を認めない，というような場合である。

　以上，述べてきた利用者の知識状態の変化とそれに伴う情報源の典拠性の程度の違いが，『情報リテラシーの枠組み』で指摘されている「情報源の典拠性の文脈依存性」である。ここで「文脈」とは，ある事象に関する知識を必要とする特定の状況を指している。そして「文脈依存」とは，知識を得るために選択・利用される情報源の典拠性が，情報要求を生み出した利用者の知識状態に依存していることを意味している。

情報リテラシーにおいては，課題解決のために利用し活用する情報源を選択し評価する能力がきわめて重要となる。情報リテラシーでは，選択・利用する情報をもとに，新たな情報を作成し発信する能力もまた重要な目標とされる。いうまでもなく，この作成，発信される情報の成否は，選択・利用される情報源の質に依存するがゆえに，情報源の典拠性を十分に評価する能力が情報リテラシーにおいて最も重視される能力といえる。

12.5 おわりに

米国の研究図書館では，直接サービスとしてのレファレンスサービスの利用に関する低下傾向が見られるが，それはより高度な直接サービスの提供の必要性を意味すると同時，情報リテラシー教育を支える間接サービスの重要性を示唆するものでもある。

わが国の研究図書館においても，情報リテラシー教育が重視されており，大学図書館のラーニングコモンズとしての機能の導入とその強化が図られているなかで，レファレンスサービスの在り方が模索されている。米国の研究図書館におけるレファレンスサービスの動向と情報源の典拠性を重視した新たな情報リテラシーの枠組は，今後のわが国の研究図書館，とりわけ大学図書館のレファレンスサービスの在り方と情報リテラシー教育を検討するうえで，重要な示唆を与えるものである。

注・引用文献

1：Association of Research Libraries. "ARL statistical trends". http://www.arl.org/focus-areas/statistics-assessment/statistical-trends，(accessed 2016-04-19)．
ARLには，米国の大学図書館を中心に，国立農学図書館，国立医学図書館，ニューヨーク公共図書館，ボストン公共図書館などを含め，現在，124図書館が加盟している（ARL. "History of ARL". http://www.arl.org/about/history，(accessed 2016-04-24)）。

2：Association of Research Libraries. *Service trends in ARL libraries 1991-2012.*

http://www.arl.org/storage/documents/service-trends.pdf, (accessed 2016-04-19).
3 : *Perceptions of libraries and information resources, 2010*. OCLC, 2011, p. 40-41.
4 : "Information Literacy Competency Standards for Higher Education". Association of College & Research Libraries. 2000, 16p. http://www.ala.org/acrl/standards/informationliteracycompetency, (accessed 2016-04-19).
5 : "Information literacy standards for science and engineering/technology". Association of College & Research Libraries. 2006, [11] p. http://www.ala.org/acrl/standards/infolitscitech, (accessed 2016-04-19).
6 : "Framework for information literacy for higher education". Association of College & Research Libraries. 2016, 18p. http://www.ala.org/acrl/standards/ilframework, (accessed 2016-04-19).
7 : 前掲4.
8 : 前掲6.
9 : 前掲6, p. 4.
10 : 前掲4, p. 11.
11 : 前掲6, p. 5.
12 : 前掲6, p. 6.
13 : 前掲6, p. 7.
14 : 前掲6, p. 8.
15 : 前掲6, p. 9.
16 : 前掲6, p. 11.
17 : 前掲6, p. 11.
18 : 前掲6, p. 11.
19 : Wilson, Patrick. *Second-hand knowledge: an inquiry into cognitive authority*. Greenwood Press, 1983, p. 13.

Ⅲ部
利用者教育に関する論考

13章
米国の大学図書館における利用者教育の理論化の動向

13.1 はじめに

　本章では，大学図書館の利用者教育の理論化について，米国の動向をもとに考察する。そこでまず，米国の大学図書館における利用者教育が認知学習理論をもとに理論化された背景について述べる。3節では，利用者教育のアプローチについてそれが依拠する認知学習理論によって類型化し，その特質を明らかにする。続く4節では，各アプローチの相互関係について考察する。

13.2 利用者教育の理論化の背景と認知学習理論の導入

　米国の大学図書館における利用者教育は，その起源を1870年にまで遡ることができる[1,2]。その後，停滞期を迎えはしたが，1950年代からの高等教育の拡大に伴い，利用者教育の必要性は増大し，なかでも1960年代のP. B. ナップ（P. B. Knapp）のモンティース・カレッジにおける実験[3]は，その後の利用者教育の進展に大きな影響を及ぼした。

　利用者教育は1970年代には降盛期を迎え，多くの大学図書館において利用者教育のプログラムが開発され，その内容と方法も洗練されていった。その一方で利用者教育の効果が疑問視され，その理論的な基盤の必要性が指摘されることになった。利用者教育は，その起源からおよそ100年後にあたる1980年代に入り，認知学習理論に依拠した概念化，理論化が図られることになる。すなわち，1981年には大学研究図書館協会（Association of College and Research Libraries）の文献利用教育部（Bibliographic Instruction Section）によって設置されたシンクタンクにおいて，利用者教育の現状と将来の方向が議論され，利用

者教育の理論化が求められた。これを契機に，利用者教育への学習理論の応用可能性が探究されることになった。

利用者教育の理論化の試みは，従来の利用者教育が学生に十分な効果を与えていないことへの反省から生じたが，同時にそれは利用者教育の目標の再考を促すことになった。H. V. タケット（H. V. Tuckett）と C. J. ストッフル（C. J. Stoffle）は，その究極的な目標を「自己主導的な利用者（self-reliant user）」の育成にあると指摘し，利用者が習得すべき能力として次の6点をあげている。

1) 問題の提示にあたり，その解決に必要な情報のタイプと範囲を概念化する能力
2) その情報を得るのに必要なステップを思い描く能力
3) 適切な情報を提供する情報源のタイプを決定する能力
4) そのような情報源が存在するかどうかを確認する能力
5) 適切な情報源がないとき，必要な情報のタイプと範囲，情報収集のステップを再検討する能力
6) ライブラリ・リサーチの過程を通じて得られた情報の質，適合性，信頼性を判断する能力[6]

これらの能力を獲得させるには，レファレンス・ソースの利用方法を中心とした従来の利用者教育の内容と方法を見直す必要があった。たとえば，C. オバーマン（C. Oberman）と R. A. リントン（R. A. Linton）は，ライブラリ・リサーチを情報探索の戦略，情報源の知識，文献の構造に関する知識を必要とする問題解決作業と規定し，それらが効果的に行われるためには，情報源の利用法という具体的なスキルではなく，問題解決の過程と意志決定のスキルを教育すべきだと指摘している[7]。また，C. A. メロン（C. A. Mellon）は，従来のツールを中心とした利用者教育では有能な自己学習能力を備えた利用者を育成することはできないとし，利用者教育の設計に人間の思考，学習に関する知見を導入するよう主張している[8]。

オバーマンやメロンによって疑問視されたレファレンス・ソース中心の利用者教育の限界について，タケットとストッフルは次の3点をあげている。

1) 特定のレファレンス・ソースとその利用法のみが教育されるため,学生は様々なツールを結びつけた情報探索のアプローチをとることができない。
2) 特定のレファレンス・ソースに関する知識とそのソースを利用すれば解決できる課題が学生に与えられる。そのため,それとは異なった情報ニーズが生じた場合,学生はそれに適した他のレファレンス・ソースがあるとは考えないようになる。
3) 必要な情報をもとに情報源とレファレンス・ソースを評価する必要性と情報ニーズを分析するためのテクニックのいずれも教育されていない。[9]

　学生にとって,レファレンス・ソースの知識は,研究調査や問題の処理にとって有効な情報を得るために必要なものであり,研究調査や問題解決の場面に応用されてはじめて生きてくる。従来のレファレンス・ソース中心の教育と学習のもつ限界は,実際の研究調査や問題の場面で学習した内容が応用されない,すなわち学習内容の転移が起こらない点にある。J. R. ハンソン(J. R. Hanson)は,このことを問題視し,利用者教育は学生が新しい状況に応用できるかたちで実施されるべきであり,学習したスキルの転移能力を育成することをその目標とすべきであると述べている[10]。
　以上の意見を背景にして探究された利用者教育への学習理論の導入は,学生の学習の効果を高めるために,教育の内容と方法を認知説の学習理論の知見をもとに構成することを意図している。学習理論は大きく二つに分けられる。S(Stimulus)-R(Response)理論ともいわれる連合説は学習現象を刺激と反応の結合として説明するもので,これを適用した利用者教育は1970年代に現れ,ワークブックを用いた学習やCAIを使った方法が生み出された。この連合説の学習理論では,学習という人間の内的過程はブラックボックスとして扱われ,練習や経験という具体的な刺激とそれによって引き起こされる行動といういずれも外的な要素が重視される[11]。
　一方,認知説の学習理論は,問題解決などの比較的複雑な事態における学習を扱い,外的な刺激としての環境に対して学習者が実際に認知した構造を重視

し,学習をその認知構造から説明するものである[12]。1980年代以降の利用者教育の理論化の試みはこの認知説に依拠している。

次節では,この認知学習理論に基づいた利用者教育のアプローチを取りあげ,その特質を明らかにする。

13.3 アプローチの類型化

1980年以降に現れた認知学習理論に基づく利用者教育の理論化の試みは,レファレンス・ソースの記憶と再生を重視した情報源指向の「概念的枠組みアプローチ」と,レファレンス・ソースが実際に活用される場面とその活用の過程に焦点をあてたプロセス指向の「問題解決アプローチ」,さらにそれらの統合を指向した「ライブラリ・スキルの体系化アプローチ」に類型化することができる[13]。表13-1は各アプローチとそれらが依拠する理論との関係を示したものである。

13.3.1 概念的枠組みアプローチ

利用者教育に概念的枠組みアプローチの導入を試みたのが,P. コベルスキ（P. Kobelski）と M. ライシェル（M. Reichel）[14]である。最近では,ライシェルと M. A. ラミー（M. A. Ramey）[15]が複数の主題領域において利用者教育に適用し

表13-1 利用者教育のアプローチとその特質

アプローチ	プロセス指向	ソース指向	理論
概念的枠組み	弱	強	有意味学習理論（Ausubel） 教材の構造（Bruner）
ライブラリ・スキルの体系化	↓	↓	学習階層（Gagne）
問題解決	弱	弱	意思決定モデル（Wales） 問題解決モデル（Kaufman） 個人的構成体理論（Kelly）

ている。この概念的枠組みは教育内容を組織化し構造化するために利用される一般原理であり，学生にとっては学習した内容を一般化し，再生を容易にするための枠組みとなる。従来の利用者教育が学生に学習の転移を促進しなかった理由の一つは，学生の既有知識と教育内容との関係が考慮されていなかった点にある。学習の転移が生じるには，教育内容（学生からみれば学習内容）が記憶されなければならない。学習内容の記憶および理解は，学習者の既有知識，すなわち認知構造のなかにその内容が位置づけられてはじめて可能となる。

　教授・学習における概念的枠組みの必要性は，J. S. ブルーナ（J. S. Bruner）の教材の構造に関する理論[16, 17]と D. P. オーズベル（D. P. Ausubel）の有意味学習理論[18, 19]なかで指摘されている。ブルーナによれば，一般原理を提示することなく特殊な技能を教授し，学習させることは次の点で問題とされる。第1に学習した内容をその後の学習内容につながっていくようなかたちで，一般化することを難しくする。第2に一般原理を把捉することができなかった学習内容は，新たな場面に使えるようにはならず，そのため，その学習に興味がもてなくなる。第3にたとえある技能や事実を獲得しても，それらを相互に結合する原理や構造が把握されていなければ，その技能や事実が長期にわたって記憶されることはない[20]。

　オーズベルは学習者がすでに所有している知的枠組みのなかに新しい知識を位置づけたり，新しい知識の吸収によって知的枠組みそのものを変容させることにより，有意味な学習（meaning learning）が成立すると考え，そのためには学習させようとする詳細な内容を提示する前に，それよりも一般的で抽象的な性質を有した概念「先行オーガナイザー（advance organizer）」をまず提示し学習すべき材料を学習者の既有知識と関連させる必要があると指摘している[21]。

　コベルスキとライシェルは，ブルーナとオーズベルの理論をもとに，利用者教育のために七つの概念的枠組みを提案している[22]。「1次，2次資料」という概念的枠組みでは，オリジナルな研究と2次資料との関係が扱われている。そこでは，単に2次資料を紹介する従来のやり方とは異なり，オリジナルな研究について報告した雑誌論文や図書が1次資料としてまず説明され，1次資料との関係において2次資料の役割が学習される。この場合，オリジナルな研究とそれを掲載した論文や図書の存在は学生にとって既知の事柄，すなわち既有

知識と見なされ,それとこれから新しく学習すべき2次資料の知識と関連させることにより,学生はその記憶と再生が容易になるという考え方に立っている。

最もよく使用される概念的枠組みは,一般的な情報収集過程を示した「組織的な文献探索」である。まず,百科事典を利用し概略的な情報を収集し,次に目録や書誌類を使って遡及的に情報を集め,索引誌,抄録誌により最新の情報を探索する過程が教育される。この枠組みは2次資料のタイプとその基本的な目的を理解させるうえで有効であり,個々の2次資料の知識を組み合わせて使用するための原理となる。他に,研究の開始から発表,出版,2次資料への掲載に至る過程を扱った「出版物の流れ」,ツールのタイプ別に分類した「レファレンス・ツール」などの概念的枠組みがある。

これらの概念的枠組みは単独で使用することもできるが,他の枠組みと組み合わせることも可能である。たとえば「1次,2次資料」は「出版物の流れ」のなかで位置づけられる。また,「組織的な文献探索」が扱う百科事典の参照から目録,索引の検索をへて原文献を入手する過程は,「出版物の流れ」が扱う発表された論文が2次資料に掲載されるまでの過程を遡及するものであり,組織的な文献探索の手順を理解するうえで,この「出版物の流れ」は有効な枠組みとなる。

概念的枠組みアプローチは,レファレンス・ソースを中心とした教育内容を再生と転移の促進という観点からオーズベルやブルーナの理論をもとに精緻化したものである。確かに,学習の記憶と再生は学習する内容が学習者の既有知識に効果的に同化,統合されることによって促進される。しかし前節で指摘したように,学習者にとっては,概念的枠組みを通して教育されるスキルを学習することが最終的な目的ではない。そのスキルは,なんらかの問題が生じた際に,その処理,解決に役立つ情報を文献から収集するためのスキルである。それゆえ,概念的枠組みが扱うスキルは次に述べる問題解決に必要なスキル[23]の一部として位置づけられることになる。

13.3.2 問題解決アプローチ

問題解決アプローチでは,新しく出会った課題や問題へ接近するための認知方略が重視されている。R. M. ガニエ(R. M. Gagne)はこの認知方略は学習者

が自らの学習過程や思考過程を統御する方法であり,教育における学習目標としてきわめて重要であるとした。そして認知方略が改良されるにしたがって学習者は徐々に「自己学習者」や「独立した思考者」になっていくと指摘している[24]。ただし,ガニエも述べているように,この認知方略は長期にわたって徐々に精巧になり,学習されるというよりも,むしろ発達する性質をもつとされている[25]。したがって問題解決のための認知方略は新しい問題を解決する機会を多く与えることによって獲得されるものといえる。

　問題解決アプローチを扱った利用者教育としては,先述のオバーマンとリントン,メロン,さらにはC.クルトー(C. Kuhlthau)の研究がある。これらは,依拠する理論が異なっており,それぞれ注目すべき内容をもっている。以下,各アプローチの特質をみていく。

13.3.2.1　オバーマンとリントンのアプローチ

　オバーマンとリントンは,情報源の探索と情報の収集を中心とした効果的なライブラリ・リサーチの教育は問題解決過程を構成する3要素にしたがって実施される必要があると指摘している[25]。その第1の要素は「ニーズの分析」である。この段階では,問題の範囲と問題を構成する要素を明確にし,問題が定式化される。その際,問題の解決に必要な情報が存在するかどうかが検討され,また問題の解決に使用できる時間などの要因が考慮される。第2の要素は「問題と情報源との結合(linkage)」である。ここでは,明確にされ,定式化された問題への答えを含む情報源が決定される。第3の要素は「情報源の評価」である。ここでは情報の正確さ,情報の新しさ,情報の詳細さのレベルなどによって複数の情報源を評価し,どの情報源が情報ニーズに最も適しているかを判断することになる[26]。

　オバーマンとリントンは以上の3要素をC. E. ウェルズ(C. E. Wales)らの「ガイディド・デザイン(guided design)」[27, 28]をもとに10のステップに細分している。その内容は次のとおりである。

　すなわち,ⓐ問題の範囲の確定,ⓑ問題の範囲の分析,ⓒ問題の範囲を制限する要因の記述,ⓓ可能な解決策の考案,ⓔ解決策の吟味・改良,ⓕ分析,ⓖ総合,ⓗ探索戦略の作成,ⓘ情報の収集,ⓙ研究課題の完成である[29]。ⓐからⓓの四つのステップの主な作業は上述の第1要素の「ニーズの分析」に該当す

る。第2の要素の「問題と情報源の結合」はⓔとⓕの段階で行われ，続く第3要素の「情報源の評価」はⓕとⓖでの作業となる。以下，選択，評価された情報源を探索するための戦略が立てられ（ⓗ），それに基づいて情報源の探索と情報の収集が行われ（ⓘ），その情報の利用により問題を処理し研究課題を完成させる（ⓙ）。

　実際の利用者教育は次のように行われる。まず学生に対して，ライブラリ・リサーチを必要とする問題を提示する。学生にはその問題について調査したうえで，最終的にレポートを作成するよう求める。問題を提示した後に，ステップⓐに関する指導が図書館員から行われ，それにしたがって学生は解答すべき問題のリストを作成する。ここでステップⓑに関する指導が行われ，学生は問題の範囲を分析する。その後，学生の進捗状況を見ながら，随時，指導が行われ，調査に利用できる時間，必要な情報を含む情報源が存在するかどうか（ⓒ），調べる必要のある情報源のタイプはどのようなものか（ⓓ，ⓔ）について検討するように誘導していく。こうした指導を通して学生に1次資料と2次資料の関係を理解させていく。次に，必要な情報のタイプと各情報源とを組み合わせ，その有効性を学生が評価できるように誘導する（ⓖ）。評価のうえ選択された情報源の探索戦略の作成を求め，ここで具体的な書誌・索引類が提示される（ⓗ）。学生はそれらのツールを使って情報源を探索し，必要な情報を収集する（ⓘ）。次に学生は収集された情報を利用しながら問題に解答し，レポートを作成する（ⓙ）。

　このようにオーバーマンとリントンのアプローチでは，情報の探索と収集を中心としたライブラリ・リサーチのためのスキルを教育することに主眼がおかれ，その教育の方法として問題解決という場面が取り入れられていることがわかる。このオーバーマンとリントンのアプローチを適用した利用者教育の実践事例[30]については，15章で取りあげる。

13.3.2.2　メロンのアプローチ

　メロンはR. A. カウフマン（R. A. Kaufman）の問題解決モデル[31, 32, 33]とW. G. ペリー（W. G. Perry）の知的発達理論[34]を利用者教育の設計に適用している[35]。レファレンス・ソースの効果的な利用の如何は，情報ニーズが質問という形式に明確にされる程度にかかっており，いかにツールの知識が豊富であろう

と，質問が曖昧な状態ではその知識は生かされないままとなる。このような考えから，メロンは図書館利用を引き起こした情報ニーズの明確化から始まる一連の過程を重視した利用者教育プログラムを開発している。それによれば，情報ニーズの明確化に続いて，情報ニーズを質問として表現し，その解答を求めて情報を探索し，得られた情報を利用して質問に解答する過程が学習の対象となっている。

　カウフマンのモデルは，問題解決過程が五つの要素から記述されており，各要素がさらに複数の要素に細分されている。メロンはこのモデルにしたがって，次の五つの要素からなるライブラリ・リサーチ過程のモデルを作成している。すなわち，ⓐ質問の明確化，ⓑ情報源の同定，ⓒ検索語への変換，ⓓ検索の実行，ⓔ資料の所在確認である[36]。各要素は，カウフマンのモデルにならい，さらに細分化され，たとえば質問の明確化は六つの要素から構成されている[37]。

　メロンは，学生がある課題について調査し，その結果を発表するために必要な作業について，教員と連携を図りつつ検討を加えている。その結果，開発されたのが「組織的探究モデル」である[38]。そこでは，情報ニーズの明確化，情報の探索というライブラリ・リサーチ過程に続いて，収集した情報の提示に関わる段階が設定されている。この情報提示の段階では，だれに対してどのような理由から情報を提示するかを考え，最も効果的な情報提示の方法を検討し，収集した情報を目的に照らして評価することになる。このようにメロンのとった利用者教育はライブラリ・リサーチの段階を主要な対象とするものの，その段階を独立させることなく，組織的探究モデルの枠組みのなかに組み入れて実施しようとした点に特徴がある。

　メロンのアプローチの重要なもう一つの側面は，利用者教育を学生の知的発達段階を考慮して実施しようとした点である。情報の探索と収集には情報内容の理解とその評価が伴う。その際に学生が公刊された資料に含まれる情報内容に対してどのような価値基準をもって接するか，すなわち個人の思考性向が内容の評価に影響を及ぼす。その評価によっては再度，情報を探索し，収集する必要が出てくる。このように学生のもつ思考性向は情報内容の評価に止まらず，情報の探索と収集というライブラリ・リサーチそのものにも影響を及ぼす。

メロンはペリーが明らかにした大学生にみられる知的発達の4段階に応じた利用者教育を検討している[39]。ペリーの調査によれば，多くの新入生は問題には必ず正解または不正解があるという二元論的な見方（dualism）をする第1段階にあるという。この段階の学生には，同じタイプの質問に対して複数のレファレンス・ツールが利用できること，およびいくつかの異なった探索戦略を構築できることを理解させると同時に基本的な問題解決過程についての教育が有効となる。

ある問題に対して必ずしも正しい解答があるわけではなく，複数の見方がありうることを経験するにつれ，学生は物事に対して多様な見方（multiplicity）をとるようになる。学部を卒業する時点の学生の多くはこの第2段階にあるという。ここでの利用者教育は，ある問題に対してさまざまな探索戦略がとりうることを理解させ，色々なツールを利用して情報を収集できる自己学習能力を獲得させることが目的となる。

次の第3段階は相対的な見方（relativism）をとることができる状態で，大学院生の多くがこれに該当する。ある問題に対する見方や意見を支持するために情報を収集し利用できる段階である。情報ニーズを満たすために利用できるさまざまなツールを評価し，またある一つの問題に対して複数の探索戦略を独力で構築できる能力を，利用者教育を通して獲得させることが可能となる。

知的発達の第4段階は，相対的な見方をとりつつも，ある時点において自分なりの意見をもち，ある特定の考え方に立脚する（commitment）することができる状態である。この段階の利用者教育では，その時々の関心や要求に応じてその学生独自のアプローチでライブラリ・リサーチを実行し，適切な探索戦略を構築する能力を育成することが可能となる。

学生の知的発達段階は一様ではなく，新入生でも第2，第3段階にあることも考えられ，ペリーの理論は一つの目安にすぎない。しかし知的発達段階の違いによって情報への接し方が異なるという考え方は十分に説得力があり，それを利用者教育のプログラムの開発にあたって考慮した事例は，メロンのアプローチをおいて他に見当たらない。メロンがカウフマンのモデルを採用したのも，それが学生の知的発達段階に応じて細分化しうるモデルであったためである。このメロンのアプローチを適用した利用者教育の実践事例については，15

章で取りあげる。

13.3.2.3 クルトーのアプローチ

　クルトーのアプローチは大学図書館の利用者教育を直接の対象としたものではないが，大学図書館の場面に十分に適用可能であり，ライブラリ・リサーチの際の利用者の情意面を重視した点で特徴的である。

　クルトーは1次資料や2次資料の探索や所在確認のスキルにとどまらず，資料から得られた情報を利用する段階も利用者教育の対象としている[40]。情報の利用といえば，明確にされた質問がすでに存在していることが一般に前提とされるが，クルトーは質問自体を形成し，問題の焦点を定めるための情報利用を重視している。資料が利用される文脈を切り離すことなく，むしろその文脈そのものを重視した点ではクルトーもオバーマンやメロンと同様であるが，情報利用が質問の明確化や問題の設定という段階においても生じることを考慮した点はきわめて重要である。

　クルトーのアプローチは実際に高校生を対象に情報探索行動を調査し，その結果に依拠して開発されている。その調査は，図書館での情報収集を必要とするテーマを課された生徒がそのテーマの焦点をしぼり，レポートを作成するまでに，感情や思考状態がどう推移し，情報探索行動にどのような変化が見られたかを詳細に追跡したものである[41]。その分析のためのモデルとして使用しているのが，G. ケリー（G. Kelly）の「個人的構成体理論」[42]である。個人的構成体とは，自己および世界を知覚し解釈し概念化し，予期する際にその個人が依拠するもので，その理論では個人が新しい情報や経験を同化する過程のなかで経験する感情について記述されている。クルトーはこのケリーの理論とさらにR. S. テイラー（R. S. Taylor）の「情報ニーズのレベルに関するモデル」[43]とN. J. ベルキン（N. J. Belkin）の「変則的な知識状態仮説」[44]に依拠しつつ，分析の結果を感情，思考，行為の三つのレベルを設けてモデル化した。

　クルトーのアプローチでは，与えられた課題について，テーマを選択し，関連する情報を探索しつつその焦点を探り，焦点化された問題に適合する情報を収集し，発表を行う過程をライブラリ・リサーチとしている。そのうえで，その過程における感情，思考状態が学習の対象とされている。こうした方法は，以下で取りあげるガニエの学習理論に依拠したライブラリ・リサーチに関する

認知方略を発達させ，新たな問題状況のなかでその転移を促進することが十分に期待されるものといえる[45]。

13.3.3 ライブラリ・スキルの体系化アプローチ

ライブラリ・リサーチに必要なスキルの相互関係について，ガニエの学習階層に依拠しその体系化を試みたものとして，C. R. ミラー（C. R. Miller）[46]，T. T. スプレナント（T. T. Surprenant）[47]，ハンソン[48]による諸研究がある。このガニエの学習階層とは，ある学習されるべき複雑な知的スキルをより下位の単純なスキルを用いて図式化したもので，いかなる知的スキルであっても単純なスキルに分けることが可能であり，その一つひとつのスキルを結びつけることにより，知的スキルの学習が成立するという認知方略に関する学習理論である[49]。この理論によれば知識はばらばらにではなく，階層をなして存在しており，したがって階層中の上位の目標を達成しようとすれば，下位目標から順次，着実に習得していくことが必要となる[50]。すなわちガニエは，学習を単純な低次の学習から複雑な高次の学習へと階層化された八つのタイプに分けており，そこでの最上位の学習とされているのが「問題解決」である[51]。

ミラーに代表されるアプローチでは，ガニエの学習階層と学習のタイプにならって問題解決が最上位の目標とされている。ただここで注意すべきことは，ここでいう問題解決は探索戦略の作成をさしており，オバーマンやメロンの考える問題解決とは異なるという点である。ミラーはライブラリ・リサーチに関する学習階層を次のように構成している。鍵かっこ内はガニエが示した学習のタイプである。

> 「刺激反応」：図書館の所在がわかる。
> 「連鎖づけ」：図書館の目的を記述し，図書館の構成要素（貸出・閲覧，書架，レファレンス，雑誌，目録など）についてその機能と実際の場所がわかる。
> 「言語連合」：レファレンス・ソースという用語を定義できる。
> 「弁別」：レファレンス・ソースの主なタイプをリストし，記述できる。
> 「概念」：ある特定のレファレンス・ソースが書誌情報を中心に記載されて

いるもの（書誌，索引）か，あるいは主題内容を中心とするもの（辞書・事典）か，書誌情報と主題内容の両方を含むもの（抄録誌）かについて識別できる。
「ルール」：探索過程の各段階で利用するレファレンス・ソースのタイプを選択し，同時にその選択について説明できる。
「問題解決」：当初はほとんどわからなかった主題に関して複雑な探索戦略を作成することができる。[52]

　ライブラリ・スキルの学習階層は最上位のライブラリ・スキルをまず設定し，その習得のためにはどのようなスキルの習得が必要とされるかを逐次分析し，最上位のスキルに向けて下位のスキルを順序づけていくやり方で構築される。こうしたミラーらのアプローチをとる利用者教育においては，下位のスキルから順に上位のスキルへと学習対象を拡大し，最終的に最上位のスキルである探索戦略の作成の能力を習得させる方法がとられており，オバーマンやメロンらのプロセス指向のアプローチとは異なることに注意する必要がある。
　ミラーらのアプローチは，問題解決の能力を探索戦略の作成に限定はしているものの，その能力を最上位のライブラリ・スキルとし，従来の利用者教育の中心であったレファレンス・ソースの知識を問題解決能力の獲得に必要なスキルの一部として階層的に位置付けた点で評価できるものである。

13.4　アプローチの相互関係

　ここでは，前節の記述を踏まえ，各アプローチが対象とするスキルの範囲について比較検討し，相互の関係を考察する。
　オバーマンやメロンの問題解決アプローチが依拠するウェールズやカウフマンのモデルは，ガニエのいう問題解決に必要な認知方略のスキルを学習するためのモデルであり，問題解決の基本的な過程と問題解決の手順を示したものである。ただし，この認知方略のスキルだけでは問題解決はできない。一般に，問題解決には，問題表象，知識転移，評価の三つの認知過程が生ずる[53]。問題表象とは問題の定式化であり，そのためには問題領域に関係する主題知識の活

13章　米国の大学図書館における利用者教育の理論化の動向

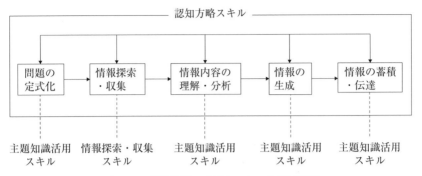

図13-1　問題解決に必要なスキルの相互関係

性化と適用，すなわち主題知識の転移が必要となる。次に，問題への解答を含む情報を探索・収集する段階になるが，ここでは情報探索・収集に関する知識の転移が必要となる。さらには，収集された情報内容の理解と分析という情報処理の段階に進み，その分析を通して概念間の相互関係，因果関係，法則性を抽出し，問題の解決に役立つ新しい結論を得る情報生成の段階に至る。このいずれの段階においても問題解決者のもつ問題領域に関する主題知識が最大限に活用される。次に，生成された情報，すなわち研究成果を蓄積し他者に対して説明する伝達の段階に移行し，問題の処理・解決が行われる。評価の側面は，定式化された問題と生成された情報との関係，あるいは伝達された情報に対する他者の反応に現れ，その結果によっては問題の定式化まで遡って検討し直すことが必要となる。

　以上の問題解決過程と必要なスキルとの相互関係をまとめたのが図13-1である。この図に示したように，問題解決に必要なスキルは3種類に識別することができる。すなわち，過程全体を統御するために必要な「認知方略スキル」，問題の処理・解決に有効な情報を得るための「情報探索・収集スキル」，収集された情報内容を理解・分析し，新たな情報を生成するために必要となる「主題知識活用スキル」である。

　このうち，利用者教育にもっぱら期待されているのは情報探索・収集スキルの獲得である。では，このスキルが獲得され活用されるには，いかなる下位のスキルや知識が必要となるだろうか。情報探索・収集のためには，情報源の選

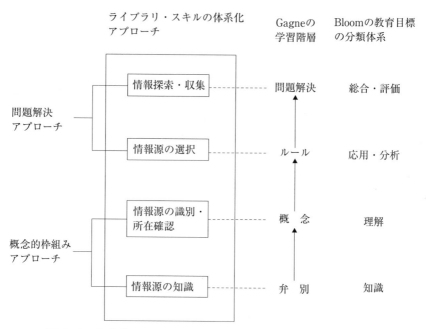

図13-2　ライブラリ・スキルの体系化の枠組みとアプローチとの関係

択が必要であり，情報源の選択のためには多くの情報源のなかから特定の情報源を識別し，その所在が確認できなければならない。情報源の識別・所在確認のためには，情報源に関する知識の習得が前提となる。この一連の流れは「ライブラリ・スキルの体系化」アプローチの内容に対応するものであり，以上の諸段階は図13-2に示したようにガニエの学習階層[54]およびB. S. ブルーム（B. S. Bloom）らの教育目標の分類体系[55]を基に構成することができる。

　最下層にあるガニエの「弁別」，ブルームの「知識」は，2次資料という知識を新たに獲得し，書誌・索引あるいは事典に関する知識を身につけ，1次資料から2次資料を弁別できるようにする段階である。次いで「概念」「理解」では，特定の2次資料についてそれが書誌・索引なのかそれとも事典かを識別する能力が重視され，前段階で得た知識の概念化，理解の程度の有無が問われる。情報源の選択は，前段階で獲得された知識・スキルが問題解決場面に対し「ルール」として「応用」され，問題解決に有効な情報を含む個々の情報源が「分

析」される段階である。最上位の情報探索・収集は，複数の情報源の利用に伴う複数のルールを「総合」し，収集された情報によって情報源の選択を見直し，「評価」が行われる段階であり，これらは問題解決場面のなかでの作業となる。

「概念的枠組み」アプローチは，問題解決場面で活用される情報探索・収集スキルの前提条件となる情報源の知識，それを踏まえた情報源の識別・所在確認のスキルについて認知学習理論をもとに精緻化し，教育しようとしたアプローチである。それに対して情報源の選択と情報探索・収集を問題解決場面の中で学習させるのが「問題解決」アプローチである。「ライブラリ・スキルの体系化」アプローチは，情報源の知識から情報探索・収集に至る階層的な関係を教育することにより，問題解決に必要な情報探索・収集スキルを獲得させる方法をとるものである。

「問題解決」アプローチは，情報探索・収集スキルが活用される場面を重視することで，そのスキルの活用と不可分の関係にある認知方略，主題知識活用の二つのスキルを同時に学習することができる。ただし，情報探索・収集スキルについては獲得よりもその転移が学習目標として重視されている。そこで，問題となるのは，どのようにしてそのスキルを獲得するのかということである。仮に，そのスキルの獲得も同時に学習対象とする場合，現在対処しようとしている問題に関係する2次資料のみが対象となってしまう。したがって，後に新たな問題に取り組まなければならないとき，以前に学習し利用した2次資料が不適切な場合，他の2次資料に関する知識をもたないために情報探索・収集が適切に実行できず，結果として問題解決が不成功に終わりかねない。このように「問題解決」アプローチは，2次資料に関して断片的な知識の獲得に終わるために，今後直面する新しい問題状況での情報探索・収集スキルの活用が不十分なものになるという問題点を有している。

一方，レファレンス・ソースの理解と活用を強く指向する「概念的枠組み」アプローチは，情報探索・収集スキルの前提となる知識を学習対象としており，その習得にとってはきわめて有効であるが，実際に活用される場面にそのスキルを転移するうえで大きな問題がある。いずれのアプローチを選択するかにあたっては，利用者教育にあてられる時間，対象となる学生数，教科の教員との協力の可否などの要素を考慮する必要がある。

「問題解決」アプローチは，教科の教員との協力を前提とした個別学習を基本としており，多くの時間を要するため，学生数を限定せざるをえない。「概念的枠組み」アプローチは，一斉授業が可能であり，学習に多くの時間を要しないが，問題解決における活用場面とは切り離されているために，2次資料の利用への動機を欠き，学生の学習意欲を低下させる傾向がある。「ライブラリ・スキルの体系化」アプローチは，両者の利点を取りこもうとした試みだが，探索戦略の構築を最上位の目標としている点において「概念的枠組みアプローチ」と同様の問題点をもっている。

13.5 おわりに

自立した学習者の育成が教育における重要な学習目標であるならば，問題解決に必要な情報の探索・収集は必須のスキルとなる。利用者教育が自立した学習者の育成に重要な役割を果たすためには，まず第1に情報探索・収集スキルの内容を検討し，体系化することが不可欠である。「ライブラリ・スキルの体系化」アプローチはそのような試みといえる。体系化された情報探索・収集スキルは，「概念的枠組み」アプローチでは教育すべき内容の体系を示すものとして重要であり，「問題解決」アプローチの場合でもさまざまな問題の解決にあたって有効な情報源を知るために参照すべき典拠として役立つ。これと関連して，次章で取りあげるD. ジャコボビッツ（D. Jakobovits）らによる一連の研究[56, 57]も注目すべきものである。

利用者教育においては，情報探索・収集スキルの体系化をもとに，そのスキルの問題解決場面への適用を検討することが重要な課題であり，オバーマン，メロン，クルトーらの諸研究は問題解決場面への適用を検討するうえで重要な手がかりを提供するものである。

注・引用文献

1： Tucker, J. M. "The Origins of bibliographic instruction in academic libraries,

1876-1914". New Horizons for academic libraries : Conference Papers. Stueart, R. S. and R. D. Johnson ed. K. G. Saur, 1979, p. 268-276.
2 : Tucker, J. M. User education in academic libraries : a century in retrospect. *Library Trends*, 1980, vol. 29, no. 1, p. 9-27.
3 : Knapp, P. B. *The Monteith College Library experience*. Scarecrow, 1966, 293p.
4 : "Think Tank recommendations for bibliographic instruction". *College and Research Libraries News*. 1981, vol. 42, no. 11, p. 394-398.
シンクタンクの最終報告書は次の6点からなる。
　1. 文献利用教育の図書館専門職への統合
　2. 文献利用教育と大学図書館職全体の高等教育への統合
　3. 図書館利用スキル，書誌的概念および利用可能な技術の統合
　4. ライブラリ・スクールとの関係
　5. 調査研究の重要性
　6. 発表・出版の重要性
5 : Stoffle, C. J. and C. A. Bernero. "Bibliographic instruction Think Tank Ⅰ : looking back and the challenge for Think Tank Ⅱ". *Bibliographic Instruction: the second generation*. Mellon, C. A. ed. Libraries Unlimited, 1987, p. 5-23.
6 : Tucktt, H. V. and C. J. Stoffle. Learning theory and the self-reliant user. *RQ*. 1984, vol. 24, no. 1, p. 58-59.
7 : Oberman, C. and R. A. Linton. "Guided design; teaching library research as problem solving". *Theories of bibliographic education: design for teaching*. Oberman, C. and K. Strauch ed. Bowker, 1982, p. 111-134.
8 : Mellon, C. "Information problem-solving: a developmental approach to library instruction". *Theories of bibliographic education: design for teaching*. Oberman, C. and K. Strauched Bowker, 1982, p. 75-89.
9 : 前掲6, p. 59-60.
10 : Hanson, J. R. Teaching information sources in business students : an application of theories of J. Bruner and R. M. Gagne. *Journal of Librarianship*. 1985, vol. 17, no. 3, p. 185-199.
11 : 杉村健. "学習過程とその導き方". 学習の心理：教科学習の基礎. 北尾倫彦編. ミネルヴァ書房, 1978, p. 82-85.
12 : 前掲11, p. 85-86.
13 : 認知学習理論に基づく利用者教育のアプローチとして，R. Auri と M. Reichel は「概念的枠組み」を，Tuckett と Stoffle は「概念的枠組み」と「問題解決」をそれぞれあげている。
Aluri, R. and M. Reichel. "Learning theories and bibliographic instruction". *Bibliographic instruction and learning process*. Kirkendall, C. A. ed. Pierian,

1984, p. 15-27.
Aluri, R. Application of learning theories to library use instruction. *Libri*. 1981, vol.31, no.2, p. 140-152.
14：Kobelski, P. and M. Reichel. Conceptual frameworks for bibliographic instruction. *Journal of Academic Librarianship*. 1981. vol. 7, no. 2, p. 73-77.
15：Reichel, M. and M. A. Ramey. *Conceptual frameworks for bibliographic education: theory into practice*. Libraries Unlimited, 1987, 212p.
16：ブルーナー，J. S. 教育の過程［The Process of education］. 鈴木祥蔵，佐藤三郎訳. 岩波書店，1963，p. 97-113.
17：広岡亮蔵. ブルーナー研究. 明治図書，1970，p. 97-113.
18：オースベル，D. P. and F. G. ロビンソン. 教室学習の心理学［School learning: an instruction to educational psychology］. 吉田章宏，松山弥生訳. 黎明書房，1984，p. 51-112.
19：梶田正己. "知識獲得と有意味学習". 学習の心理：教科学習の基礎. 北尾倫彦編. ミネルヴァ書房，1978，p. 119-147.
20：前掲16，p. 40.
21：前掲19，p. 146.
22：前掲14，p. 73-77.
　　提示された七つの概念的枠組みは次のとおりである。
　　1．レファレンス・ツールのタイプ
　　2．組織的な文献探索
　　3．出版物の形態
　　4．1次，2次資料
　　5．出版物の流れ
　　6．引用パターン
　　7．索引の構造
23：認知心理学における問題解決の研究は，明確に定式化されている良定義問題（well-defined problem）を対象としているケースが多い。しかし，ライブラリ・スキルが必要となる問題は，不明確で定式化されていない悪定義問題（ill-defined problem）であることが多く，問題そのものを明確にすることから始める必要がある。以下で取り上げる三つのアプローチはいずれも問題の定式化の作業を考慮しているが，そのうちの二つはライブラリ・スキルの活用を問題の定式化後の活動においている。しかし，問題の定式化，問題の発見（problem-finding）の段階においてもライブラリ・スキルは重要な役割を果たすものと考えられる。なお「問題の発見」に関しては以下のJ. W. Getzelsの論文がある。
Getzels, J. W. Problem finding and the inventiveness of solutions. *Journal of Creative Behavior*. 1975, vol. 9, no. 1, p. 12-18.

Getzels, J. W. Problem finding: a theoretical note. *Cognitive Science.* 1979, vol. 3, no. 2, p. 167-171.
また，情報ニーズの考慮にあたって Getzels の提示した問題の類型化の重要性を指摘したものに次の論文がある。
Swigger, K. Questions in library and information science. *Library and Informaion Science Research.* 1985, vol. 7, no. 4, p. 369-383.
24：ガニエ，R. M. 教授のための学習心理学 [Essential of learning for instruction]. 北尾倫彦訳．サイエンス社，1982, p. 65-66.
25：前掲24, p. 87-89.
26：前掲7, p. 111-134.
27：Wales, C. E. and R. A. Strager. *The Guided design approach.* Educational Technology Publication, 1987, 80p.
28：Wales, C. E. Decision making: new paradigm for education. *Educational Leadership.* 1986, vol. 43, no. 8, p. 37-41.
29：前掲7, p. 115-117.
30：前掲7, p. 117-133.
31：Kaufman, R. A. *Identifying and solving problems: a system approach.* University Associates, 1976, 121p.
32：Kaufman, R. A. A possible taxonomy of needs assessment. *Educational Technology.* 1977, vol. 17, no. 1, p. 60-64.
33：Kaufman, R. A. and R. G. Stakenas. Need assessment and holistic planning. *Educational Leadership.* 1981, vol. 38, no. 8, p. 612-616.
34：Perry, W. G. *Forms of intellectual and ethical development in college years: a scheme.* Holt, Rinehart and Winston, 1970, 256p.
35：前掲8, p. 75-89.
36：前掲8, p. 82.
37：前掲8, p. 83.
六つの要素とその推移は次のとおりである。
1．どのような一般的な主題に関心かあるのか。
2．いかなる背景的な情報をみつけることができるか。
3．背景的な情報からなにを知り得たか。
4．関心のある主題についてなにを知りたいのか。
5．調べようとする問題はなにか。
6．その問題に答えるためにどのような情報が必要か。
38：前掲8, p. 88.
39：前掲8, p. 79-82.
40：Kuhlthau, C. C. An emerging theory of library instruction. *School Library*

Media Quarterly. 1987, vol. 16, no. 1, p. 23-28.
41 : Kuhlthau, C. C. Developing a model of the library search process: cognitive and effective aspects. *RQ.* 1988, vol. 28, no. 2, p. 232-242.
42 : Kelly, G. A. *A theory of personality: the psychology of personal constructs.* Norton, 1963, 190p.
Kellyの理論を解説したものとしては次の文献がある。
小橋康章. 決定を支援する. 東京大学出版会, 1988, p. 153-170, (認知科学選書, 18).
43 : Taylor, R. S. Question negotiation and information seeking in libraries. *College and Research Libraries.* 1968, vol. 29, p. 178-194.
44 : Belkin, N. J. Anomaous state of knowledge as a basis for information retrieval. *Canadian Journal of Information Science.* 1980, vol. 5, p. 133-143.
45 : 前掲41, p. 232-242.
46 : Miller, C. R. Scientific literature as hierarchy: library instruction and Robert M. Gagne. *College and Research Libraries.* 1982, vol. 43, no. 5, p. 385-390.
47 : Suprenant, T. T. Learning theory, lecture and programmed instruction. *College and Research Libraries.* 1982, vol. 43, no. 1, p. 31-37.
48 : 前掲10, p. 185-199.
49 : 前掲24, p. 83-84.
50 : 南館忠智. "子供の発達と学習". 学習の心理：教科学習の基礎. 北尾倫彦編. ミネルヴァ書房, 1978, p. 34.
51 : 前掲11, p. 92-94.
八つのタイプの学習とは次のとおりである。
タイプ1：信号学習, タイプ2：刺激―反応学習,
タイプ3：連鎖づけ, タイプ4：言語連合,
タイプ5：複合弁別, タイプ6：概念学習,
タイプ7：原理学習, タイプ8：問題解決
52 : 前掲46, p. 385-390.
53 : ガニエ, エレン・D. 学習指導と認知心理学 [Cognitive psychology of school learning]. 赤堀侃司, 岸学監訳. パーソナルメディア, 1989, p. 197-231.
54 : 前掲24, p. 83-84.
55 : Bloom, B. S. et al. *Taxonomy of educational objectives: handbook* I, *cognitive domain.* D. Mckay, 1956, 207p.
なお, 次の文献に日本語による要約が掲載されている。
ブルーム, B. S. ほか. 教育評価法ハンドブック：教科学習の形成的評価と総括的評価 [Handbook on formative and summative evaluation of student learning]. 梶田叡一ほか訳. 第一法規, 1978, p. 429-433.

56：Jakobovits, D. and D. Nahl-Jakobovits. Learning the library: taxonomy of skills and errors. *College and Research Libraries*. 1987, vol. 48, no. 3, p. 203-214.
57：Jakobovits, D. and D. Nahl-Jakobovits. Measuring information searching competence. *College and Research Libraries*. 1990, vol. 51, no. 5, p. 448-462.

14章
大学図書館における利用者教育と情報探索能力

14.1 はじめに

　情報化社会の到来が叫ばれて久しいが，ここにきて，ようやく情報リテラシー育成の重要性が認識されはじめている。わが国においても，中等教育機関において，情報教育への取り組みが始まっている。しかし，その内容は，コンピュータの操作能力を中心としたコンピュータ・リテラシーに限定されているようであり，わが国では情報リテラシーに関する本格的な検討はこれからだと言わざるを得ない。

　情報リテラシーに関して，P. S. ブレイビク（P. S. Breivik）は次のように指摘している。

　　　情報リテラシーは情報時代を生き抜くための能力である。情報を使いこなす能力を身につけている人々は，生活のなかにあふれている多量の情報に溺れることなく，特定の問題を解決したり，意思決定を行なうためには，どのようにして情報を見つけだし，評価し，効果的に利用すればよいのかを知っている。[1]

　情報リテラシーの育成が重要になる今日，大学における教育も当然のことながら変革を迫られてこよう。ここで，情報化時代における高等教育の役割について，E. G. ジー（E. G. Gee）の見解をあげておこう。

　　　情報化時代における質の高い教育とは，学生を情報の上手な消費者にし，日常生活や職業生活で必要となる適切な情報の所在を知ることができるよ

うにすることと考えている。私たちは，質の高い教育とは学生が生涯にわたって学習していくための方法を身につけるのを援助する生きた教育のことであると信じている。[2]

大学図書館における利用者教育は，こうした新たな高等教育の理念を実現するうえで重要な役割をもっていると，言わなければならない。特に，利用者教育に期待される役割は，膨大で多様な情報源のなかから必要な情報を探索する能力を獲得させることである。利用者教育に課せられた役割を果たすためには，情報探索能力に関する分析から始める必要があり，同時に，その能力を体系的に教育し学習させるための枠組みを作りあげることが不可欠である。

本章では，これまでに提起された利用者教育のアプローチ（その詳細は，13章を参照）を概観したうえで，情報探索能力の体系化を指向した研究を取りあげ，利用者教育の内容と目標について考察する。

14.2 利用者教育のアプローチ

前章で指摘したように，米国では，1980年代に入り，大学図書館における利用者教育の内容と方法について，学習理論をベースとしたアプローチが提起されている[3]。その第1は，情報探索場面への学習内容の再生，転移を重視する立場から，レファレンス・ソース利用法の教育に学習理論を導入したアプローチである。そのアプローチの基底にある考え方は，利用者教育も，他の教科教育と同様に，学習理論に基づいた方法論をもとに展開される必要がある，ということである。特に，利用者教育では，実際に情報が必要なときに，情報を探索し，収集できる能力を獲得させることが目標とされなければならない。学習内容の再生と転移を重視するのも，実際に情報が必要な場面で学習した内容を的確に応用できるようにするためである。P. コベルスキ（P. Kobelski）と M. ライシェル（M. Reichel）らが提起した「概念的枠組みアプローチ」[4,5]がこの立場を代表するものである。

学習内容の再生，転移を促進するには，一般的で抽象的な性質を有した概念を学習者に提示し，学習者の知識構造に一定の枠組みを構成した後に，具体的

で詳細な内容を教育する方法がとられる。「概念的枠組みアプローチ」ではこの考え方にたち，利用者教育の実施にあたって使用すべき概念的枠組みが考案されている[6]。たとえば，「1次，2次資料」という概念的枠組みが提起されているが，これは2次資料の機能を学習させるために用意されたものである。そこでは，オリジナルな研究成果である雑誌論文や図書を1次資料として掲げ，それらと書誌索引との関係が説明される。こうして2次資料の意味や機能を学習者の知識構造に構成したうえで，個々のレファレンス・ソースが紹介され，その利用法が教育される。学習者は，1次資料と2次資料との関係を理解できるようになると，さまざまな2次資料が提示されても，その特性や違いに混乱することなく，その機能と利用法を把握することができる。その結果，実際に情報が必要な状況のなかで，どのような2次資料が求める情報を探索，収集するうえで有効であるかが判断できるようになる。

このようなレファレンス・ソースの利用を中心としたアプローチは，2次資料を効果的に活用する能力の獲得とその再生，転移には確かに有効である。しかし，レファレンス・ソースの利用はそれ自体が単独で生じる行動ではなく，問題解決行動の1場面である情報探索の段階で必要となる行動である。そこで，レファレンス・ソースの利用を単独で教育するのではなく，実際にそれが活用される場面のなかで学習させるアプローチが登場した。その代表的なものが，C. オバーマン（C. Oberman）とR. A. リントン（R. A. Linton）による問題解決アプローチ[7]である。問題解決場面を重視するのは，問題をどのように定式化し，その問題を解決するのに必要な情報をどのように表現するかが，レファレンス・ソースの選択や探索戦略の構築に直接影響を与えるからである。すなわち，レファレンス・ソースの利用と問題解決過程とは切り離せないという考え方がこのアプローチの基底にある。

オバーマンとリントンは，問題解決過程における情報探索段階で重要な位置を占めるライブラリ・リサーチの教育を展開している[8]。ライブラリー・リサーチの出発点が「ニーズの分析」である。ここでは，問題の定式化の方法，必要な情報の有無の判断，探索に使用可能な時間の見積り方について学習する。次に，問題の解決に有効な情報源を選択し決定する方法を学習していく。最後に，情報源の評価を行い，ニーズとの適合性の判定などを学習する。

さて，大学図書館における利用者教育の目標が情報を探索する能力の獲得にあるとすれば，利用者教育のアプローチを考案するには，情報探索能力に関する理論的な検討が必要である。残念ながら，コベルスキらもオバーマンらも，情報探索能力自体について特に理論的な検討を加えてはいない。コベルスキらのアプローチは，学習内容をいかに効果的に適用させるかに焦点があり，学習内容の考察を踏まえて提起されたものではない。

一方，オバーマンらのアプローチは，情報探索を問題解決過程の重要な段階として位置づけた点は評価できるものの，情報探索能力そのものを詳細に検討した結果に基づいたものではない。

次節では，情報探索能力を分析するための理論的枠組みを提示した研究を取り上げ，利用者教育の内容を検討する。

14.3 情報探索能力の体系化

前節で概観した利用者教育のアプローチが示しているように，利用者教育の内容は一般に認知領域を対象にしている場合が多い。ここでいう認知領域とは，レファレンス・ソースとその利用法に関する知識や，探索戦略を構築する能力を指す。概念的枠組みアプローチはおもにレファレンス・ソースの知識の再生や転移を促進することを目標としている。一方，問題解決アプローチは，情報探索場面において探索戦略の構築を可能にする能力の獲得を目標としている。いずれのアプローチも認知領域の能力を重視したものである。

ところで，情報探索行動は，まず何らかの問題を抱えた人間が自らの知識ではその問題を処理し解決できないことに気づく，すなわち変則的な知識状態にあると気づき，情報ニーズを意識することから始まる。情報ニーズが意識されたならば，それを外部の情報源によって満たそうという探索方針を立て，図書館の利用を計画し，実際に図書館利用という行動を起こすことが求められる。

このように，情報探索行動は，最も大きな枠組みで捉えるならば，情報ニーズの意識という情意領域に属する側面に始まり，探索方針を考えるという認知領域に属する行動に展開し，情報源を実際に利用するという感覚・運動領域に属する行動に移行することがわかる。

表14-1 情報探索能力の分類体系

レベル	情意領域	認知領域	感覚・運動領域
レベル3	A3 獲得された探索能力を使い熱意をもって探索する	C3 専門分野における情報の組織化と研究成果の伝達について理解する	S3 情報を正確に,規則にしたがって記述する。情報専門家に近い探索行動をとる
レベル2	A2 図書館が提供するツールを進んで利用しようとする	C2 探索手順を決める方法や分類法について理解する	S2 書誌記述の構造を把握し,書誌事項中の標題や雑誌名を識別する
レベル1	A1 新しい環境を受容し,抵抗感を取り除く	C1 専門用語を理解する	S1 図書館のなかを一定の手順に従って探索する。

出典：Jakobovits L. A. and D. Nahl-Jakobovits. Measuring information competence. *College and Research Libraries*. vol. 51, no. 5, 1990, p. 448-462.

　人間の行動一般は，感情・態度に関わる情意領域（affective domain），知識・推論に関わる認知領域（cognitive domain），知覚・行為に関わる感覚・運動領域（sensory-motor domain）の3領域から構成されている。教授・学習活動をこの3領域に分類し，教育目標を体系化したのが，B. ブルーム（B. Bloom）らの『教育目標の分類体系』[9]である。

　L. A. ジャコボビッツ（L. A. Jakobovits）とD. ナウル-ジャコボビッツ（D. Nahl-Jakobovits）は，このブルームらの分類に基づいて情報探索能力の行動目標を表14-1に示したとおり，3領域に体系化している[10]。

　各領域について，その難易度に応じてレベル1（基礎），レベル2（中級），レベル3（上級）の3段階が設けられている。そのレベルは，情意領域ではおもに不安や恐怖心が克服されていく段階に対応する。レベル1のA1が基礎的レベルであり，図書館という情報集積体の利用への不安をなくし，その環境を受容して利用への抵抗感を除くような態度をもつことが目標となる。図書館利用への抵抗感を取り去った利用者が図書館の提供するツールを進んで利用する態度を身につけることを目標とするのがレベル2（A2）である。レベル3（A

3) では，探索能力を獲得して積極的に探索を行う態度をとることが目標となる。

この情意領域における学習活動を通して得られた態度によって，次の認知領域の能力の獲得が促進される。レベル1（C1）では，たとえば件名標目など，専門用語の意味や機能を学習する。レベル2（C2）では，探索戦略の立て方や，分類表について学習する。これらの学習によって得られた能力をもとに，最後のレベル3（C3）では，情報の組織法や研究成果の伝達過程について学習し，情報専門家のもつ知識に相当するものを獲得することが目標となる。

感覚・運動領域の能力は，認知領域で獲得した知識や技能を実際に目に見えるかたちの行動として表す能力を指す。レベル1（S1）では，書誌記述の内容を一とおり読み取ることや，図書館においてある一定の順序で探索行動がとれることを目標とする。たとえば，コンピュータのモニターに表示された書誌情報を，認知領域の学習で得た知識を応用して，その内容を読み取ることである。また，目録の機能や排架方法，排架場所の理解を踏まえて，図書館内で一定の探索行動を実際にとれるようになることである。書誌記述に関する詳細な理解をもとに，レベル2（S2）では，実際の索引誌のなかの書誌情報を見て，論文の標題や雑誌名を明確に識別することが目標となる。索引誌のなかで書誌情報がフィールドごとに区分して記述されていない状態でも，フィールドの違いをはっきりと認識して，書誌事項を書き留めることができれば，このレベルの能力を獲得したことになる。レベル3（S3）では，情報専門家に近い探索行動を実際にとれることが目標となる。様々な探索手法を駆使して，必要な情報を探索できることが求められる。

以上のように，情報探索能力の行動目標は9のカテゴリーに分けられているが，その能力獲得の過程は図14-1のようになる。レベルごとに，情意領域の能力をもとに認知領域の能力が獲得され，これら二つの能力が組み合わされて，感覚・運動領域の能力が実現される。ただし，ここで注意すべき点は，基本的には情意領域の能力を前提に認知領域の能力獲得に移行するものの，認知能力の獲得を先行させ，それが契機となって情意領域の能力が改善される場合がありうる（点線の矢印）。すなわち，Cのある部分を先行させることで，興味関心を引き起こし（Aの学習を促進し），それによってCの学習がさらに活性化さ

III部　利用者教育に関する論考

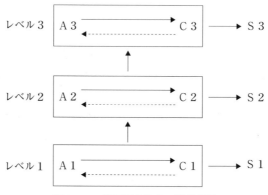

図14-1　情報探索能力の獲得過程
出典：Jakobovits L. A. and D. Nahl-Jakobovits. "Measuring information competence," *College and Research Libraries*, vol. 51, no. 5, 1990, p. 448-462.

れることもある。

　一方，レベル間の関係は1方向に限定される。すなわち，レベル1の能力獲得を前提に，レベル2の能力獲得が可能となり，レベル2が達成されて，レベル3の能力獲得に進むことができる。

　ジャコボビッツらは，利用者の情報探索能力がどのレベルにあるかを把握するために，利用者の情報探索能力が，表14-1に示した情意，認知，感覚・運動の各領域のどのレベルのカテゴリーの能力を満たしているかを調査している。そのために，表14-1の9のカテゴリーについて，その能力の有無を問う質問が作成されている[11]。その質問内容の一部をレベルと領域に区分してまとめたのが表14-2である。

　情意領域のカテゴリーに関する質問は，情報環境に対して否定的感情を抱いているかどうかを問うものである。情意面の能力を持たない学生には，情報環境に適応できるように教授活動が展開されることになる。たとえば，図書館員がレファレンス・ソースの利用法について教育する場合にも，学生に積極的な学習態度がなければ，教育効果はあがらない。このように，情意面の能力を改善することが，認知領域の能力獲得にとって必要であるため，情報環境に対する利用者の不安や恐れを取り除くような教育はきわめて重要となる。

254

表14-2　情報探索能力測定のための質問事項

レベル	情意領域	認知領域	感覚・運動領域
レベル3	A 3 1　個人にものごとを調べさせるのはよくないか 2　よい図書館はオンライン・コンピュータを備えているか 3　人間はものごとを調べながら学習していくか	C 3 1　最上位の件名標目はどれか 2　その研究分野の主要な領域はどれか 3　この標題の独立変数と従属変数をあげなさい	S 3 1　目録記入から書誌事項を書き取りなさい 2　これらの標題を覚えなさい。記憶できた標題を書きなさい
レベル2	A 2 1　コンピュータを使って探索するのが好きか 2　調べる分野が多すぎるか 3　OPACのディスプレイは役に立ちよく組織されているか	C 2 1　このトピックについてもっと探すには，どの件名標目が最も有効か 2　同じトピックについて別の図書を探すにはどのコマンドを使えばよいか 3　このトピックに関する雑誌論文を探すのに最も有効な探索戦略はどれか	S 2 1　この論文には図があるか 2　この雑誌のタイトルは何か 3　この論文の標題は何か
レベル1	A 1 1　各階の案内図はありがたいと思うか 2　図書館員に迷惑をかけているのではないかと思うか	C 1 1　この図書はいますぐ借りられるか 2　この用語を正しく定義したものを選びなさい 3　これらの資料の正しい排架場所を選びなさい	S 1 1　この図書の出版地はどこか 2　この図書には索引があるか 3　この請求記号か含まれている書架はどこか選びなさい

出典：Jakobovits L. A. and D. Nahl-Jakobovits. Measuring information competence. *College and Research Libraries*. vol. 51, no. 5, 1990, p. 448-462.

9のカテゴリーについて合計71の質問が作成されており，質問の提示と解答には，コンピュータ・ベースの教育システムPLATOが使われている。調査対象の学生は，学部生，図書館情報学専攻の大学院生，及び留学生である。正答率をみると，たとえば，Ａ1-1が98％，Ａ2-1が94％，Ａ3-2が92％となっており，情意領域はほぼ90％を超えている。一方，認知領域になると，ばらつきが見られる。Ｃ1-1は82％だが，Ｃ2-1は58％に，Ｃ3-1は28％まで低下している。感覚・運動領域についても，同様にばらつきが見られ，Ｓ1-1が40％，Ｓ2-1が86％，Ｓ3-2に至っては23％にまで低下している。質問全体の正答率は，大学院生が74％，学部生が59％，留学生が49％であった。また，レベル別の正答率は，基礎であるレベル1が73％，中級にあたるレベル2が59％，上級に相当するレベル3が45％であった。

　このように，情報探索能力を3領域に分けてその能力を測定する根拠は先に述べたように，情報探索行動がこの3領域によって構成されているという考え方にある。たとえば，索引中の雑誌のタイトルを識別するという行動について考えてみよう。認知領域では，索引の内容が理解されていなければならず，索引に関する知識が必要である。感覚・運動領域では，実際の索引誌のなかの記入を見て，雑誌のタイトルを抜き出して書き留められなければならない。しかし，索引の知識に不安を感じているような場合，すなわち情意領域における感情がマイナスであるときは，自信をもって雑誌のタイトルを識別できないことになる。

　情報探索能力が3領域に分けられることが，利用者教育を3領域について別個に実施することを意味するわけではない。たとえば，索引については，理論的な面ばかりでなく，実際の索引誌を取りあげて，その利用法を説明しながら教育するという形態がとられるであろう。索引誌を使った教育によって，索引の基本的な知識が得られ，索引を利用することへの不安が取り除かれ，索引誌を実際に使いこなせるようになることが期待される。つまり，利用者にある特定の情報探索能力を獲得させるには，3領域に関する教育を統合したかたちで展開することが必要なのである。

　先に述べたように，利用者教育の重要な役割は，利用者に情報探索能力を獲得させること，また，その能力を一層向上させることにあるとすれば，情報探

索能力に関する考察が不可欠である。そこで，以上のジャコボビッツらの研究の意義は次の点にある。第1に，情報探索能力が，認知領域だけでなく，情意領域，感覚・運動領域を含む三つの能力から構成されている点に注目し，利用者に獲得させる情報探索能力を，この3領域をもとに体系化した点である。ただ，表14-1の体系表は一般的な枠組みを示したものにすぎない。利用者教育の具体的な目標や実施内容を決めるには，各領域の個々の項目を詳細に検討し，体系表に盛り込んでいくことが必要である。

　第2の意義は，体系表の項目をもとに利用者の情報探索能力を実際に測定した点である。このように，理論的枠組みを設定したうえで，情報探索能力を測定する試みは，利用者にどのような能力が欠けているかを把握するうえで必要な作業であり，利用者教育の内容を決定し，教育目標を体系化していくうえで有効なデータを提供する。

　ジャコボビッツらの研究は，ある理論をもとに情報探索能力を整理し測定していることからわかるように，理論を先行させるかたちのアプローチにその特徴がある。また，整理されている情報探索能力は，図書館員や研究者の側が想定したものである点に注意する必要がある。確かに，このアプローチによれば，図書館員や研究者が想定した能力については，利用者がその能力を有しているかどうかを判定することができる。しかし，図書館員や研究者が想定しえないような部分の能力をもたないことで，利用者は情報探索を効果的に実行できないことが考えられる。情報探索能力の決定については，図書館員や研究者の枠組みだけでなく，利用者がどのような枠組みをもって情報探索行動をとっているかという側面からの検討も必要である。利用者の視点から，獲得すべき情報探索能力を見いだし，利用者教育の内容や目標を検討していくアプローチが同時に求められる。

14.4　利用者の視点に立った利用者教育目標の体系化

　大学図書館で実施する利用者教育の目標（objectives）については，米国大学研究図書館協会（ACRL）によって成文化されたものがある[12]。そこでは，情報を探索する際にとるべきプロセスにそって行動目標が示されている。

ACRL が提示した利用者教育の目標は，大学図書館で実施する利用者教育の内容を具体的に検討する際の基本的な枠組みの一つとして活用することができよう。しかし，その目標の基底にある理論は明確でなく，特定の理論をもとに体系化されているわけではない。目標のなかで示されている情報探索のプロセスは，図書館員が想定したものである。利用者にとって効果的な教育内容を検討し，教育目標を設定するには，図書館員の視点からのみ教育内容を決定するのではなく，利用者の視点から図書館における情報探索行動を観察し，情報探索に際して利用者が経験している問題点を把握しておく必要がある。

　利用者教育の内容と目標を，利用者の視点から考察し，体系化を試みたのがナウル－ジャコボビッツとジャコボビッツの研究[13]である。この研究は，分析に導入された理論と利用者教育の目標を体系化するための理論的枠組みの面で注目されると同時に，調査・分析方法の面でも興味深い。調査は大学図書館の利用者を対象に行われ，図書館利用のなかで経験したさまざまな事柄について利用者が報告した内容を分析の対象としている。調査対象の利用者は学期の終わりにレポートの提出を求められている学部生であり，高校で図書館を利用した以外に，図書館利用経験はほとんどない。学生には，図書館での情報探索のなかで経験した事柄について，次の質問事項に回答する形式で報告するように求めている。

・レポートを作成するために，図書館での調査が必要だとわかったときに，どのように感じたか。
・図書館に行ったとき，何を考えたか。
・図書館にいる間，どのような感情を抱いたか。
・どのような設備を利用し，探索戦略や件名標目はどのようなものを使ったか。
・どのような障害に出会ったか。
・どのようにして問題を解決したのか。
・図書館員に相談したかどうか。[14]

　分析の対象となったのは，これらの質問事項への回答を中心とする「自己報

告書（self-report））」である。この報告書は，"学生がある特定の図書館利用状況のなかで，考えたことや感じたことを記録し続けた「構造化された日誌」"[15]であると説明されている。学生が報告書のなかで陳述している文章は，「内容分析」の手法を使って分析されている。内容分析とは，コミュニケーションを量的に記述するための調査手法であり，その特徴を引き出すのに有効な方法である。具体的な手順は，まず，利用者の文章を単一の文，または複数の文を単位として分割する。次に，ある理論にしたがって引き出されたカテゴリーを使って，各文章単位を分類する。そして，各カテゴリー内における文単位の出現頻度や分布を計数する。

　ここで重要なのが，各単位，すなわち，単一の文や複数の文をどのように捉えるかである。陳述文の役割を，何らかの事態を「記述する」ないし「何らかの事実を陳述する」こと以外ではあり得ないと考え，しかも，この役割を真であるか偽であるかのいずれかの形で果たすべきである（事実確認的発言）とのみ捉えるのは適当ではない。発言によって何らかの行為を遂行し（発語内行為），その発言によって聞き手に対して結果としての効果を生じさせる機能（発語媒介行為）をもつものとして捉えることが重要である[16]。利用者の陳述文は，単に事実を記述し，真偽判断に付されるような発言ではない。

　利用者の陳述は，その陳述が示す行為を当の利用者が遂行していることを意味している。そして，その陳述が聞き手（図書館員，ここでは研究者）に何らかの行為を引き起こすのである。すなわち，利用者の図書館利用に関する陳述文について，図書館員や研究者はそれが正しいかどうかを判断するわけではない。図書館員や研究者は，その陳述にあるように利用者が行為を遂行していると見なし，図書館利用に関わってどのような行為が遂行されているかを知り，問題点を発見し，それを改善しようとするのである。たとえば，「目録の引き方がわからない」という利用者の陳述は，目録の利用という行為を遂行し，それが失敗に終わったことを示し，目録の引き方を教えてほしいと懇願する行為なのである（発語内行為）。この陳述を聞いた図書館員は，その利用者から目録の使い方を教えてほしいと懇願されたと考え，目録の使い方を指導するのである（発語媒介行為）。

　このように利用者の陳述を発語内行為と発語媒介行為からなる「言語行

(speech act)」として捉えたうえで，図書館利用に関わる言語行為の抽出が試みられている。

　ナウル-ジャコボビッツらは，前節で取り上げた研究をもとに，利用者の陳述文をブルームらの『教育目標の分類体系』に依拠しながら分類し，カテゴリー化し，図書館利用に関わる言語行為を抽出している[17]。すなわち，図書館利用者の行動が，利用者の感情や動機を表わしていれば情意領域（A）に，思考内容を表わしていれば認知領域（C）に，そして探索活動を実行し，言語として表現する能力を表わすものであれば感覚・運動領域（S）に，それぞれ分類している。

　先に述べたように，学生の陳述文は文単位に分けられ，3領域のいずれかに分類されている[18]。たとえば，「あ，これで済んだ。振り返ってみると，図書館もそういやなところではなかったように思える」は，図書館に対する態度が良いほうに変化したことを示すものとして，情意領域のプラスの行動（＋A）というカテゴリーに分類されている。また，「心理学の図書がどこにあるかがわかれば，フロイドに関する図書を見渡すことが簡単にできて，役に立ちそうなものがわかる」は，正しい探索行為の順序を記述しているので，感覚・運動領域のプラスの行動（＋S）に分類される。「なにも見つけることができなかった」という陳述文は，探索過程について正確な考え方をもっていないことを表しており，認知領域のマイナスの行動（－C）に分類される。

　このようにして，学生の陳述文を分類することで，どの領域についていかなるマイナスの行動をとっているかを明らかにすることができる。マイナスの行動は，その行動に関係する情報探索能力をもたないために利用者が犯す誤りといえる。したがって，マイナスとなった行動を分析することによって，誤りを克服させる情報探索能力を見いだし，それを利用者に獲得させるように利用者教育の内容を考案することが可能となるのである。

　以上の分析によって，言語行為カテゴリーのもとに，利用者教育の目標と実行戦略を作成している[19]。それをまとめたものが表14-3である。「言語行為カテゴリー」は，利用者の陳述文をから引き出された情意，認知，感覚・運動の3領域に関する情報探索能力の典型的な内容を示している。第1番目のカテゴリーは，感覚・運動領域に分類される陳述文の内容を表している。すなわち，

表14-3 図書館利用に関わる言語行為と利用者教育目標

言語行為カテゴリー	定型化された目標	実行戦略
・図書館での調査か必要な課題について過敏になる（-A） ・探索のなかの定型化された部分を厭わない態度が必要（-A）	・活動として図書館の探索過程を受け入れる	・左記の目標は情意領域における能力を生み出すためのつぎのよう教育か行われれば満たされる ・情報探索に必要な時間を正確に見積るようにする ・課題の各部分ごとに，仕上げる期日を設定し，遅れないようにする ・犯しやすい誤りとその解決法を教育する．そのうえで探索を学習しながら様々な問題解決法を身につけるようにさせる ・情報環境がますます複雑になるのを認識させる
・図書館のツールを利用する動機が弱い（-A） ・図書館での調査に対する態度を改善する（+A）	・図書館のツールの利用に熱意を示す	・左記の目標を達成するために利用者が関心をもつトピックや手法を扱った学習を用意する ・学生をペアにして活動させたり，概念を習得させることで，学生は学習により一層，取り組むようになる ・作業全休を分割することで，ツールをうまく使いこなせるようにさせる
・的確な探索行動の順番を記述する（+S） ・図書館の最適な利用法まず考え，最適な計画をたてる（+C）	・探索を実行する前に，探索過程に必要な手順を明確に述べる	・探索セッションの授業のなかで，一人か，ペアか，小集団で探索を実行させる ・学生に共同作業させることによって学生に互いの探索計画について有効なフィードバックを得させ計画を改良させる
・図書館の認知地図の獲得を示す（+C）	・利用者が図書館内でまだ行ったことのない場所についてよく理解している	・まだ行っていない場所が図書館のどこにあるかあげたり，その地図を作成するように利用者に求めてみる ・利用者があげなかった場所に行かせ，そこにある資料を利用させる
・図書館学習が累積的な性質をもつことをよく理解している（+C） ・新しい探索技術を進んで利用してみる（+C）	・利用者は図書館の学習が終わってはいないことを認識し，新しい検索ツールを試す機会をありがたく思う	・図書館での調査を伴う生涯学習への態度を強調し，図書館利用者には図書館で利用可能なすべてのものを利用する権利が与えられていることを認識させる

出典：Nahl-Jakobovits, D. and L.A. Jakobovits. A content analysis method for developing user-based objectives. *Research Strategies*. vol. 10, no. 1, 1992, p. 12-15.

調査を必要とする課題解決のために，図書館での調査という感覚・運動領域に属する実際の行動について，その取り組む課題への過敏な反応を示した陳述文といえる。過敏という課題への反応は情意領域における負の感情であることから，「－A」として位置づけられている。次の「目標」は，そうした情意領域における負の側面を改善するために利用者に期待される行動である。「実行戦略」は，その目標を達成するためにとるべき方策や具体的な利用者教育の内容を表している。

　利用者の陳述文の内容分析により，利用者教育担当の図書館員は，利用者にとって必要な情報探索能力と利用者が犯す誤りを把握することができるが，内容分析による結果は，一般に以下のような場合に応用可能であると指摘されている。

　　・図書館員が利用者の視点に立った行動目標を作成する
　　・学生が図書館に適応しようとするなかで犯しやすい誤りを避ける方法や探索が行き詰まったときに代わりとなる適切な戦略を教える
　　・レファレンス・ライブラリアンが利用者との質問応答や利用指導を促進させるために，利用者が考えていることをもっとよく理解しようとする
　　・図書館員がより適切なサイン，案内，指導を準備しようとする[20]

　このように，図書館利用に関わる言語行為を，利用者の陳述文から抽出し，それにしたがって教育内容・方法を考案する試みは，次の点で重要である。すなわち，利用者教育の内容は，これまで，図書館員の経験や図書館員が望ましいと考える利用者の情報探索行動から考案されてきた。利用者が情報探索にあたって実際に経験する問題点が考慮されなかったのである。言い換えれば，図書館員が利用者の情報探索行動について構築してきたモデルが，利用者教育の内容を定めるための唯一の基礎となっていた。一方，利用者においても図書館での情報探索についてなんらかのモデルを作りあげており，それに基づいて行動する。このモデルが利用者のあらゆる情報探索行動を規定するとすれば，まずそのモデルを明らかにすることが必要である。ナウル－ジャコボビッツらの研究は，利用者が構築している情報探索や図書館に関するモデルを明らかにし

ようとした点できわめて大きな意義がある。

　ナウル‐ジャコボビッツらの研究の重要性の第2点目は，利用者の情意面の行動に注目したことである。利用者の情報探索行動のなかで，他者である図書館員が直接把握できるのは，その感覚・運動領域の行動である。認知領域の内容は，感覚・運動領域の行動からある程度推論できるが，その認知領域の内容を決定するのは情意領域である。感覚・運動として他者の目に触れる利用者の情報探索行動は，情意領域によって駆動されるのである。したがって，利用者の情報探索行動を十分に把握するためには，感覚・運動領域の行動の基底にある情意領域の把握が重要となる。

　図書館員が日常のサービスをとおして構築していく利用者モデルは，目に見える利用者の感覚・運動領域の行動を中心に構築される。情意領域の内容の把握はきわめて難しく，日常のサービスとは別に利用者の自由な陳述を収集するような調査によって，ようやくその一部が把握できる性質のものである。ナウル‐ジャコボビッツらの研究は，利用者の情意領域の内容を一部にせよ明らかにした点で注目すべきものである。

　しかし，利用者教育目標の体系化はいまだ不十分である。利用者のレベル（たとえば，学部生か大学院生か）によって，目標とする内容も異なるであろう。実際に利用者教育を実施する形態も含めて，情意領域の面の情報探索能力を獲得させ，改善するための利用者教育の内容を検討することが，今後の課題となろう。

　利用者教育に関するこれまでの研究は，事例報告や経験的に作成されたカリキュラムの内容を中心に展開されていることが多い。そうしたなかで，まず情報探索能力について理論的に考察し，利用者の情報探索行動を詳細に分析した上で，利用者教育の目標と内容を検討しようとしたナウル‐ジャコボビッツらのアプローチは高く評価される。今後，このようなアプローチを用いた研究を実施し，成果を蓄積していくことが求められる。

14.5　おわりに

　利用者教育を検討するとき，同時に大学における教育のあり方が問われなけ

ればならない。講義と教科書を中心とした教授法によっては，学生を自立的な学習者として社会に送り出すことはできないだろう。社会に出たときに直面するさまざまな問題を解決するには，広範囲の情報源のなかから必要な情報を取捨選択し，評価する能力が不可欠である。情報化時代においては，そのような基礎的情報探索能力を身につけさせることが，大学教育の目標にならなければならない。しかしながら，大学図書館が利用者教育にどれほど熱心に取り組もうと，大学教育が現状の講義中心の教授法に固執していたのでは，学生を図書館利用へと動機づけることはできず，情意領域の情報探索能力を育成することは困難である。

　大学教育の目標が自立した学習者を育成することにあるとすれば，大学教育のなかに図書館を中心とした学習を取り入れることが求められる。こうして図書館中心の学習が展開されるとき，大学図書館はこれまで以上に大学教育の一翼を担うことになり，利用者教育の重要性は高まるであろう。

注・引用文献

1 : Breivik, P. S. and E. G. Gee. *Information literacy : revolution in the library*. American Council on Education, 1989, p. 12.
2 : 前掲1. p. x.
3 : 斎藤泰則. 米国の大学図書館における利用者教育の理論化の動向. 社会教育学・図書館学研究. 1991, 15号, p. 1-12. (本書の13章に加筆・修正の上，収録)
4 : Kobelski, P. and M. Reichel. Conceptual frameworks for bibliographic instruction. *Journal of Academic Librarianship*. 1981, vol. 7, no. 2, p. 73-77.
5 : *Conceptual frameworks for bibliographic education : theory into practice*. Reichel, M. and M. A. Ramsey ed. Libraries Unlimited, 1987, 212p.
6 : 前掲4, p. 73-77.
7 : Oberman, C. and R. A. Linton. "Guided design : teaching library research as problem-solving". *Theories of bibliographic education : design for teaching*. Oberman, C. and K. Strauch ed. Bowker, 1982, p. 111-134.
8 : 前掲7, p. 111-134.
9 : Bloom, B. S. et al. *Taxonomy of educational objectives : the classification of educational goals : handobook 1, cognitive domain*. D. McKay, 1956, 207p.

Krathwohl, D. R. ; B. S. Bloom and B. B. Masia. *Taxonomy of educational objectives : the classification of educational goals : handobook 2, affective domain.* D. McKay, 1964, 196p.

Merrill, M. D. "Psychomotor taxonomies, classifications and instruction theory". *The Psychomotor domain : movement behavior.* R. N. Singer ed. Lea & Febiger, 1972, 417p.

10：Jakobovits, L. A. and D. Nahl-Jakobovits. Measuring information competence. *College and Research Libraries.* 1990, vol. 51, no. 5, p. 448-462.
11：前掲10, p. 448-462.
12：ACRL/BIS. Model statement of objectives for academic bibliographic instruction. *College and Research Libraries News.* 1987, vol. 48, p. 256-261.
13：Nahl-Jakobovits, D. and L. A. Jakobovits. A content analysis method for developing user-based objectives. *Research Strategies.* 1992, vol. 10, no. 1, p. 4-16.
14：前掲13.
15：前掲13, p. 5.
16：オースティン, J. L. 言語と行為 [How to do things with words]. 坂本百大訳. 大修館書店, 1978, p. 175-176.
17：前掲13, p. 6-8.
18：前掲13, p. 8-11.
19：前掲13, p. 12-15.
20：前掲13, p. 15.

15章
利用者支援モデルと情報専門職の役割

15.1 はじめに

　インターネット上の情報源の拡大とサーチエンジンによる情報利用環境は，人びとの自立的な情報検索を可能にするなど，人びとの情報行動に大きな影響を及ぼしている。こうした自立的な情報利用環境において，情報専門職に求められる利用者支援とはいかなるものであろうか。情報専門職による利用者支援の範囲と内容については，図書館が扱う情報源の基本的特性に立ち返った検討が必要である。そこで本章では，次節で図書館の情報源のもつ特性および情報源と利用者を仲介する情報専門職の役割について考察する。3節では情報専門職による利用者支援の二つのモデルについて取りあげる。一つは情報探索に必要な知識とスキルの内容（コンテンツ）を中心に体系化し，それらに依拠して指導を行うコンテンツ指向モデルである。もう一つは問題解決プロセスのなかに情報探索に関する知識とスキルを組み込み，指導を展開するプロセス指向モデルである。これら二つのモデルを通して今日の自立的な情報利用環境下において求められる情報専門職の役割について考察する。

15.2 知の典拠としての情報源と情報専門職

15.2.1 知の典拠としての情報源の特性

　現在，インターネット上には膨大な情報が生産され流通しており，それらの情報はサーチエンジンによって簡便かつ迅速に検索が可能である。このような情報環境は人びとの自立的な情報利用を可能にすることから，今後の図書館と

情報専門職が果たす役割は低下するとの見解が示される傾向がある。しかしながら，図書館が扱う情報源の特性を考えるとき，図書館および情報探索を支援する情報専門職の役割はこれまで以上に重視されなければならない。

　研究者や専門家によって生産された学術情報は，電子ジャーナルを中心に急速にインターネット上で流通するようになっているが，インターネット上で流通する情報の大半は従来の「著者（author）」の概念では捉えられない人びとによって生産されたものといえる。確かにインターネットの最大の社会的貢献の一つは，これまで研究者や専門家などの一部の人びとに限定されていた情報の生産活動を一般の人びとに広く開放したことにある。しかしながら，同時にその開放性は，著者の概念では捉えられない人びとによって生産された情報の氾濫と情報の信頼性への疑念という新たな問題を引き起こしている。

　3章で見たように，図書や学術論文など，図書館が扱う情報源の生産者である「著者」は英語で"author"と表現されるが，著者を表すこの"author"という語は，権威や典拠を意味する"authority"の概念と密接に関係している[1]。ある人間が重要な意思決定に必要な情報を得るための情報源として図書を選択・利用し，そこに記述されている情報を参照・参考（reference）にして意思決定を行うとき，その人間はその図書の著者（author）の有する「認識論的権威（epistemic authority）」に基づいて意思決定を行ったことを意味する。たとえば，ある事項・事象の意味がわからず，その意味を知ろうとする際，われわれは百科事典（たとえば，『日本大百科全書』）を「典拠（authority）」として参照し得られた情報に基づいて，その事項・事象の意味を知ることができたと考える。このように，わからない事象・事項について知ることができたという判断は，その百科事典で取りあげられている当該事項・事象に関して記述した著者の有する認識論的権威に，さらにはそうした権威を有する人物に執筆を依頼し編集を行った出版者のもつ権威にそれぞれ依拠して，その記述内容の信頼性を評価し確信した結果，下された判断といえる。

　P. ウィルソン（P. Wilson）は，こうした図書や学術雑誌の論文などの文献の著者，さらにはその図書や学術雑誌の出版者が有する知的権威を「知の典拠（cognitive authority）」と称している[2]。この知の典拠の同義語ともいえる「認識論的権威（epistemic authority）」という概念に関して，哲学者の戸田山は次

のように指摘している。

> エキスパートは素人にはない認識論的権威（epistemic authority）をもち，素人はそのことがらにかんしてはエキスパートに認識論的に依存しなければならない。こうした認識論的な地位に関する非対称性があるときだけ，人は他者の証言を頼り合理的に信念を形成することができる[3]。

　ここでいう非対称性とは，ある特定主題に関してエキスパート（専門家）が有する豊富で圧倒的な専門知識と素人のもつ不完全または欠落した知識との差異を指している。認識論的権威すなわち知の典拠とは，ある主題に関する専門知識をもたない人物が，その主題に関する専門知識を獲得するにあたって，その主題に関する豊富で圧倒的な専門知識を有する専門家とその著作に対して付与するものである。ゆえに，認識論的権威は，学識者の権威，専門家の権威と言い換えることができるのである[4]。

15.2.2　知の典拠と情報専門職

　図書館は知の典拠とみなされる専門家を著者とする図書や記事・論文等の情報源を蓄積し，利用者に提供する社会的機関である。そして，図書館の情報源に依拠しつつ情報専門職が果たす役割は，ある特定主題に関する知識を求めている利用者に対して，知の典拠となりうる情報源の選択を支援するという仲介的機能である。こうした利用者，著者，情報専門職としての図書館員との間に成立する知の典拠あるいは認識論的権威の構造は，図15-1のように示すことができる[5]（詳細は3章を参照）。

　知の典拠あるいは認識論的権威としての著者は自らの認識論的権威を情報専門職に委任し，権威の委任を受けた情報専門職は著者に代わって知の典拠として機能する著作を利用者に案内・紹介する役割を担うことになる[6]。利用者は，知の典拠となる情報源を入手するにあたって，自立的な情報探索では決して得られない情報源を情報専門職によって案内・紹介され提供されたとき，利用者は情報専門職を「知の典拠の選択に関わる権威」として見なし評価することになる。

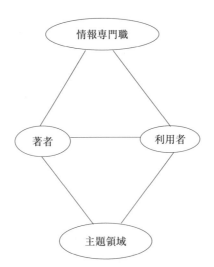

図15-1　知の典拠の構造と情報専門職
出典：ボヘンスキー『権威の構造』丸山豊樹訳，公論社，1977，p.22の図をもとに作成。

　ところで，図書館が扱う知の典拠としての図書や学術論文という情報源は，サーチエンジンで検索可能なウェブ情報源とは以下の点で大きく異なる。すなわち，図書館が扱う情報源は，統制語（ディスクリプタ）の使用，著者名典拠による精緻な著者検索，論理演算子による複雑な検索要求の定式化など，その検索にあたっては書誌的情報というメタデータとその検索に関する高度な理解を必要とする。ゆえに図書館情報資源は利用者自身による自立的情報探索では対応できない情報源といえ，図書館が扱う情報源の利用にあたっては，情報専門職による利用者支援がきわめて重要な役割を果たすことになる。

15.3　情報専門職による利用者支援モデル

　では，情報専門職は具体的にいかなる利用者支援を提供すべきであろうか。ここでは，情報専門職による利用者支援について，情報専門職が利用者に案内・指導する知識やスキルの種類と内容を体系化しそれに依拠して支援を行う「コンテンツ指向モデル」と，情報探索に関する知識やスキルの案内・指導を利

者の問題解決プロセスに組み込んで実施する「プロセス指向モデル」を取り上げる。

15.3.1 コンテンツ指向の利用者支援モデル

C. クルトー（C. Kuhlthau）は情報専門職による利用者支援機能について，次のような段階的モデルを提示している[7]。

第一段階が，情報源の組織化を担う"organizer"としての機能である。この機能はレファレンスサービスにおける間接的サービスに相当するものである。同時に，この段階にはパスファインダーの作成やネットワーク情報源のなかで知の典拠として機能するものを選定しリンク集を形成するなどの発信型情報サービス機能も含まれる。この情報専門職の"organizer"としての機能は，情報源の組織化の如何によって検索方法が規定されるという点でも重要である。

第二段階が即時的レファレンスサービスを担う"locator"としての機能である。この機能は案内指示的質問や事実検索質問など，求める資料や情報の所在を指示する（locate）ものであり，情報専門職が仲介者として担うべき最も基本的な役割いえる。

第三段階が主として主題探索質問の処理を担う"identifier"としての機能である。この機能は特定の主題に関する文献を探索し同定・識別する（identify）ものであり，この段階の情報専門職には利用者の要求する情報の主題と検索された文献の主題との適合性の判定など，高度な情報サービスの提供が求められる。

第四段階が利用者教育や情報リテラシー教育支援を担う"advisor"としての機能である。利用者教育や情報リテラシー教育支援の内容を包括的に示したものに日本図書館協会図書館利用教育委員会編「情報活用教育ガイドライン（図書館利用教育ガイドライン―専門図書館版）」（以下，JLA ガイドライン）がある[8]。このJLA ガイドラインでは以下のとおり，五つの領域が設けられており，目標と方法に分けてその内容が記述されている。

すなわち，領域1が「図書館への印象づけ」，領域2が「サービス案内」，領域3が「情報探索指導法」である。さらに領域4が「情報整理法指導」，領域5が「情報表現法指導法」である。このように，JLA ガイドラインは，図書

館と情報源を活用する知識やスキルにとどまらず，情報の組織化や情報の発信に関わる要素を含めている点で特に注目される。情報リテラシー教育の中核は領域3の「情報探索法指導」にあるとはいえ，検索戦略の構築が情報源の組織化に関する知識とスキルに依存する以上，領域4の情報整理法の指導は情報探索に必要な基盤的知識とスキルの獲得につながるものとしてきわめて重要である。

　第五段階は利用者が情報源を実際に利用しながら問題解決にあたる調査プロセスを支援する"counselor"としての機能である。この"counselor"としての情報専門職には，JLAガイドラインで示されている領域3，領域4，領域5の各指導内容を総合した領域横断的な教育が求められる。実際に何らかの問題を抱えた利用者が図書館の情報源を利用してその解決を図ろうとする場合，問題解決プロセスと情報探索とを関係づけた支援が不可欠である。具体的な問題状況を設定し，JLAガイドラインに示されたスキルや知識を問題解決場面に転移し，応用する教育が求められる。次項ではこのような問題解決プロセスのなかで提供される利用者支援モデルについて取りあげる。

15.3.2　プロセス指向の利用者支援モデル

　具体的な問題解決の場面を設定した情報探索支援のためのモデルは二つの種類に分けることができる。一つは問題解決プロセスのなかに情報探索を組み入れて支援を行うモデルであり，C. オバーマンとR. A. リントン（C. Oberman & R. A. Linton）のモデル[9]があげられる。もう一つは図書館での情報探索プロセス自体を一つの問題解決プロセスとして捉え，問題解決プロセスとしての情報探索に必要な支援を提供するモデルであり，C. A. メロン（C. A. Mellon）のモデル[10]があげられる。前者のモデルと後者のモデルを対比したものが図15-2である。以下，各モデルの内容について取りあげ，次いで両モデルの関係について考察する。

15.3.2.1　問題解決プロセス指向モデル

　オバーマンとリントンは，図15-2a に示した意思決定過程のステップに依拠した問題解決プロセス指向の利用者支援モデルを開発している[11]。このモデルは，実際に問題解決のために図書館の情報源を利用する場合に必要となる，A

III部 利用者教育に関する論考

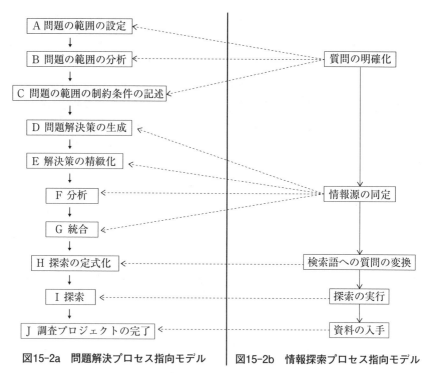

図15-2a 問題解決プロセス指向モデル　図15-2b 情報探索プロセス指向モデル
図15-2 プロセス指向の利用者支援モデル

出典:「問題解決プロセス指向モデル」は, Oberman, C. and R. A. Linton. "Guided design: teaching library research as problem-solving." In: Theories of bibliographic education: designs for teaching. R. R. Bowker, 1982, p. 116-117, Table6-1をもとに作成。「情報探索プロセス指向モデル」は, Mellon, C. A. "Information problem-solving : a developmental approach to library instruction." In: Theories of bibliographic education : designs for teaching. R. R. Bowker, 1982, p. 82, Fig. 4-5をもとに作成。

からJまでの10ステップから構成されている。以下,オバーマンとリントンが取りあげている具体的な事例を用いてモデルの内容を解説する。

オバーマンとリントンが実際に取りあげている問題解決場面は,行政学に関する大学院プログラムの一環として,大学院生にある上院議員の選挙運動にインターンシップとしての参加を求める,というというものである。このインターンシップのなかで大学院生には,議員の選挙区に影響を及ぼす主要なテーマの一つである核廃棄物の輸送について関連文献を利用して調査のうえ,政策提

272

言を含めたレポートを2週間以内に作成することが求められる。こうした問題解決場面においてオバーマンとリントンが提示した利用者支援モデルの内容は次のとおりである。

　ステップAにあたる最初の教育・支援内容は，「問題の範囲の同定」である。ここでは，問題解決のために図書館での調査を行う場合，大学院生にはまず問題を検討し，問題を構成する要素として，時間的，地理的次元を含めてその範囲を確定するよう指導する。

　次のステップBは「問題の範囲の分析」である。ここでは，問題の時間的・地理的次元に関わる要素や関連分野について検討するよう指導する。

　それに続くステップCが「問題の範囲の制約条件の記述」である。ここでは，問題に関するどのような内的要因と外的要因が問題の範囲を限定するのかを見極めるよう指導する。内的要因については問題解決に必要な情報が存在するのかどうか，外的要因については調査に充てられる時間がどれくらいかを判断させる。

　以上のステップAからCに関する指導・支援をもとに，大学院生は，問題の範囲と分析を行い，取り組むべき問題として，核廃棄物の定義，核廃棄物の輸送経路，核廃棄物の影響を受ける地域の人口，核廃棄物の輸送において想定される危険，危険な核廃棄物輸送を規定する法律，などの問題を確定させている。そのうえで，各問題に関する地理的条件として，地域，州，国家の3要素を設定する。さらに，このような問題に取り組むうえでの制約条件として，情報の利用可能性，図書館での情報収集のために利用可能な時間，調べなければならない情報源の類型があることを指導する。

　以上の問題とその範囲の分析，制約条件等の確定をふまえたうえで，次にステップDの「問題解決策の生成」とステップEの「解決策の精緻化」に進む。ここでは，実際にどのような情報源を利用すればそれぞれの問題について解答が得られるのか検討するために，一次資料と二次資料の違いに関する指導が行われる。この段階において，JLAガイドラインに示された領域3の「情報探索法指導」が実施されることになる。このように，情報探索法指導を独立に行うのではなく，具体的な問題解決場面において情報探索に関する知識やスキルを指導する，というのがこのプロセス指向モデルの特徴である。

次のステップFの「分析」では，各情報源に関する評価が扱われる。すなわち，正確さ，最新性，情報の詳細さ，知識のレベル等，さらに問題に対する各情報源の適合性の観点から各情報源を評価するよう指導する。

続くステップGの「統合」では，どの情報源が情報ニーズに最もよく適合するかを見きわめるために，特定の情報ニーズに対して各情報源に適合性に関する評点を与えるよう指導する。

以上のステップDからGの指導を受けた大学院生は問題ごとに調べる必要のある一次資料と二次資料をリスト化する。次いで，各問題への解答に必要な情報を得るための情報源の有効性について，正確さ，最新性，情報のレベルなどからなる基準を使って評価する。その評価結果をもとに問題に対してもっともよい回答を提供する情報源を決定する。

続くステップHは「探索の定式化」である。ここでは，問題解決に必要となる情報を得るための探索戦略の構築が指導される。大学院生には，必要となる情報源を検索するために調べる必要のある特定のツールを紹介し，またツールの解題書誌を提供する。さらに蔵書目録の検索方法，雑誌記事の検索方法，および法令や政府刊行物の検索方法等についても指導する。JLAガイドラインに示された領域3の「情報探索指導法」や領域4の「情報整理法に関する指導」がこのステップHにおいて実施されることになる。

最後に，ステップⅠの「探索」とそれに続くステップJの「調査プロジェクトの完了」が来る。ここでは，ステップHで紹介された情報源と探索戦略を使って実際に情報源を探索し，収集された情報を利用して，当初の課題レポートを作成し，提出するよう指導する。このステップJでは，JLAガイドラインの領域4の「情報整理法」と領域5の「情報表現法の指導」を行うことにより，情報源を使って得られた情報をその出典とともに明示し，レポートを作成するためのスキルを獲得させることが目標となる。

15.3.2.2　情報探索プロセス指向モデル

上述のオバーマンとリントンの利用者支援モデルは，問題解決プロセスのなかに，問題解決に必要な情報を得るための情報探索に関する支援を組み入れたモデルある。それに対して，メロンは，問題（上位の問題）解決に必要な情報を得るために行われる図書館での情報探索それ自体を問題（下位の問題）とし

て捉え,情報探索という問題を解決するための支援のためのモデルを開発している[12]。

　メロンは,図書館での情報探索プロセスを示したうえで,各段階における支援の内容を図15-2bのようにモデル化している。このモデルでは,図書館での情報探索プロセスを質問の明確化,情報探索のために利用する情報源の同定,同定された情報源で使用可能な検索語への質問の変換,検索の実行,情報源の所在確認と入手,からなる5段階が設定されている。以下,メロンが取りあげている事例を用いてこのモデルで提供される支援内容を解説する。

　第一段階の質問の明確化では,関心のある主題について何を知りたいのかを明確にすることが求められる。メロンは「薬物の乱用」という主題に関心を有している利用者の例をあげているが,そこでは薬物の乱用について何が知りたいのかを明確にすることになる。すなわち,薬物の乱用については,犯罪の側面,特定集団による乱用,治療・診断などがあり,このうち特定集団による乱用,特に女性による薬物の乱用の実態について知りたいとする利用者の例があげられている。この質問の明確化の段階は,オバーマンとリントンのモデルのAからCに対応しており,問題解決プロセスにおいても,情報探索に特化した問題解決プロセスモデルにおいても,重要な最初の段階として共有されている。

　こうした質問の明確化を受けて,次に情報源の選択と同定に関する支援が行われる。具体的には,文献案内,雑誌記事索引,新聞記事索引などの情報源の類型が示され,具体的な情報源が紹介される。

　次に,選択・同定された情報源において使用可能な検索語を使って,質問を構成する概念を検索語に変換する指導が行われる。たとえば,文献案内として"Readers' Guide to Periodical Literature"が選択された場合,「薬物乱用」と「女性の薬物乱用」という質問の構成概念は,"drug abuse","drug addicts","drugs and woman"という検索語に変換されることが指導される。たとえば,情報源としてNDL-OPACを選択した場合,国立国会図書館件名標目表(NDLSH)には「薬物乱用防止教育」という件名標目があり,その関連語とし「覚醒剤中毒；麻薬中毒；薬物依存」があることを示し,検索語への変換を指導することになる。また,JDream Ⅲでは,ディスクリプタとして「薬物乱用」があり,その共出現語に「女性」や「青少年」などがあることを示すことになろう。

こうして検索語が選定されたならば，次に論理演算子を使って複数の構成概念からなる質問を検索式として表現し，検索を実行する。JLA ガイドラインでいえば，領域3「情報探索指導法」の内容が指導されることになる。

最終段階が資料の所在確認と入手であるが，ここでは，まず検索式によって検索された文献が情報要求に適合しているかどうかを評価し，適合している文献を同定する。そのうえで，その文献の所蔵機関を調査のうえ，原文献を入手するという方法を指導することになる。JLA ガイドラインには，検索された文献の適合性評価について明確には取りあげられていない。しかし，この適合性評価はきわめて重要であり，評価の結果によっては，情報源の選択や検索語の選定を再試行する必要が出てくることも併せて指導する必要がある。

15.3.2.3　両モデルの関係性

上述したオーバーマンとリントンのモデルとメロンのモデルとの関係は前者が後者を包含する関係として捉えることができる。図15-2b のメロンのモデルの各ステップからオーバーマンとリントンのモデルの各ステップに向けた破線の矢印がその関係を示している。すなわち，メロンの各ステップのうち，「質問の明確化」はステップAからCに，「情報源の同定」はステップDからGに，それぞれオーバーマンとリントンのモデルのステップにそれぞれ対応し，細分化されている。「検索語への質問の変換」はステップHの「探索の定式化」に，「検索の実行」はステップIの「探索」に，「資料の入手」はステップJの「調査プロジェクトの完了」に，それぞれ対応する。

ところで，上述のようなプロセス指向の利用者支援モデルを採用するにあたっては，次の点に留意する必要がある。すなわち，利用者は現在抱えている問題を解決するという上位の目標を有しており，その目標を達成するために図書館での情報探索という下位の目標を設定しているという点である。ゆえに，利用者支援にあたっては，上位の目標である問題解決支援のなかに図書館での情報探索支援を組み入れるオーバーマンとリントンのモデルを優先して採用することが重要である。ただし，利用者にとっては，図書館での情報探索自体もきわめて複雑な問題であり，その解決には専門的な知識とスキルが必要となることから，メロンのモデルに基づいた情報探索指向の支援を並行していくことが望ましい。

15.4　おわりに

　情報専門職による利用者支援については，情報源の知識および情報探索に必要な知識やスキルが中心となるものの，JLAガイドラインは，図書館利用や情報源の探索にとどまらず，入手した情報の整理，レポート作成までも含めている点で注目される。なぜならば，利用者にとっては，問題解決という上位の目標があり，図書館利用や情報探索はその目標達成のための手段であって，問題解決は，探索の結果，得られた情報の整理や情報の発信をもって完了するからである。

　図書館利用や情報探索への支援が問題解決において実効性あるものとするためには，利用者支援を上位の問題解決の文脈と切り離すことはなく，利用者支援の目標を，図書館利用や情報探索の知識・スキルを具体的な問題解決場面で応用する能力の育成とすることが重要である。

　図書館が扱う情報源のもつ知の典拠としての機能は，多様な情報源が生産・流通する今日において，図書館および仲介者としての情報専門職が担う役割の重要性を示すものである。その検索の簡便さゆえに，信頼性が十分に保証されず，知の典拠としての機能をもたないネットワーク情報源を利用した問題解決が図れられる傾向にある今日，知の典拠として機能する図書館の情報源に依拠した情報専門職による利用者支援の意義はきわめて大きい。

注・引用文献

1：ホッブズ．リヴァイアサン．水田洋訳．岩波書店，1954，p. 260-261.
2：Wilson, Patrick. *Second-hand knowledge : an inquiry into cognitive authority*. Greenwood Press, 1983, 210p.
　　本章では，この"cognitive authority"に対して「知の典拠」という訳語を与える。その同義語である"epistemic authority"に対して，哲学の認識論の分野では，「認識論的権威」という訳語が与えられている。（戸田山和久．知識の哲学．産業図書，2002，p. 222.）

なお，図書館情報資源と認識論的権威との関係については次の拙稿を参照されたい．
齋藤泰則．認識論的権威としての図書館情報資源に関する考察．明治大学図書館情報学研究会紀要．2013, no. 4, p. 2-15．（本書の3章に加筆・修正の上，収録）
3：戸田山和久．知識の哲学．産業図書，2002, p. 222.
4：ボヘンスキー．権威の構造．丸山豊樹訳．公論社，1977, p. 73.
　この翻訳書では，英語の"epistemic authority"にあたるドイツ語の"epistemische Autorität"に対して「知識的権威」という訳語を与えているが，本稿では，「認識論的権威」あるいは「知の典拠」という用語を使用する．
5：前掲4, p. 23.
6：前掲2, p. 180-183.
7：Kuhlthau, C. C. *Seeking meaning : a process approach to library and information services*. 2nd ed. Libraries Unlimited, 2004, p. 114-120.
　このC. C. Kuhlthauの利用者支援に関する段階モデルの詳細については次の拙稿を参照されたい．
　齋藤泰則．デジタル環境の進展による図書館と利用者との関係の変容：レファレンスサービスの仲介的機能の展開を中心に．情報の科学と技術．2007, vol. 57, no. 9, p. 429-433．（本書の10章に加筆・修正の上，収録）
　齋藤泰則．利用者志向のレファレンスサービス：その原理と方法．勉誠出版，2009, p. 49-52.
8："情報活用教育ガイドライン（図書館利用教育ガイドライン―専門図書館版）"．図書館利用教育ガイドライン合冊版：図書館における情報リテラシー支援サービスのために．日本図書館協会図書館利用教育委員会編．日本図書館協会，2001, p. 65-77.
9：Oberman, C. and R. A. Linton. "Guided design: teaching library research as problem-solving". *Theories of bibliographic education : designs for teaching*. R. R. Bowker, 1982, p. 111-134.
10：Mellon, C. A. "Information problem-solving: a developmental approach to library instruction". *Theories of bibliographic education : designs for teaching*. R. R. Bowker, 1982, p. 75-89.
11：前掲9, p. 111-134.
12：前掲10, p. 75-89.

あとがき

　インターネット情報源の普及と拡大は，図書館にさまざまな影響を与え，改めて図書館の存在意義を検討する事態を迎えているように思われる。その影響は，本書でも取り上げているように，レファレンスサービスの利用件数の低下やウェブ情報源を優先する利用者の情報選択行動となって現れている。このような状況において，図書館が扱う図書や雑誌記事等の文献を中心とする資源のもつ特性に改めて注目し，図書館の存在意義と社会的使命を見定める必要があろう。

　従来，自明視してきた専門家が書き手となる図書や雑誌記事という資源は，インターネット情報源と比較するとき，信頼性・典拠性を有するきわめて特異な存在であり，知識を獲得する資源として重要な機能を有するものとして位置づけられる。図書館資源の中核を形成する図書や雑誌記事が情報というよりも，知識を得るための資源として機能することは次のような日常言語の使用法を見れば明らかである。

　たとえば，地震に関するニュース速報の報道の際，「津波の発生の有無について，"情報"が入り次第，直ちにお伝えします」というアナウンサーの言葉で使用されている"情報"は"知識"という用語に置き換えられることはないだろう。それとは逆に「今回の地震の発生メカニズムはプレートテクトニクスによるものとの気象庁の説明がありました」というアナウンサーの言葉にある"発生メカニズムとしてのプレートテクトニクス"という説明は，気象庁の地震に関する専門家のもつ専門知識が示されたとみることができよう。このプレートテクトニクスについてより詳しく知りたいと思った視聴者は，まずはサーチエンジンを検索して調べようとするであろうが，検索されたサイトにある記述の最後に出典として，地震学者による「地震に関する専門図書」が明示されていることを知るであろう。さらに詳しく知りたい場合には，その専門図書を選択し利用することになろう。

　このように，図書館が扱う図書や雑誌記事（学術論文）は，まさにこうした専門知識が記録された知識資源として機能するものである。そして，「津波の

発生に関する新しい情報」を得る手段として，図書や雑誌記事ではなく，速報性と即時性を特徴とするTVやウェブサイトが選択されることは明らかであろう。上述した事例は情報と知識の区別を示した一例に過ぎないが，図書館のあつかう資源が即時的なものでなく中長期的な価値を有する知識を獲得するための資源として機能するものであることがわかるであろう。

　情報の信頼性が大きな社会問題になっている今日，知識が記録された文献を扱う図書館は知識基盤社会を支える重要な存在として位置づけれられるものであり，知識を求める人間と文献とを仲介する図書館員の役割はこれまで以上に重要視されなければならない。

　最後に，本書の刊行の機会を与えていただき，編集過程において種々お世話になりました樹村房の大塚栄一社長に深く感謝申し上げます。

　　　平成29年9月3日

齋藤　泰則

索　引

→　を見よ参照
→：をも見よ参照

▶アルファベット
ALA RUSA MARS　198
ASK 仮説　→　知識状態
　　　　　　　変則的な──仮説
QuestionPoint　194

▶あ行
案内指示的質問　182, 183, 185, 187, 270
暗黙知　33, 34, 167, 168
意味構成モデル　130-133, 135, 136
ウィルソン，P.（Wilson, P.）　ii, 36, 53, 63, 68, 71, 72, 267

▶か行
開架制　173, 174
開始質問　152
概念的枠組みアプローチ　229-231, 241, 250
格差原理　8, 10
学習階層　237, 240
学習支援　i, 202-203
課題解決支援　i, 206, 209, 210
価値中立性　4
ガニエ，R. M.（Gagne, R. M.）　231, 236, 237, 240
カレントアウェアネスサービス　173
記憶　164, 168
既知文献探索　12
教育的機能
　　　図書館の──　12, 15, 16, 18, 20, 21, 24, 31
『教育目標の分類体系』　v, 240, 252, 260
共同体論　11, 12, 16

協働デジタルレファレンス　194
協力レファレンス　188
キング，G. B.（King, G. B.）　98
クルトー，C.（Kuhlthau, C.）　197, 202, 232, 236-237, 270
言語行為　259, 260, 262
原初状態　7, 23
公益　2-26, 6-9
公衆　5
合理的選択　6, 7, 8
個人的構成体理論　236

▶さ行
シェラ，J. H.（Shera, J. H.）　ii, 30, 31, 35, 45, 64
自己学習能力　235
質問応答　124
質問応答過程　150-162
質問回答サービス　33
社会的価値　3, 4, 6, 11
ジャホダ，G.（Jahoda, G.）　152
集合知　194, 198, 201
『自由論』　13
主観的価値　3
主題探索　12
主題探索質問　199, 270
主体的な学習　9
情報セラピスト　202
情報専門職　266-277
情報探索能力　248-264
情報ニーズの明記不能性　100, 105-111, 112, 113, 128-129, 134, 140, 154, 156
情報ニーズのレベル　iii, 99-105, 111, 121, 126, 128, 150-162, 199, 236

情報要求
　無意識の―― 165-170, 171, 172
　潜在的な―― 164
情報リテラシー 58, 190, 212-224, 248
情報リテラシー教育 63, 186, 200, 201, 212, 215-220, 216, 223, 270, 271
ジンマーマン, E. W.（Zimmermann, E. W.） ii, 37, 38, 39, 40, 43
信頼性
　情報資源（情報源）の―― ii, 53, 54, 55, 56, 57, 59, 79, 196, 207, 218, 220, 277, 279
　情報（内容）の―― 60, 63, 87, 267, 280, 221
　著者（作成者）の―― 60, 63
信頼度 85
正義 6, 7
正義論 6-9, 21, 26
『正義論』 23
セレンディピティ 220
選択基準
　情報資源の―― 55
想起説 165-170
組織的探究モデル 234

▶た行

ダービン, B.（Dervin, B.） iii, 124, 130-136, 139, 146, 155
対人コミュニケーション 82
対話 176, 219
探求 → 探究
探究 165, 166, 167, 176, 219
探索質問 99, 182, 196, 199
知識基盤社会 i, 280
知識資源 39, 40, 42, 43

知識状態
　利用者の―― 17, 18
　変則的な―― 105-111, 129-130, 131, 133, 134, 135, 136
　変則的な――仮説 iii, 126-129, 154, 236
知的自由 16, 19, 22
知的発達理論 233
知の典拠 208, 266-270, 277
チャットレファレンス 87, 88, 89, 90
仲介 ii, 14, 18, 19, 20, 21, 22, 23, 24, 25
仲介者 173
仲介的機能 178, 179, 191, 194-203
中立質問 iii, 132-133
調査質問 99, 182, 183, 199
テイラー, R. S.（Taylor, R. S.） iii, 98, 99-105, 106, 108, 109, 110, 111, 116, 120, 124-126, 128, 133-136, 146, 150-151, 152, 153-154, 155, 156, 157, 161, 199, 200, 236
適合性評価 276
デジタルレファレンス 190, 195, 208
手もちの知識 106, 107
デューイ, M.（Dewey, M.） 21
典拠性（authority） iv, 66, 217, 218, 220-223, 279
　情報源の―― 212, 223
　著者（作成者）の―― 198
『図書館の権利宣言』 i, 9, 13, 16, 21, 22-26, 70
『図書館の自由に関する宣言』 i, 70

▶な行

ニテッキ, J. Z.（Nitecki, J. Z.） 10, 12, 13, 14, 15, 16, 17, 18, 20, 26
認識論 65
認識論的権威 ii, 53-79, 267, 268
認識論的権威 →：知の典拠
認知学習理論 v, 226-229

▶は行

バーチャルレファレンス → デジタルレファレンス
ハイエク, F. A.（Hayek, F. A.） 35, 36
パスファインダー 201, 270
発語内行為 259
発語媒介行為 259
発信型情報サービス 4, 175, 210, 270
バトラー, P.（Butler, P.） ii, 31, 32, 33, 36, 65, 165
表現の自由 25
フィルター 124-126, 136, 146, 153-154, 155, 161
フォークソノミー 200
ブラウジング 172
プラトン（Plato） iv, 165-170, 173, 176
ブルーナ, J. S.（Bruner, J. S.） 230
ブルーム, B. S.（Bloom, B. S.） v, 240, 252, 260
ブルデュー, P.（Bourdieu, P.） ii, 45, 46, 47
文化 29-36
文化資源 ii, 29-50, 37
文化資本 ii, 43-47
文化の資源化 47-48
ベルキン, N. J.（Belkin, N. J.） iii, 99, 105-111, 116, 124, 126-129, 131, 133-136, 139, 140, 146, 154, 155, 236
ベルクソン, H.（Bergson, H.） iv, 165, 170-172
ベンサム, J.（Bentham, J.） 3
変則的な知識状態 → 知識状態　変則的な──
変則的な知識状態仮説 → 知識状態　変則的な──仮説
ホッブス, T.（Hobbes, T.） 70, 71
ボヘンスキー, J. M.（Bohenski, J. M.） ii, 72, 73, 75, 76, 77, 78
ポランニー, M.（Polanyi, M.） 34, 167, 168, 169, 172

▶ま行

マーキー, K.（Markey, K.） 151-153
ミル, J. S.（Mill, J. S.） 8, 13, 14, 68, 69, 70
無縁の公共性 11, 12
無知のベール 7, 8, 9, 25
無料制 6, 9, 33
問題解決アプローチ 231-237
問題状況 58-63, 105, 127, 129, 133, 155, 199, 201

▶や行

有意味学習理論 230
欲望 37
欲求 38, 39, 40, 41

▶ら行

ラーニングコモンズ 202
ライブラリ・スキルの体系化アプローチ 237-238
ライブラリ・リサーチ 232, 234, 235, 236, 237, 250
ランガナタン, S. R.（Ranganathan, S. R.） 209
リサーチコンサルテーション iii, iv, 93, 94, 182-183, 209
リベラリズム 16
利用者教育 248-264
利用者モデル 120-147
リンチ, M. J.（Lynch, M. J.） 155
レディレファレンス 198
レファレンスインタビュー i, iii, 98-117, 120-147, 151, 155, 183
レファレンスデスク 182, 183, 184, 186
ロールズ, J.（Rawls, J.） 6-9, 21, 23, 26

初出一覧（タイトルは原題名。加筆・修正の上，本書に転載した）

I部　図書館と情報資源に関する論考
1章　齋藤泰則．図書館サービスの公益と官民パートナーシップ．明治大学人文科学研究所紀要．2007，61冊，p. 59-99，ISSN0543-3894．
2章　齋藤泰則．文化資源と図書館の機能に関する一考察．明治大学図書館情報学研究会紀要．2012，no. 3，p. 22-33，ISSN1884-7277．
3章　齋藤泰則．認識論的権威としての図書館情報資源に関する考察．明治大学図書館情報学研究会紀要．2013，no. 4，p. 2-15，ISSN1884-7277．
4章　齋藤泰則．情報探索者が捉えたインターネット環境における情報源としての図書館および図書館員の特性．現代の図書館．2007，vol. 45，no. 1，p. 32-40，ISSN0016-6332．

II部　レファレンスサービスに関する論考
5章　斉藤泰則．レファレンス・インタビューにおける情報ニーズの認識レベルと表現レベル．図書館学会年報．1989，vol. 35，no. 4，p. 147-157，ISSN0040-9650．
6章　斎藤泰則．レファレンス・インタビューにおける利用者モデル．Library and information science．1989，no. 27，p. 69-85，ISSN0373-4447．
7章　斎藤泰則．質問応答過程と情報ニーズのレベル．専門図書館．1993，no. 143，p. 1-10，ISSN0385-0188．
8章　齋藤泰則．情報要求における無意識の機制に関する理論と図書館サービスへの応用に関する研究．明治大学人文科学研究所紀要．2010，66冊，p. 188-198，ISSN0543-3894．
9章　齋藤泰則．"デジタル環境におけるレファレンスサービスモデル：大学図書館を中心に"．論集・図書館情報学研究の歩み第20集：21世紀の図書館と図書館員．日本図書館情報学会研究委員会編．日外アソシエーツ，2001，p. 171-186．
10章　齋藤泰則．デジタル環境の進展による図書館と利用者との関係の変容：レファレンスサービスの仲介的機能の展開を中心に．情報の科学と技術．2007，vol. 57，no. 9，p. 429-433．ISSN0913-3801．
11章　齋藤泰則．公共図書館におけるレファレンスサービスの動向と課題．図書館雑誌．2015，vol. 109，no. 5，p. 277-279，ISSN0385-4000．
12章　齋藤泰則．米国の研究図書館におけるレファレンスサービスの動向と新たな情報リテラシーの枠組み．日本農学図書館協議会誌．2016，no. 182，p. 1-8，ISSN1342-1905．

III部　利用者教育に関する論考
13章　齋藤泰則．米国の大学図書館における利用者教育の理論化の動向．社会教育学・図書館学研究（東京大学教育学部），1991，no. 15，p. 1-12，ISSN0385-8480．
14章　齋藤泰則．利用者支援モデルと情報専門職の役割．専門図書館．2014，no. 263，p. 2-9，ISSN0385-0188．
15章　齋藤泰則．"大学図書館における利用者教育と情報探索能力"．論集・図書館学研究の歩み第14集：図書館における利用者教育 理論と実際．日本図書館学会研究委員会編．日外アソシエーツ，1994，p. 59-74．

[著者紹介]

齋藤泰則（さいとう・やすのり）
　1958年2月　　栃木県に生まれる
　1980年3月　　慶應義塾大学文学部図書館・情報学科卒業
　1992年3月　　東京大学大学院教育学研究科博士課程単位取得退学
　2005年4月より　明治大学文学部准教授
　2008年10月より　明治大学文学部教授，現在に至る
　主な業績：『利用者志向のレファレンスサービス』（単著, 勉誠出版, 2009），
　　　　　　『学習指導と学校図書館』（編著, 樹村房, 2016）

論考　図書館とレファレンスサービス

2017年12月18日　初版第1刷発行

〈検印省略〉

著　者 © 齋藤　泰則
発行者　　大塚　栄一

発行所　株式会社 樹村房
　　　　　　JUSONBO

〒112-0002
東京都文京区小石川5-11-7
電　話　03-3868-7321
ＦＡＸ　03-6801-5202
振　替　00190-3-93169
http://www.jusonbo.co.jp/

印刷　亜細亜印刷株式会社
製本　株式会社渋谷文泉閣

ISBN978-4-88367-283-7　乱丁・落丁本は小社にてお取り替えいたします。